自左至右：陈金明、张志公、叶圣陶、叶至善、刘国正、张寿康

作者和夫人

作者在工作

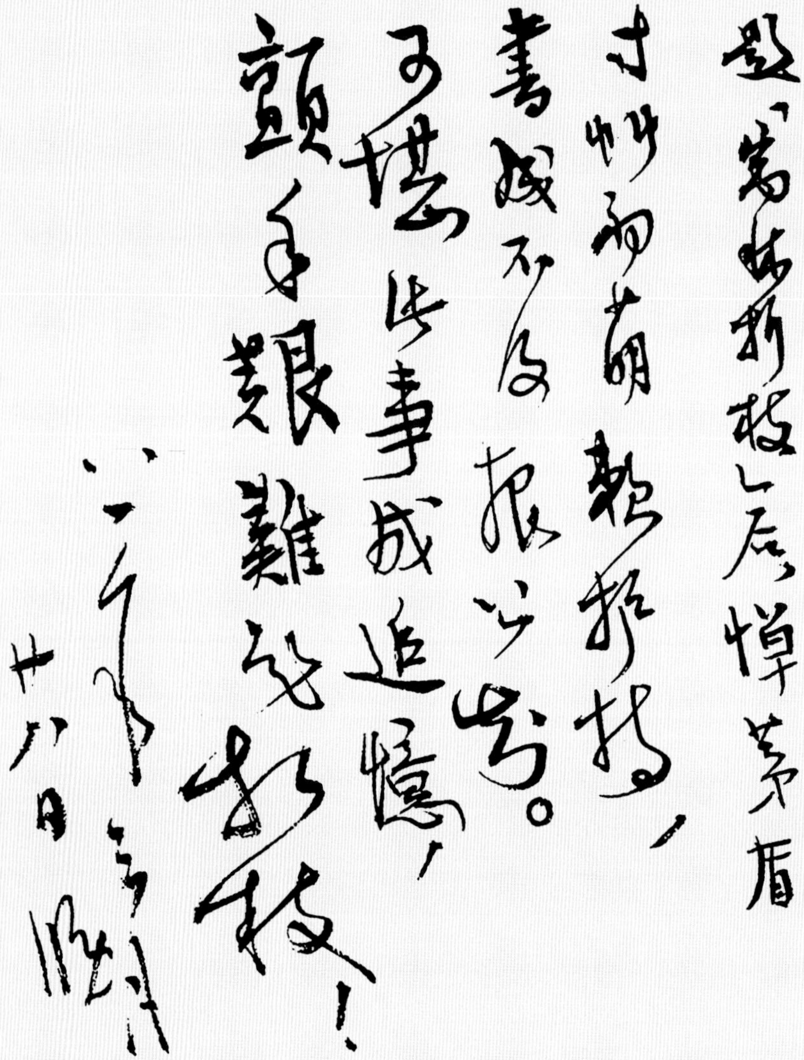

作者手迹

语文教育学术论丛

第一辑

叶圣陶语文教育文集

吕叔湘语文教育论集

张志公语文教育论集

黎锦熙语文教育论集

刘国正语文教育论集

黄光硕语文教育论集

顾黄初语文教育论集

章　熊语文教育论集

庄文中语文教育论集

顾振彪语文教育论集

编 委 会

刘国正语文教育论集

语文教育学术论丛

刘国正 著

人民教育出版社
·北京·

图书在版编目（CIP）数据

刘国正语文教育论集/刘国正著. —北京：人民教育出版社，2022.9

（语文教育学术论丛）

ISBN 978-7-107-36524-9

Ⅰ.①刘…　Ⅱ.①刘…　Ⅲ.①中学语文课—教学研究—文集　Ⅳ.①G633.302-53

中国版本图书馆 CIP 数据核字（2022）第 156352 号

刘国正语文教育论集 LIUGUOZHENG YUWEN JIAOYU LUNJI

责任编辑　王　润
书籍设计　王　喆

出版发行　人民教育出版社
（北京市海淀区中关村南大街 17 号院 1 号楼　邮编：100081）
网　　址　http://www.pep.com.cn
经　　销　全国新华书店
印　　刷　北京盛通印刷股份有限公司
版　　次　2022 年 9 月第 1 版
印　　次　2022 年 10 月第 1 次印刷
开　　本　787 毫米×1 092 毫米　1/16
印　　张　21.75
字　　数　316 千字
定　　价　63.00 元

前 言

伴随着改革开放的脚步，教育的春天到来，语文教育的园地中百花渐开，硕果渐成。坚持“三个面向”，解放思想，革除积弊，回应吕叔湘先生“少慢差费”的批评，语文教育在课程建设、教材编写、教学改革、学科研究等方面都迈出了坚实的脚步。

20 世纪 90 年代前后，为撷取语文教育的春光，人民教育出版社中学语文编辑室在繁忙的教材编写工作之余，陆续编辑出版了诸多名家的语文教育论著，如《叶圣陶教育文集》《张志公语文教育论集》《实和活——刘国正语文教育文选》《黎锦熙语文教育论集》《于漪语文教育论集》《构建语文教育的立交桥——庄文中语文教育论集》，以及周有光《中国语文纵横谈》、顾黄初《语文教育论稿》、朱绍禹《中学语文教材概观》等，这些论著广泛触及语文教育的各个方面，奠定了具有本土特色的语文课程、教材、教学理论的基础。此外，还出版了钱梦龙《导读的艺术》、蔡澄清《中学语文点拨教学法》等，主要从课堂教学实践层面探讨语文教学改革及如何提升语文教学效率的问题。出版这些著作，既是为了展示改革开放以来语文教育的最新研究成果，也是为了引导语文教育改革的主流方向，让语文教育能够在守正的基础上追求创新发展。

进入 21 世纪以来，在工具性与人文性统一的课程思想指导下，语文教育开始从知识、能力中心向素养立意转型，语文教育观念也发生了重大转变。例如，四大核心素养的提出，学习任务群的设计，学科教学内容的更新，大单元、大任务、大情境教学方式的推广，整本书阅读的推进，等等。

观念的变革促使人们去研究，去思考，去改变现状，去焕发新的生机。教材设计的创新、教学课堂的转变，就是观念的转变带来的成果。

但是，改革并不总是体现为除旧布新，割断传统，在适当的时候，回眸凝望，方能真正健步前行。静下心来审视当下的种种新观念、新提法，我们会发现，语言、思维、审美、文化，整合、实践、情境、任务，学生主体、教师引导……诸如此类的观念，在老一辈语文教育家那里都有过深入而朴素的思考，在老一代名师那里都进行过切实而有效的教学探索。语文教育的改革不能只是观念的替代、模式的迭代，更不应该动辄从头开始，反复“重启”，而应该尊重规律，守正出新。知“己”才能知彼，知“史”方能行远。认真学习语文教育的历史，领悟大家、名家的语文教育思想，汲取、借鉴前人智慧与经验，从而继承和发扬语文教育的优良传统，只有这样，我们才能踏着前人开辟的道路稳健前行，我们的改革才能具有中国气象、中国特色。

基于以上考虑，我们将过去出版的语文教育论著重新编选，再行组合，并纳入一些新世纪以来在语文界有影响的大家的论著，整合为“语文教育学术论丛”，分辑出版，力图从新时代的视角，展现我国语文教育的现状，呈现历史，盘清“家底”，以期引发进一步的思考与行动。

这是一套开放性的丛书，第一辑包括十位老一辈语文教育家的论著，基本是在已往著作基础上，根据新时代语文教育发展和个人著述的情况，略作增删而成，尤其是增加一些较新发表的文章。将来我们还会陆续推出第二辑、第三辑……，展示更多的语文名家在语文教育研究和实践上的思考和探索。热诚欢迎国内语文同仁参与到这套论丛的编选中来，为丛书的出版贡献智慧！

本套丛书的出版得到了论著作者或其后人的大力支持，业界很多专家学者也给予了热情的帮助，中学语文编辑室的编辑花费大量时间参与编选，承担编辑、审稿工作，设计人员在版式、封面设计上也几易方案，优中选优。在此一并致谢！

“语文教育学术论丛”编委会

2021 年 4 月

目 录

教材编写

试谈高中文学课本的编排系统问题*

自从文学教学问题讨论开展以来，许多同志对高中文学课本的编排系统提出了批评和建议。中学里进行系统的文学教学在我国还是一件新鲜事。因为新，经验就少，问题就多，展开充分的讨论就有必要。为了改进今后的工作，成熟的或不够成熟的、正确的或不够正确的意见都是有益的。因此，我也就高中文学课本的编排系统问题来谈一点粗浅的意见。

一

没谈本题以前，先简单谈一个同本题有关的问题：文学课本编排系统的两种基本类型。

教材的编排系统是由三个原则决定的：第一，必须为教学目的和重点服务；第二，必须符合本门学科的特点；第三，必须利于学生接受。教材的编排系统组成了学科的知识体系，它应该体现本门学科概念的合理的联系和发展；从教学方面看，它又应该是引导学生由浅入深地掌握学科知识的最富启发性和最直接的途径。

考虑中学文学课本的编排系统也必须从这三条原则出发。中学文学课的目的任务，初高中的教学大纲里已经说得很详细，这里从略。从规定的目的任务里可以看出有两个特点：（一）中学生学习文学理论和文学史的知识是以研读文学作品为基础的；（二）不但要提高学生的文学修养，还要提高学生使用语言的能力，教他们写好文章。这样，编排系统的问题，主要是如何

---

* 原载《人民教育》1957 年第 5 期。

编排入选的文学作品问题，它的特点应该是既便于提高学生的文学修养，又便于提高学生的写作水平。从文学作品的特点看，一方面每篇作品都是独立的，每篇作品都可以不借其他作品的辅助独立地供人欣赏；另一方面，把一篇作品放在一个时代或一个作家的一系列的作品中间，它又是反映文学的历史发展和作家的创作发展的锁链上的一个环节。所以文学作品既可以分类来学，又可以依时间的顺序来学。

这样，从中学文学课的目的任务和文学作品的特点来考虑，就得出了编排系统的两种基本类型：一种是按单元编排，即按照题材相近或体裁相同的标准，把入选的作品分为若干单元，再依一定的顺序排列。一种是按时代顺序编排，可以按严格的文学史顺序来排，也可以只按时间先后的顺序来排。这两种编排系统各有长处。单元排法便于学生揣摩文章的表现方法，认识各种文学体裁的特点；按时代顺序的排法便于学生了解文学历史的发展情况，并通过文学形象认识各个历史阶段人民生活的面貌。一般说来，单元排法因选材较少限制、重点容易突出、方式容易多样，比较适合低年级。按时代顺序排法比较适合高年级。但在实际运用中还必须考虑到许多条件，灵活掌握。

我以为高中文学课本的编排系统也应该合乎上面说的一些道理。

二

下面谈谈高中文学课本在编排系统上存在的问题。

高中文学课本的中国文学部分是采取按时代顺序的排法排的。目前看来，主要问题是让学生用三个学期的时间连续学古典文学是否妥当。提出这个问题的人所持的理由有两条。一条是困难大。目前教师具有较好的古典文学修养的人并不多，教起来十分吃力，学生在初中只读过很少的古典作品，忽然从《诗经》开始读大量的古典作品难于吸收消化。这困难主要在语言上，古代汉语难教难学。再一条是“所学非所用”。学生读的是文言，写的是白话，容易造成学生写作上文白夹杂的现象，即便可以避免这种消极影响，也难以积极提高学生运用现代汉语的能力。这条理由也主要说的是语言。

环绕着这个问题，同志们争论很多，我也说说我的看法。这套课本目前教起来和学起来都感到困难，是事实。也许有一些水平较高的地区、学校或教师没有困难或困难不大，但我们的眼睛不能只往上看，不往下看，不能认为困难都是可以克服的，不成问题。因为课本归根到底是要教师教、学生学的。学习文言会不会使学生的写作文白夹杂呢？有人说不会，有人举出实例说会。我觉得这种不好的影响，虽然从理论上说，只要教师指导得当是可以避免的，但事实上因为我们有些教师的水平不高，不免要发生一些。学习文言同学生写作的关系怎样呢？学习文言对学生写作也是有若干好处的，因为古今语言虽有很多不同，也有很多联系；但单就学习写作来说，也该承认学文言作品不如学白话作品来得效果大。长时期地学习大量的文言作品，对于提高学生写作能力是有不足的。

由此可见，按照大纲规定的办法编排教材，困难和缺点是存在的，应该找出减少困难、弥补不足的较妥当的办法。

三

大家常常谈论的有下面几种修改方案：

（一）从今到古来编。这里又有两种编法，一种是逆溯历史，如《人民教育》1956 年 12 月号上发表的温砚农同志的意见就是这样。他主张高一上学期从现在到“五四”；下学期从“五四”到元；高二上学期从宋到唐；高二下学期从魏晋南北朝到秦以前。高三仍是外国文学。另一种是分段倒排。从总的来看是倒排的，就是把近代的放在前面，但在每一学期或每一学年里又是从古到今正排的。

（二）高一从古到今依时间顺序编排，搞一个循环。高二和高三上学期，从古到今依文学史的顺序编排。高三下学期为外国文学。

（三）仍然维持现在的排法，但一部分文言作品采用现代汉语译文。主张这种意见的理由是：目前发生的困难主要在语言上，如果语言的困难解决了，那么古代作品未必都比近代作品难理解，有一些近代作品也许更难理解些。

可见，没有人主张在高中采取单元排法。现在，就上述几个修改方案，比较一下它们的优缺点。

先说第一种方案。不论逆溯历史来排或是分段倒排，都是先学近代后学古代，把大量的文言作品放在较高的年级来学。这样是不是困难减轻了呢？是减轻了一些。这是这个方案的好处。但是也有两个缺点，一个是学生仍要集中一个相当长的时间学文言作品，困难虽然少一些，毕竟还会有。而且从积极提高学生运用现代汉语的能力来考虑，缺点是跟原有方案差不多的。再一个是逆溯历史的排法给文学史的教和学都带来很大的困难，因为文学的继承关系被颠倒过来了。这种排法跟文学的学科性是不相符合的。在这方面，分段倒排要好得多。因为按照这种排法，虽然总的看来是倒排的，就每段看来却是正排的，这样分开段落来研究文学史的办法从原则上说是可以的。总的来说，从今到古的排法虽然有一些好处，但问题并不能彻底解决，而且生出了新问题。所以我不主张采取；如果考虑采取，宁采取分段倒排的办法。

再说第二种方案。这种方案也是只能稍稍减轻一些学习的困难，集中一个相当长的时期学文言作品所带来的问题仍旧不得彻底解决。而且按照这种排法，高中要按文学史的顺序排两个循环，在教材的编选上是存在着实际困难的。

最后说第三种方案。维持原案，适当采用译文。目前存在的问题主要发生在学文言作品上。我国古代文学史时间很长，只要高中按照文学史的顺序编排，又不采取译文，集中一个相当长的时期学文言作品是不可避免的，不论怎样调整，都难以彻底解决问题。如果采取译文的办法，那么对于学生学习文言作品的困难就可以做到合理的安排。所谓采用译文，不是全盘采用，是应该经过选择的。文言作品，应该学多少，可以学多少，就让学生学多少，过多过难的部分就译为现代汉语。这样既可以解决文言作品难教难学的问题，又有益于积极提高学生运用现代汉语的能力。好处是比较多的。当然，这个办法也存在着问题：一个是文言作品能否翻译得好，一个是学习古典文学在语言方面的教学任务应如何考虑。这两点我下面还要说。

我认为这个方案是比较好的。有一点我想补充一下。外国文学集中在高三用一年时间来学是不够妥当的。第一，占去高中三分之一的时间，用的时间太多；第二，集中来学，从师资方面考虑会有困难。我们教师中对世界各国的文学都较熟悉的未必很多。同时，外国文学包括不止一个国家的文学，而且学的数量不多，不可能按照文学史的系统教学，集中是没有多大必要的。因此，把外国文学分到各年级去，并减少一些分量，无害而有益。

四

最后谈谈由于采用译文而产生的两个问题。

一个是文言的古典作品能否翻译得好的问题。这个问题目前引起了争论。有人认为应该采用大量的译文，像《人民教育》1956 年 12 月号发表的罗大同同志的文章就是这样。也有人认为译文是可以采用的，就是译不好。也有人干脆主张古典作品不能翻译。

我是主张古典作品可以翻译的。我还认为译文不仅适用于教学，也是向广大群众打开古代文化大门的好办法。既然外国作品能够翻译，为什么文言作品就不能翻译呢？主张不能翻译或目前不主张采用译文的人，都认为古典作品不可能译好或者目前还译不好，不能传神。这里要明确两个问题。第一，任何两种不同的语言都有很多不同，但由于它们同是人类交际的工具，又必然是彼此相通的。因此任何翻译作品都不能把原著的特点全盘保留下来，但是任何原著的基本的东西都是可以通过翻译保留下来的。否定译文是没有根据的，对译文的要求应该从原著的基本的东西是否表达出来着眼。第二，毫无疑问，文言译为白话是有困难的，韵文比散文更难译（在课本里，大部分韵文可以不译）。新课本里的几篇翻译作品也是有许多缺点的。但是，也该肯定这些译文绝不是根本要不得，而且经过修改是可以逐步提高的。假如编辑部门在这方面多花些力量，虽然不能使之合乎理想，但总能做到符合基本要求。那种无论怎么也不会译好的论调是不符合事实的。有些同志虽然表面上承认古典作品可以翻译，实际上是主张只有文言好。如《人民教育》1956 年 11 月发表的关于“课本里有的译文不能保持原作的艺术价值”一文里，除了有很多好意见之外，就带有这种倾向。且看：

> 在“渑池之会”的故事中，相如曰：“五步之内，相如请得以颈血溅大王矣！”现代文是这么译的：“你不敲？就在这五步之内，我拼着不

要脑袋，洒你一身鲜血!”即使借助“你不敲?”三个字，并说“洒你一身鲜血”，但蔺相如的那种拼个你死我活的大无畏的精神毕竟被取消了。

译文的好坏姑且不说。人们不免要问，为什么同样意思的话用白话说出来就把蔺相如的“大无畏精神”“毕竟取消了”呢？一个不抱“只有文言好”的偏见的人读了这段译文，我想是不会感觉到蔺相如毫无“大无畏精神”的吧。

再一个问题是古典文学在语言方面的教学任务怎样考虑。

《高级中学文学教学大纲》（草案）里规定：“使学生初步认识中国文学史各主要阶段的作品的语言特点”，“培养学生阅读文言著作的初步能力”。又说教师要“向学生指出祖国语言的词汇和语句形式不断增加和丰富的情形”。这就是说，文言作品在语言方面的教学任务共有三点。如果把“阅读文言著作的初步能力”解释作能大致读懂浅近的文言作品（如《三国演义》），我想这三点任务，按照原来的方案（不采取译文），是可以基本完成的；但是采取一部分译文之后，就不会完成得那么好了。就完成这三点任务来说，文言作品读得多当然好。

但是，我认为中学语言教学的主要任务是养成学生以书面和口头的方式运用现代汉语的能力。目前学生较突出的缺点是文章写不通顺，运用语言的能力很差。而且高中生毕业后，一部分要走上生产和工作岗位，在升学的一部分中学理工学科的占多数。可见养成较好的运用现代汉语的能力是特别必要的。考虑到这个实际情况，就可以看到，采取译文对完成中学语言教学的重要任务是比较有利的。再加上如果不采取译文，就不可避免地会带来前面所说的一些困难和缺点。两者相权，我觉得宁可对上述三点任务的完成要求低些，也要采取译文。

当然，因为我主张的不是全部采取译文，而是一部分采取译文，采取之后，对上述三点任务也会完成到一定程度。比如能够使学生大致读懂白话著作中一些通常采用的文言字眼，使学生略识古今语言的异同等，还是可以大致做到的。

总的来说，适当采用译文，略加调整原来的编排系统，但仍坚持按文学史顺序从古到今编排，这个修正方案目前看来好处多坏处少，是比较恰当的一种。在目前中学文学教学里还有很多问题有待研究，如目的任务问题、选材的标准问题，等等，这些问题，同解决编排系统问题有密切关系，但不属本文讨论的范围，不能一一谈到了。

1957 年 5 月

中学语文课本的编辑意图*

语文是一门基本工具课。在中学阶段，语文课应该使学生具有现代语文的阅读能力和写作能力，具有初步阅读文言文的能力；作文要力求文理通顺，用词确切，正确地使用标点符号，字写得端正，不写错别字。根据这个总的要求，在编辑这套语文课本的时候，考虑了初高中两个阶段的具体要求。

初中阶段：在小学的基础上继续认识生字，掌握较丰富的词汇；要求基本上掌握现代语文，能够阅读一般的政治、科学、文艺书刊，能够写一般的记叙文、说明文和简单的议论文，以及一般的应用文。

高中阶段：进一步切实掌握现代语文，能够阅读一般的政治、科学论著和文艺作品，能够写比较复杂的记叙文、说明文和一般的议论文，以及比较复杂的应用文。

初中和高中都要培养文言文的阅读能力。初中要求能够读懂浅近的文言文，高中要求能够读懂一般的文言文。

教学要求（特别是文言文的教学要求）提高了。为了切实达到这个要求，我们编辑这套课本的时候，参照我国传统的语文教学经验以及多年来编辑语文课本的经验，着重探讨了有关提高学生阅读能力和写作能力的几个原则性问题，并且采取了一些措施。这些问题是：多读多练，语文基本训练，选材质量，文言文的教学，教材分量。

---

* 本文为刘国正与黄光硕合撰，原载《人民教育》1963年第2期，署名“刘光”。

关于多读多练

学生的读和写，不但要求精，而且要求多。对这个“多”字，有些人是不完全同意的，他们主张“贵精不贵多”，为了讲得精改得细，总是觉得课文应该少几篇，作文应该少几次。这种主张是有片面性的。多读多练是我国语文教育行之有效的传统方法。欧阳修提出的“三多”（看多、做多、商量多）是古人学习语文的经验总结，这条经验对我们仍然很有价值。为什么要多？拿读来说，读是为了吸收前人或者别人运用语文的经验。读得多了，才能学到丰富的词汇，才能学到多种多样的表现手法，才能打开眼界，从互相比较中真正学到一点本领。“读书破万卷，下笔如有神”，这句诗一针见血地道破了多读对提高写作能力的重要作用。再拿写来说，写是为了把学得的写作知识应用于实践，锻炼自己的写作能力。任何工具的掌握，都要靠反复练习。语文是一种十分复杂而又要求高度精确的工具，自然更要靠反复练习。如果读得过少和写得过少，讲得再精、改得再细也很难起多大作用。比如学骑自行车，如果只骑那么几趟，骑得再认真，也仍然难免跌跤。当然，要求学生多读多练不是无限制的，要以不使学生负担过重为度。

根据上述原则，这套课本适当增加了课文的篇数，从现行课本（1960年版，下同）的300篇增加到360篇；并且加强了培养阅读能力和写作能力的练习。作文对提高学生的写作能力是十分重要的，应该尽可能多写几次，教师对作文要认真指导和批改。

要求读得多，同时也要求读得精。一个中学生课内外的阅读量比360篇课文要多得多，这360篇课文只是其中要求精读的部分。课文之中有些还要求背诵。关于背诵，有的人也有不同意见：“不是反对死记硬背吗？让学生花那么大精力去背书，有什么好处呢？”背诵，也是我国语文教育行之有效的传统方法，前人一直把背诵当作重要的学习方法（宋代的朱熹就是提倡背诵的一个）。我们要求的背诵跟死记硬背完全不同。死记硬背，指的是某些知识不能让学生充分理解和学会运用，只是让他们死记一些术语和定义。这对掌握一门知识来说是有害的，所以应该反对。但是，背诵作为一种学习语文的方法，却是另一回事。首先，这种背诵是在理解的基础上进行的，而且熟读成诵的过程，也就是加深理解的过程。有教学经验的人都知道，文章的某些好处，往往很难百分之百地讲出来；即使讲出来，光是听别人讲，体会也是不深切的。“读书千遍，其义自见”，要想让学生真正有所得，就不能只让他们听讲、记笔记，还必须让他们反复诵读课文。背诵，就是反复诵读的结果。其次，背诵不仅为了切实地理解课文，而且为了让所理解的东西不是“寄存”在脑子里，而是真正化为自己的本领，能够在写作的时候用得上。书读得十分纯熟，才能达到“其言皆若出于吾之口”“其意皆若出于吾之心”（朱熹语）的境界，才能真正做到心领神会，融会贯通，所学的东西也才能在笔下自然而然地显现出来。由此可见，背诵对于提高学生的阅读能力和写作能力是很有好处的，让学生多花一些精力是值得的。为了让学生尽可能多读几篇文章，而且记得熟，这套课本适当增加了背诵的练习。

关于语文基本训练

加强语文基本训练，大家都同意。什么是语文基本训练，看法还不一致。有些人认为进行基本训练就是学习语法、修辞等知识。照我们的理解，语文基本训练的内容主要包括识字、写字、遣词、造句、标点、分段、布局、谋篇等。我国历来的语文教育都重视这几项训练，一些有影响的文章选本的评注无非是解决这几方面的问题。至于语法、修辞等知识，学一点是必要的，有好处的，但是这些知识只是学好语文的一种辅助手段，不能过于强调，分量也不宜多。根据这个总的认识，在这套课本里，采取了如下一些措施：

（一）加强有关语文基本训练的练习。以初中第一册为例，全书共编入练习 114 题（平均每课有练习三至四题），练习有如下特点：（1）在小学的基础上继续使学生认识生字和掌握更丰富的词汇，增多了有关正音正字、辨析词义以及遣词造句的练习。（2）加强了背诵、默写、改写等练习。（3）加强了具体领会写作方法的练习。以上有关基础训练的练习共占 80%左右。（4）改进了有关领会课文思想内容的练习，力求与课文的写作方法密切结合，避免生硬和空泛。

（二）配合课文，安排语法、逻辑、文言词汇和句式等知识以及指导读写的短文。

语法在初中讲授，不单独编写短文，只作为练习的一部分，分散地安排在某些课文之后，这些知识的讲述，力求简明扼要，切实有用，并且要求学生学了知识就练习运用。

逻辑知识在高中二年级讲授。配合议论文单元，编写四篇短文，分别讲解有关概念、判断、推理等几个基本规律，着重讲解这些基本规律在阅读和写作中的实际运用，不着重术语和定义的阐释。

文言词汇和句式在课文的注解里由简到繁地讲授。高中三年级编入三篇短文，分别就实词、虚词和句式三个方面作比较系统的说明。

指导读写的短文，全套课本共编入 32 篇，平均每册两三篇。这些短文，力求简明扼要，跟课文密切配合。应用文主要在初中讲授。初中编入应用文教材 12 篇，平均每册两篇。高中不单独编写应用文教材，有关知识结合课文讲授。

此外，为了便于由浅入深地在一定阶段集中解决主要问题，各年级安排了培养阅读能力和写作能力的重点。初中一年级着重培养记叙能力，二年级着重培养说明能力，三年级着重培养议论能力。高中在初中的基础上进一步提高，一年级着重培养比较复杂的记叙能力，二年级着重培养比较复杂的议论能力，三年级巩固和加深各种阅读能力和写作能力。课文和基本训练，都是围绕着每个年级的重点来安排的。以初中课本第一册为例，为了突出培养记叙能力这个重点，选入了较多的记叙文（占 60%以上），并且编排了三个重点单元，配置了有关的短文和练习。在突出重点的同时，还注意了灵活多样，第一册就穿插编入了诗歌、说明文、议论文等其他表达方式的单元。记叙文也注意了体裁的多种多样，童话、寓言、故事、通讯、回忆录等都酌量选入。

关于选材质量

语文课本以课文为主体。课文要求质量好，即在思想内容方面和文字技巧方面都有尽可能高的水平，足为学生学习的典范；同时，还要求适合学生的接受能力和教育需要。

这套课本的选材力求符合这个要求，着重选取了那些经过多年教学实践证明效果良好的课文（如《为了忘却的记念》《白杨礼赞》《捕蛇者说》《岳阳楼记》），增选了一些历来传诵的名篇（如《爱莲说》《桃花源记》），也酌选了一些新出现的好文章（如《荔枝蜜》）。现代文章，思想内容很好而文字略有毛病的，作了必要的文字加工。

对古人的作品，在思想方面的要求有所不同。大致说来，有三种情况：（一）思想内容和语言文字都好的（如《苛政猛于虎》《曹刿论战》），这一类选得较多；（二）内容无害，写作方法值得学习的（如《登泰山记》《核舟记》），这一类适当地选了一些；（三）思想内容稍有消极因素而艺术水平很高、确实对学生学习写作有帮助的（如《祭十二郎文》），这一类也选少数几篇（对其消极因素，在注解或教学指导书中指明）。

政治论文，注意选入体现马克思列宁主义的基本观点和党的根本方针政策的，反映时代精神的，而在语言文字方面又可作学习典范的好文章。毛主席的文章共选了 20 多篇。毛主席的文章是学生学习语文的最高典范，让学生多读一些是必要的。

此外，选材还注意了范围广泛，内容丰富，形式多样，深浅适当；特别注意了文章的短小精悍，适当控制了初高中课文的篇幅，一般说来，初中每篇不超过 3 000 字，高中不超过 5 000 字。以初中第一册为例，白话散文平均每课字数为 1 600 左右，达 3 000 字的只有一篇。为求篇幅短，有些原文过长的，作了删节。多年来的教学实践证明，课文篇幅过长是不便于教学的。课文的篇幅短，不但便于教师细讲，便于学生背诵，便于学生学习文章的篇章结构，还可以多教几篇文章。几篇短文章跟一篇长文章相比，字数可能同样多，但是，前者比后者教起来费力少而收效大。

关于文言文的教学

为了达到教学要求，使初中毕业生能够读懂浅近的文言文，高中毕业生能够读懂一般的文言文，这套课本的文言文的选材分量增加了，从现行课本的 85 篇增加为 150 篇，占总篇数的 40％多一些。同时，在注解里加强有关文言字词、成语、典故、句式的解释，在练习里加强有关理解文言文的训练，并且在高年级编入指导文言文阅读的短文。

关于提高文言文的教学要求，有些人是有不同意见的。或者认为没有必要；或者认为困难很多，不易办到；或者认为对学生学习现代语文有妨害；还有个别人认为这是一种“复古”倾向。这些意见，实质上是对培养学生阅读文言文能力的目的还缺乏应有的认识。

培养学生阅读文言文能力的目的，可以分作两方面来说。一是为接受祖国文化遗产打下初步基础。我国几千年来无比丰富的文化遗产，绝大部分是用文言记载下来的。青年一代如果不懂文言，就无法打开这座宝库的大门。从长远来看，这是一个不容忽视的大问题。文言是我国古代的语言。古代语言和现代语言是一种继承发展的关系，不是可以截然分开的。无批判地学习文言，让今人说古语，固然不对；把文言一概否定，认为一无可取，也不对。我们的看法是，文言里有糟粕，有已死的部分，应该抛弃；但也有精华，有富有生命力的部分，则应该吸取。拿读来说，不少用现代语写的文章里，不但有文言词汇、成语、典故乃至某些句式，而且往往有直接引用古书的地方。没有一点文言修养，对这些东西只能是一知半解或者根本不懂。学生如果连用现代汉语写的文章都不能完全看懂，那么阅读能力的提高就是一句空话。再拿写来说，好的文言文（特别是一些经过千锤百炼的名篇）里，有极富于表现力的词汇和成语，有极其精练巧妙的表现方法。在用现代语写文章的时候，吸收了这些成分，文章就会简练生动，光彩焕发。总之，让学生多读一些文言文，是为了让他们初步掌握文言的阅读工具，是为了更好地提高他们的现代语文的阅读能力和写作能力；让学生多读一些文言文，不是为了让他们学会用文言写作，更不是为了让他们钻到故纸堆里去，这跟“复古”是毫无共同之处的。

当然，要求提高了，篇数增加了，会给一部分教师带来某些困难。在编辑工作中，我们考虑到这一点，采取了一些措施：选文力求平易流畅（佶屈聱牙的一律不选）；在编排上注意了由少到多，由简到繁，初一有 20 篇（占 33%），逐年递增两篇，到高三有 30 篇（占 50%）；注解力求明确详尽；教学指导书力求多介绍一些必要的资料；并且为教师编辑了文言进修读物《古代散文选》。有了这些措施，再加上教师的努力，困难是可以克服的。开头的时候，有些教师可能感到吃力些，但是只要能刻苦钻研，过一些时候，熟悉了教材，积累了经验，困难就会过去。

关于教材分量

教学要求提高了，课文篇数增加了，有些人担心是否会造成学生负担过重。这个问题要作具体分析。

首先，这套课本的课文篇数虽然增加不少，但由于每篇课文的篇幅大大缩短，课本的总分量比起现行课本来并没有增加，而且有的册还有所减少。如初中第一册，比起现行课本来，总的分量就不是增加了，而是减少了。试教的结果也证明，这册课本比起现行课本来，不是难教一些，而是好教一些，30 篇课文在一学期内全部教完，是没有多大困难的。

其次，是否会造成学生负担过重，跟教法有很大关系。据我们了解，教学中存在的主要问题是把语文课讲成政治课或文学课。具体表现是：或者离开词句篇章的具体讲授，架空地讲政治道理，甚至抓住课文的片言只语，在政治思想方面做不恰当的引申发挥；或者忽略课文的词句篇章，分析“故事情节”“人物性格”，不厌其详地介绍“作者生平”“时代背景”等。此外，还有的离开课文，让学生孤立地背诵一些语法、修辞的术语和定义。这几种偏向的共同点，是忽视课文本身的讲解，忽视语文的基本训练。这样的教学，费力多而收效少。教师备课花很大气力，教学用很多时间。学生花很多时间去记诵“时代背景”“主题思想”等烦琐的知识，只学会了夸夸其谈，动一动笔，还是错别字连篇，文理不通。这样的教学，浪费了大量的教学时间，课文再少，也难免感到分量重，教不完。

如果换一个办法，把主要力量用在有重点地精讲课文的遣词造句和篇章结构上，用在重点指导学生进行阅读和写作的基本训练上，那么，就可能节省出不少教学时间，不但多教几篇课文不会感到负担过重，而且对于提高学生的阅读能力和写作能力还会收到较好的效果。

1963 年 2 月

努力提高中学生的读写能力

——编写中学语文教材的一些体会

《中学语文教学大纲》(试行草案)和全国通用的中学语文课本试用本初中一、三、五册陆续跟大家见面了。这里谈谈我们在编辑工作中的一些体会,供大家研究参考。

一

新中国成立28年来,广大语文教育工作者为改革语文教学付出了辛勤的劳动,积累了丰富的经验,取得了不少成绩。但是,“文化大革命”期间,“四人帮”对语文教学进行了严重的干扰和破坏。“四人帮”全盘否定新中国成立后17年间中学语文教学的成绩。他们把一批毒草文章强行塞进语文教材,妄图把语文课变成篡党夺权的工具。他们大肆鼓吹“文盲胜利”“白卷英雄”,把加强语文基本训练、提高语文教学质量污蔑为“回潮”“复辟”。他们大搞文化专制主义,把古今中外的大批优秀作品列为禁书,对青少年实行封锁。他们大肆贩卖“帮八股”,用极端恶劣的文风毒害青少年。凡此种种,给中学语文教学带来了严重的后果。教学思想被搅乱了,学生的语文水平明显下降。要肃清“四人帮”的流毒和影响,拨乱反正,首先必须在思想上分清是非。

语文教学要不要提高学生的读写能力?在“四人帮”的干扰和破坏下,这个不成问题的问题竟然成了问题。毛泽东同志说:“一个革命干部,必须能看能写,又有丰富的社会常识与自然常识,以为从事工作的基础与学习理论的基础，工作才有做好的希望，理论也才有学好的希望。”毛泽东同志还指出，如果学生一切都学好了，但不能看书作文，那他们出校后的发展仍是很有限的；如果课学了许多，但不算很多，也不算很精，但学会了看书作文，那他们出校后的发展就有了一种常常用得着的基础工具了。毛泽东同志对干部教育讲的这些话完全适用于中学教育。他科学地分析了学好语文同学好理论和做好工作的关系，指明了学习语文的重要性和必要性。学生不掌握语文这个基础工具，学习文化科学知识会遇到许多困难；掌握了语文这个基础工具，就是掌握了打开科学文化大门的钥匙。难道使学生掌握这把很可贵的钥匙，就是“回潮”“复辟”吗？难道使广大青少年都变成文盲，退到蒙昧状态，反而是“前进”吗？如果语文课可以置提高学生的读写能力于不顾，试问设语文课干什么呢？“四人帮”的逻辑何等荒唐！

当前，我们国家正处在社会主义革命和建设的新的发展时期。为了实现“四个现代化”，把我国建设成为社会主义现代化强国，需要加速培养大批又红又专的建设人才。从现在到2000年，还有20多年。到那时候，现在的中学生已经是三四十岁的人，正当开花结实的大好时光，大批人才就是要从现在的中学生里培养出来。我们的语文课，如果能使他们在中学阶段就打好语文的底子，比如说，在初中阶段能够解决现代语文的读写能力问题，那就不仅可以给他们钻研文化科学知识提供方便条件，而且可以节约大量的学习时间，这对于他们的迅速成长是有很大帮助的。语文教学要为“四个现代化”作出贡献，就要又快又好地提高学生的读写能力。

那么，语文教学要不要向学生进行思想政治教育呢？当然要的。语文课有很强的思想性和政治性，因此，历来的统治阶级都利用语文课向青少年灌输本阶级的政治思想，连识字课也不例外。我国现存汉代的识字课本《急就章》，虽然只是“罗列诸物名姓字”，也要颂扬汉朝的文治武功。后来的许多启蒙书和诗文选本更不必说了。我们也必须利用语文课向青少年进行无产阶级的思想政治教育。编选课文和进行教学，都要贯彻党的路线、方针和政策，都要培养学生热爱社会主义祖国，热爱无产阶级革命事业，坚持马克思列宁主义、毛泽东思想的革命品质。当然，思想政治教育，必须在读写训练的过程中进行，必须符合语文课的特点，而不是脱离语文课的特点另搞一套。

又是读写训练，又是思想政治教育，两者的关系是怎样的呢？由于“四人帮”的干扰和破坏，两者的关系被严重地歪曲了。在他们看来，两者是根本对立的，如冰炭水火那样断然不相容。似乎抓读写训练，就必须丢掉思想政治教育；抓思想政治教育，就只能不管读写训练。这是完全违反语文学习规律的形而上学的观点。说语文课要认真进行读写训练，并不意味着不要思想政治教育；说语文课要进行思想政治教育，也不意味着可以忽视读写训练。两者不是互相妨碍，而是相辅相成、互相促进的。文章是思想内容和语言形式的统一体。内容决定形式，形式表现内容。古人把两者比作“根株”与“荣叶”，“实核”与“皮壳”的关系，是有道理的。因此，读文章和写文章都必须把两者统一起来，才能收到好的效果。以讲读一篇课文为例，如果离开遣词造句、布局谋篇的剖析，思想政治教育就会变成空泛的说教；反之，如果离开文章的思想内容，文章的遣词造句、布局谋篇好在哪里就说不清楚，也就无助于学生写作能力的提高。通常的情况是，学生对文章的字词句篇理解得越清楚，对文章的思想内容也就理解得越深刻；学生对文章的思想内容理解得越深刻，对文章的写作技巧也就体味得越清楚。分割开来，两败俱伤；统一起来，两全其美。

二

为了肃清“四人帮”的干扰和破坏，努力提高学生的读写能力，新编的《大纲》和教材采取了以下几点措施：

（一）提高课文的质量，适当增加数量。

指导学生学习相当数量的文质兼美的课文，对于提高学生读写能力有重要作用。《大纲》提出了三条选材标准：思想内容好，语言文字好，适合教学。这三条标准是紧密相连的。入选课文的思想内容必须是有益的、健康的，语言文字要足为学生的学习典范。同时，文章的难易程度要适合学生的年龄特征和接受能力。课文的选取努力体现这三条标准。

马克思主义的经典著作是学生学习的典范。新教材选取了一些马列和毛泽东同志以及其他老一辈革命家的著作。粉碎“四人帮”以来，出现了一些文情并茂的好文章，新教材注意选取了这方面的课文。一些多年来教学效果好、受到师生欢迎的传统课文，在“四人帮”横行时期被删掉了。新教材选入了《白杨礼赞》（茅盾）、《多收了三五斗》（叶圣陶）、《在烈日和暴雨下》（老舍）、《分马》（周立波）等一批传统课文。新教材还注意编选了一些介绍科技知识的说明文，使学生扩大视野，增加阅读科学读物的兴趣。

在努力提高课文质量的同时，还适当增加了课文的数量。初步考虑，全套新教材选取课文 250 篇左右，平均每册约为 25 篇，这个数字少于 1963 年课本（每册 30 篇），比前些年各地使用的语文教材增加较多。为了有效地提高学生的读写能力，让学生多读一些好文章是完全必要的。课文增多了，要相应地改进教学方法。课文分为讲读和阅读两种，教材中对阅读课文做了标记，教师可以根据实际情况，灵活掌握。阅读课文不是次要的课文，只是更着重于引导学生自学。讲读课文也要注意运用启发式，力求讲得精练。学生自己可以领会的，就不必讲。需要讲解的内容，要着眼于引导和指点，不要统统嚼烂了喂给学生。这样，可以节省许多教学时间，以便指导学生多读一些课文，多做一些读写练习。

（二）语文知识的编写力求精要、好懂、有用。

学生学习课文的同时，有必要学一点语法、逻辑、修辞、写作方法和文学常识等语文知识。使学生知道一点读和写的道理，不仅知其然，还能够知道一点所以然，这对于提高他们的读写能力是有帮助的。过去的教材曾经编入了一些语文知识，有些显得烦琐、难懂，不管用。针对这些问题，新教材中语文知识的编写，力求做到精要、好懂、有用。

第一，把语法、逻辑、修辞知识中可以结合的内容尽可能结合起来。例如，一向认为比较难的逻辑知识，过去是在高中讲的，孤立地讲几篇逻辑短文，既不易理解，又对读写帮助不大。现在从初中起，就结合语法、修辞等知识讲一点有关逻辑的初步常识。例如，结合词和词组讲概念，结合单句和复句讲判断和推理。尽可能少用名词术语，不求全面系统，着重于实用。这样做，可以避免几种知识各成体系，头绪繁多；可以使语法、逻辑、修辞等知识本来相关联的内容融合起来，便于学生理解和掌握。

第二，把语文知识的教学同课文的讲读结合起来。语文知识，一部分编在课文后边的“思考和练习”里，一部分写成短文，编排在有关单元的后边。语文知识的讲述，尽可能结合课文，成为课文讲读的一个组成部分。编在“思考和练习”里的语文知识，都是同课文紧密结合的。写在短文里的语文知识，也注意引用课文里的例证。如第五册里，讲“论点和论据”，引用《什么是知识》等几篇课文为例证；讲“记叙中的议论和抒情”，引用《珍珠赋》等几篇课文为例证。这样，语文知识的讲解就有了生动活泼的内容，便于学生领会和运用，可以避免只记诵几条定义、同写作不沾边的毛病。同时，也能够加深学生对课文的理解。

第三，着重实际训练。出现在“思考和练习”里的语文知识都是从实际训练着眼的，有的短文也有训练的内容。短文与“思考和练习”是相互配合的。短文出现之后，一般是在“思考和练习”中编配有关的练习题，应用所学的知识。有时还在短文出现之前，先编配有关的练习题，作为学习知识的准备。仍以第五册为例。这册书里编入了两篇有关复句的短文。配合短文，先后编配了 9 道练习题，分别采取填空、造句、分析句子等方法，使学生学习运用关于复句的语法知识。这样，把讲知识与作练习结合起来，有助于提高学生的读写能力。

（三）有计划地编配练习，加强基本训练。

语文教学不仅要教给学生一些语文知识，更重要的是要培养和提高学生的读写能力。要把知识转化为能力，是非勤于动口动手，加强练习不可的。新教材中练习题的数量有所增多。以第一册为例，全书共编配练习题 100 多题，每篇课文 4 至 6 题。练习的编配，注意了要求具体，形式多样，富于启发性。还注意了以下几点：

第一，把思想政治教育和读写训练统一起来。既注意引导学生正确领会课文的思想内容，又注意引导学生正确理解和掌握课文的表达方法，有些课文的练习是努力这样做的。例如，第三册《记一辆纺车》一课有这样一道练习题：“说说作者为什么把纺车比作旅伴和战友，我们应该怎样继承和发扬延安的光荣传统。要求说得中心明确，条理清楚。”这样，就把思想政治教育和读写训练结合在一起了。

第二，着重基本训练。以识字、写字、遣词造句、布局谋篇等基本训练作为练习的重点。例如，通过辨认形近字、纠正错别字、给字注音等练习，训练学生掌握字的正确书写和读音。通过辨认词义、解释成语、填空造句、加标点等练习，训练学生正确地选用词语，做到语句通顺。通过划分课文的层次和段落、剖析课文的中心和材料等练习，训练学生写文章能够正确处理通篇的布局，做到思路畅达。还有一些有关修辞方法的练习，也都是从加强基本训练着眼的。

第三，力求密切结合课文和语文知识的教学，体现各年级读写训练的重点。例如“大纲”规定，初中一年级着重培养记叙能力，并要求学生正确辨别字的形、音、义，丰富词汇，学会用词造句。为此，初中第一册安排了几个记叙文的重点单元以及有关字、词和记叙要素的短文。与重点单元相配合，编配了相当数量的辨字辨词和有关记叙文写作方法的练习。有些语文知识在练习里介绍。如第一册没有编入有关修辞知识的短文，而课文中出现的一些比喻、拟人等修辞手法，需要学生理解和掌握，就在练习中作简单的介绍。

练习还注意了培养学生的自学能力，各册在练习中都提出了课外阅读的要求。这一部分练习，教师可以根据学校的图书设备情况灵活运用。

练习增多了，要注意不增加学生的负担。大部分练习应该在课堂上完成，一部分练习可以由学生口头回答。练习的数目，教师可以有所增减。

（四）加强作文教学。

提高学生的作文能力，是语文教学的一项十分重要的任务。学生的作文能力是衡量语文教学成效的一个重要尺度。如果学生在语文课里学了很多东西，但是文章还是写不通，这样的语文课不能算是成功的。为了强调作文教学的重要性，《大纲》里用专门一节谈作文教学的问题。

《大纲》里提出了作文训练的多种形式。通常的做法是每两三周作文一次，由教师命题或者由教师指定范围、学生自拟题目，限定两小时或者更长的时间交卷。写前，由教师指导；写后，由教师评改。课堂上的作文是很重要的，今后还要加强。但是，限于时间，每学期只能作七八次，太少了。多了，又会加重师生的负担。所以，只靠这一种形式进行作文训练是不够的，必须运用多种形式。在课内，可以结合课文的讲读，指导学生听写、改写、缩写、写片段、写局部，等等。还要指导学生进行说话练习，如朗读课文、叙述见闻、评述作品、就一定的问题发表意见等。说话练习，不仅能够提高学生的口头表达能力，而且同提高学生的写作能力有密切的关系，必须予以重视。这些形式的作文练习，运用起来简便灵活。有的练习，教师不必批改或者只当堂批改。运用得当，能够收到事半功倍的效果。还要鼓励学生在课外写日记，写读书笔记，写通讯报道，举办朗诵会和读书报告会，办墙报等，开展多种多样的课外语文活动。总之，在不使师生负担过重的情况下，要多给学生提供一些动口动笔的机会。

《大纲》里提出了培养马克思主义文风的问题。这是针对“帮八股”对语文教学的不良影响提出的。我们要求学生作文要老老实实，实事求是，言之有物，有的放矢，不要沾染“帮八股”说空话、大话、假话的坏习气。培养马克思主义的文风，要注意三个问题：一是教育学生对写作要抱正确的态度，使他们充分认识写文章是为了宣传革命道理和传播科学知识，是为人民服务的。解决态度问题，是培养马克思主义文风的前提，是十分重要的。一是尽可能丰富学生的生活，使学生拿起笔来有东西可写。要努力结合参加劳动和其他社会活动，有计划地指导学生进行写作练习。这对培养学生生动活泼的文风是会起很大作用的，应该予以重视。一是要引导学生下苦功学习语言，语言的运用比较熟练，基本功比较好，是养成好的文风的必要条件。

（五）培养阅读浅易文言文的能力。

新教材里古代作品（大部分是文言文）比现行教材有所增加，初步考虑全套教材选取古代作品50多篇，占总数的20%以上。让学生学习古代作品，培养学生阅读浅易文言文的能力是一个重要的教学目的。

为什么要培养学生阅读浅易文言文的能力呢？我国的历史很长，各方面大量的古代资料，是用文言写下来的。中学生，在校期间和毕业以后，从事学习、工作或科学研究，不只需要读今天的东西，往往还需要读或者初步会读昨天的和前天的东西，这对于开阔眼界、继续深造、提高文化水平是完全必要的。何况今天的东西，拿新中国成立以来出版的读物来说，其中也有文言成分。学生懂得一点文言，对于阅读这些读物也是有好处的。

古代作品的选取，要按照毛泽东同志的意见，“首先检查它们对待人民的态度如何，在历史上有无进步意义”，决定取舍。衡量古代作品，要运用马克思主义的观点，按照当时的历史条件，实事求是地区别精华和糟粕，不能采用跟衡量今天的作品相同的尺度。要推翻“四人帮”强加给某些古人的荒谬评价。杜甫、韩愈等人的诗文重新选入了教材。《大纲》还规定：“在高中，还可以选入几篇艺术性强而有明显消极因素的传统名篇，指导学生认真批判和鉴别，学习正确地对待古代作品。”这样做，有助于提高学生鉴别正确与错误、香花和毒草的能力，是十分必要的。当然，一是不要多，二是着眼于批判，不是任错误的东西自由泛滥。

古代作品的选取，还注意了文字的简洁流畅和深浅适度，以及内容的广泛多样。除选取历代文学名著外，还注意选取古代思想家、军事家、科学家的论著和传记，以及有关阶级斗争、生产斗争、科学实验的重要史料。结合课文的讲解，初中在注解和练习中介绍了一些古汉语常识，高中加以归纳整理，使学生有一个比较系统的了解。

（六）循序渐进，突出重点。

总的说来，课文、语文知识都是按照由易到难、由浅入深的顺序编排的。读写训练，各年级都安排了一定的重点。初中：一年级着重培养记叙能力；二年级继续培养记叙能力，着重培养说明能力；三年级继续培养记叙和说明能力，学习在记叙中运用议论和抒情的表达方法，着重培养议论能力。高中：一年级着重培养比较复杂的记叙和说明能力；二年级着重培养比较复杂的议论能力。这样，从记叙到说明到议论，由物的摹写到道理的剖析，符合由易到难、由浅入深的教学顺序，符合从具体到抽象的认识规律。当然，这里讲的只是重点，事实上，几种表达能力的培养不能截然分开。

文章有各种体裁，都是中学生应该学习的。但是，各种体裁都离不开记叙、说明、议论等基本表达方法，所以采用这几种表达方法作为各年级读写训练的重点。某些文体的写作特点，也随着课文的讲读介绍给学生。计划、记录等比较复杂的应用文，在附录中作扼要的介绍；一些简单的应用文，在中学就不出现了。

为了突出读写训练的重点，各年级适当增选体现重点的文章，并且安排几个重点单元，编配短文和一定数量的练习。在突出重点的同时，各年级的课文仍然力求丰富多样，以增加学生的学习兴趣。

三

总的来说，这次编写《大纲》和教材，在肃清“四人帮”的干扰破坏、加强学生读写训练方面作了一些努力，但有待研究解决的问题还不少。要作到语文教学的根本改革，还要作大量的工作。

长期以来，语文教学存在着少慢差费的现象。以现行教学计划而言，学生从小学到中学，10 年间上 2700 多课时的语文课，相当于总时数的 30%。可是大多数学生的读写能力还是过不了关。这个问题如不解决，不利于加速培养人才，要拖“四个现代化”的后腿。许多同志对此深表关心，提出了意见，是值得重视的。

要又快又好地提高学生的读写能力，就教材和教学来说，重要问题是如何克服当前语文教学中存在的少慢差费现象，如何按照学生学习语文的规律，使语文教学有一套科学的体系和科学的方法。要解决这个问题是要花很大气力的。但是，打倒了“四人帮”，我们对于语文教学的大踏步的改革是满怀信心的。我们希望广大语文教育工作者都来参加这项重要的科研工作，从调查研究入手，扎扎实实地总结经验，认认真真地探索规律。只要坚持不懈地努力，一定能够逐步取得语文教学改革的胜利。

1978 年 6 月

提高语文教学的质量*

——在中学语文教材改革第二次座谈会上的讲话

这里就提高广大中学语文教学质量的问题，谈几点不成熟的意见。

一、努力使用好现行的通用教材。现行教材是粉碎“四人帮”后编写的第一部全国通用的教材，现在看来，有许多缺点，要经过认真修订，继续供全国大面积采用，争取稳定下来，以利提高教学质量。这一点座谈会上已经确定下来了，会上有的同志谈到，努力使用好现行教材，同样可以提高教学质量，这个说法是符合事实的。为什么这样说呢？

先谈谈课文。目前使用的大纲草案和课本，在1980年初已经进行了一番修订，更换了一部分课文，有了改进。这次座谈会上，大家提出还要再更换一些课文。更换多少呢？有20%左右，认为可以保留的则有80%左右。现有的全部课文中，名家作品占72.9%，文言文占22.8%。这两部分有交叉，去掉交叉，也大约有80%。这就是说，有80%左右的课文还是很好的，其中相当一部分是受到师生欢迎的。这一部分课文，如果教学得法，是可以收到好的或比较好的效果的。那20%左右的课文，在1981年上半年进一步修订时要加以更换。在未更换前，还是要努力搞好教学，以期收到较好的效果。

目前正当转变的时期，有许多新情况。语文课不是政治课，但也不可能脱离政治。选取课文必然受这个因素的影响。有些文章过去看来毫无问题，

---

* 本文是作者1980年11月在中学语文教材改革座谈会上的讲话，后收入《语文教学谈》（安徽教育出版社1983年版）。

现在看来成了问题。选取课文固然要严格要求，但不可能离开若干年来我们的作家写作的实践。写出来的就是那么多东西，我们只能从中选取。我看即使将来编写新教材，也不能设想把已有的课文统统删除，相当数量的课文恐怕还是要保留的。

再谈谈体系。现行通用教材的体系，基本采取的是1963年教材的体系。如大纲草案所规定："按读写训练的要求进行编排，由易到难，由浅入深，循序渐进。"培养学生读写能力，在各年级有一定的重点：初中一年级记叙，二年级记叙和说明，三年级记叙和议论；高中一年级比较复杂的记叙和说明，二年级比较复杂的记叙和议论。每册课本重点单元和非重点单元交错编排，既突出重点又灵活多样。这种编排方法显然是从培养学生的读写能力着眼的，它是诸多编排方法之一种，有优点也有缺点，并非一无是处。现行教材比之1963年教材，加强了语文知识和语文基本训练的内容。语文知识作为一种手段，对于培养学生运用语文的能力会起到促进作用，学习语文知识还有它自身的目的，就是丰富学生的语言知识，增强他们对祖国语言的热爱。近年来，培养学生热爱祖国的语言提得少了，我看要提。

现行课本里原来有一部分单元是按思想内容相近组元的。1980年初那一次修订，参照大家的意见，绝大部分改为按文体相近组元，而且改变了单元分得过碎的情况，一些单元里的课文加多了。这里顺便说一说按思想内容（主题、题材）组元的问题。有一种流行的看法认为，按思想内容组元是为了进行思想教育，按文体组元是为了进行语文教育，这种看法过于简单了一点。着眼于培养学生运用语文的能力，同样可以采用按思想内容组元的办法，因为这种单元便于学生比较和领会采用不同的写法表达相同或相近的思想内容。古的，如申明不问政治的《昭明文选》，这部在唐以前颇有影响的教科书就是按文体分大类，每一大类中又按思想内容划分单元（姑且称之为单元）的。今的，如50年代的文学课本，为着培养学生观察生活的能力，低年级就有一部分单元是按思想内容划分的。外国的，如会议材料里所介绍的一套法国教材，从发展学生思考能力和表达能力着眼，也是按思想内容组元的，例如分成"现代生活""现代技术""时代问题""热爱自然"等单元。

目前各地的改革试验，也有一些同志在研究组元的多样性。我认为，在组元的问题上可以想得宽一些，方式灵活多样一些。

第三，谈谈练习。现行教材的练习题比1963年教材增加了一些。那些不受欢迎的大而空的思考题，在1980年初那次修订中已经大部分改掉了。那样的练习题占少数，学生做起来如有困难，可以只供思考，略去不做。其余大多数练习题是有关训练读写能力的，指导学生认真地做，是会收到好的效果的。在1981年上半年进一步修订时，要进一步加强语文基本训练，按听、说、读、写有计划地安排更多的练习。

因为开的是教材的会，教材问题我多讲了几句。经过进一步修订，这套教材会编得更好一些，我们编辑同志有这个信心。

二、结合实际，适当吸取试验学校的经验。迄今为止，试验主要是在一些条件较好的学校进行的。他们的经验是否有普遍意义呢？我认为，其中若干做法是有普遍意义的，各地结合自己的实际，认真研究和吸取，是会有好处的。这些做法是：

（一）目的明确。试验学校进行教学改革的试验，目的都很明确，是为了改变语文教学少慢差费的现象，力求又快又好地提高学生运用语文的能力。一般学校进行语文教学，也应该有这样一个明确的目的。不管采用哪一种方法，能够达到这个目的，就是成功的。

（二）适当运用多读多写的传统经验。试验学校都无例外地增加了阅读量和读写训练的次数，这样做，都取得了较好的效果。尽管对于多读多写有不同的评价，但它使用起来挺灵，能够收效，就应该承认它有可取之处。一般的学校可以从自己的条件出发，尽可能让学生多读一些，多写一些。使用现行教材，感到分量过重的，首先设法教完教好规定的课文，不必勉强做补充；感到分量轻的，则可以加以补充。补充要适当，不是越多越好。至于听、说、读、写的练习，则都可以适当做一些补充。课本里的练习是举例性质的，教师可以增加、减少、挪用或抽换。增加课文和练习，注意不要加重学生的课外负担。

（三）改进教法。打破一些固定的框框，从实际出发决定教学方法。学生自己懂得了的，就不要讲；学生还不懂的，着重引导学生自己去理解；该讲的，自然还要讲。现行教材里有些课文较长或较深，要努力做到长文短教，深文浅教。如欧阳代娜老师教自选的一篇很长的通讯，一个课时就处理完了，效果还挺好。可见长文是可以短教的。较深的课文能不能浅教呢？也是可以的。这样的课文，不要求学生把内容全都弄懂，可以着眼于进行语文训练。比如《人类的出现》这篇课文不太好懂。文章里涉及的科学知识是不是可以不着重去讲呢？我看可以，只着重指导学生写说明性的文章。如有一位教师确定的教学重点就是：要求学生学习用科学的数据、有关资料和准确的语言说明事物的方法。

（四）加强课外活动。搞课外活动，在一般学校也是有条件的。可以在不增加学生的负担的情况下，开展课外活动，如读书、写日记、办墙报、办朗诵会，等等。

三、认真总结本地区广大学校语文教学的经验。试验学校的经验毕竟有它的特殊性。一般的学校还得总结自己的经验。现在我们已经有了这样的一些经验，还可能有许多这样的经验未被发现。现在知道的，如陕西的千阳中学，四川的黄甸小学初中班，还有河北省饶阳县十几所社办中学等，都提高了语文教学质量。这是农村的。城市的一般学校，如鞍山十五中、北京三十六中、上海建光中学等都在进行试验，也取得了好的效果。要不断发现并推广大面积上的经验。

四、抓好教师的进修。我没有调查研究，这个问题只提一下。我们广大学校的语文教师，特别是农村的语文教师，他们的工作和生活条件是比较艰苦的，他们的教学负担是比较重的。他们没有很多资料可查看，没有很多进修读物可阅读，提高业务水平也是有相当困难的。这些同志中有一部分差一点，也不能怪他们。我们要体谅他们的困难，采取积极的态度来帮助这些同志进修，帮助他们提高业务水平。

前几年有的语文老师说，语文教学的春天就要来到了。到现在，可以说已是初春天气，万紫千红的日子不远了。还有的老师把寻求语文教学的规律比作武陵人寻求桃花源，说现在到了“山有小口，仿佛若有光”的境界，现在看来，复行数十步，就要“豁然开朗”了。预祝不久的将来取得大面积的丰收。我诌了几句诗献给广大的共同奋斗的同志：

忆昨寻春雪乍消，
垂杨今染嫩黄梢。
风光更向明朝看，
定见仙源万树桃。

1980年11月

答《语文战线》问

问：有的同志认为现在的通用教材缺少科学性、系统性，需要进行大的改革；有的同志则认为这套教材刚刚熟悉起来，再要大改大动，多数教师不能适应。对此，您是怎么看的？您认为在教材编写中怎样才能既加快改革的步伐，又照顾大部分教师的现状？

答：通用的十年制中学语文教学大纲（试行草案）和课本（试用本），1979 年已经全部编写完了。对于这套教材，一般的看法是有优点也有缺点，认为一无是处的很少。按照九省市座谈会的精神，1980 年上半年，对这套教材进行了一次小修订。普遍反映修订后有了改进。这套教材应该进一步修订，稳定一段时间。

为什么要稳定一段时间呢？一是为了便于广大教师熟悉教材，提高教学质量。目前，教师对这套教材逐渐熟悉起来，不少地方已经编写了许多种辅助教学的书籍，这是对提高教学质量很有利的。如果马上又来个大变动，广大教师又要重新学习。回想过去语文教材变动频繁，“年年新教材，人人新教师”，广大教师很不欢迎再出现这样的情况。这是就大面积说的，少数试验学校自然应该积极改革，不求稳定。再是怎样进行大的改革，还需要一段时间进行研究和试验。回想 50 年代和 60 年代编写的那两套改革较大的教材，从准备到普遍使用，都用了四五年的时间。我们这几年研究和试验蓬勃发展，给搞大改革提供了很好的条件，搞起来可能会快些，但也是难以一蹴而就的。

这套通用教材采用的是 1963 年那套教材的体系，每个年级既有读写训练的重点，又注意多样化。也有几点改进：安排了较多的练习题，编入了较有系统的语法、逻辑等语文知识，经过修订，更多地采用按文体组织单元。诚然，这个体系是不理想的，科学性、系统性不强。但是，在新的体系没有确定之前，采用这个体系还是比较合适的。回想 1963 年的教材普遍使用之后，教学质量曾有提高。可见按照这个体系进行教学，也是可以收到较好的效果的。

当然，编辑一套改革较大的新教材是刻不容缓的。这项工作可以说从 1979 年九省市座谈会起已经开始准备了。在全国语文教育工作者的积极支持下，准备工作正在顺利地进行。与此同时，各地正在编写供试验学校使用的试验教材。试验教材的编写，是教材建设的一个重要方面，应该受到重视和得到支持。将来在全国范围内，将出现一套通用教材同多种试验教材共存的新局面，真正实现教材领域的百花齐放。这是一件大好事，对于加速教材改革的步伐、提高教学质量肯定会起很大的促进作用。

问：在语文教学中应如何看待和处理文学教学？有的同志认为现在是“语言派”吃掉了“文学派”，应该重视文学教学。对这个问题，您是怎么看的？有何具体的建议？

答：我不知道存在着“语言派”和“文学派”。果真存在的话，那么，一个讲运用语言的基本规律，一个提供运用语言的优秀范例，两者是比翼鸟，是连理枝，是好朋友，没有理由互相排斥。就目前语文教材的内容来看，我以为两者都嫌不足，都应该适当加强。

在中学阶段，讲授语言知识也好，讲授文学作品和文学知识也好，都是主要着眼于发展学生的语言，使学生具有足以适应深造和就业需要的听说读写的能力。中学语文教学的目的不是培养语言学家和文学家，这是大家都同意的。可是，如果有极少数学生从小就养成对语言或文学的浓厚兴趣，表现出优异的才能，我们该怎么办呢？我认为，应该在鼓励他们学好各门课程的同时，因势利导，帮助他们发展这方面的才能。

单就文学教学来说，自从 50 年代文学、汉语分科被否定之后，大家一直对在中学进行文学教育讳莫如深。其实，对这个问题应该采取分析的态度。在中学搞纯粹的文学课固然未必适当，在中学语文课里适当安排文学的内容却是完全必要的。文学教育除了有助于发展学生的语言之外，还有助于培养学生高尚的道德情操和审美能力，而且一定的文学知识是一个有文化的青年所应具备的。在我们最近的一次调查中发现，不少中学生缺乏起码的文学常识，如说我国第一部诗歌总集是《史记》，说新中国成立以来的优秀文学作品是《红楼梦》，这种状况值得我们深思。

我想，在中学语文教材里适当增加文学名著的比例，特别是在高中，多读一点文学名著，并且学习一点文学史和文学理论的知识，会是十分有益的。

问：目前在中学语文教师中存在着“双基派”与“思维派”之争。有的教师认为，现在的学生错字不断，病句连篇，必须扎扎实实地打好基础；有的教师则认为，语文教学应以培养学生的读写能力为主，着重发展他们的智力。对于这种争论，您是怎么看的？您认为在语文教学中应如何处理加强双基和发展智力的关系？

答：语言工具是发展智力的一把钥匙。加强语文基本训练和发展智力，是相辅相成、互相作用的。发展智力离开语文基本训练，多半会落空。如果学生听说读写的能力都很差，其智力的发展会受到很大限制。语文基本训练离开发展智力，也会搞得事倍功半。如果学生不是生动活泼地学习，不能够触类旁通、举一反三，其听说读写能力的发展，也难以长足前进。只有把两者结合起来才能收到较好的效果。如果存在着“双基派”和“思维派”，那么，我认为他们本来是一家子，应该紧密合作，取长补短。

从我们最近的一次调查来看，不少中学生运用语言的基本功很差。加强语文基本训练是当务之急，是十分必要的。加强语文基本训练，不要仅仅理解为解决语言文字的问题，要同学生生活和学习的实际结合起来，要同提高学生的思想认识、发展学生的思维能力结合起来，要同活跃学生的思想、丰富学生的知识结合起来。一言以蔽之，就是要把语文基本训练搞得生动活泼。

问：目前学生语文水平低的情况还相当严重，一些农村中学尤为突出，而各地选择语文教改的试点又多是城市中一些条件较好的学校。您认为应该采取一些什么措施，提高一般学校特别是农村中学的语文教学效率？

答：中学语文教学存在着不少问题，其中有些是老大难的问题。这些问题的讨论、研究和解决，都要从实际出发。哪一种意见是对的，哪一种意见是不对的，看什么呢？要看实践的效果。这样说来，语文教学改革的试验就十分重要了。目前全国已经有了一批学校进行试验，是十分可喜的。

目前的试验，多数是在城市的条件较好的学校里进行的。他们的经验有普遍意义吗？我认为其中一些基本的东西是有普遍意义的，对于条件较差的学校也是有参考价值的。条件较差的学校应该注意研究这些经验，并且借以创造自己的经验。

就我所知，已经有一些条件差的农村中学，例如陕西的千阳中学、四川黄甸小学初中班，参考各地的经验，从自己的实际出发，在可能范围内改进教材，并努力改进教法，取得了初步的效果。我的见闻有限，各地可能都有一些条件差、有志改革的学校。他们的经验，对于取得大面积丰收有直接的意义，非常值得重视。过去我想，进行教学改革可能只有条件好的学校才办得到，现在看来不对了，条件差的学校也有许多事情好做。

问：您认为三年来改革语文教学的工作取得了哪些成绩？通过讨论、研究和实践，哪些问题已经初步解决，哪些问题还有待于深入？今后怎样把语文教学提高到一个新的水平？

答：中小学语文教学费时多、效果差的状况，自吕叔湘先生在《语文教学中两个迫切问题》一文中尖锐地提出来之后，不仅引起社会上的关注，而且由此在语文教学界展开了如何提高语文教学质量与效率的讨论。

三年来，这场讨论逐步深入，初见成效。

这场讨论使我们正视了语文教学令人不能满意的现实，大大提高了对语文教学进行改革的必要性与重要性的认识。十年“文化大革命”，语文教学受到严重摧残，教学质量低下，学生读写能力差得惊人。粉碎“四人帮”后，这种状况未能迅速改变。原因何在呢？不是语文教师不努力。语文教师负担重，工作十分辛苦。问题在于长期以来对语文教学缺乏科学的、系统的研究，教师在教学中进行了大量的无效劳动，得不偿失。在讨论中，我们清醒地认识到凡事要讲究科学，语文教学也不例外；要提高教学效率，提高学生语文水平，一定要下大决心进行改革，认真探索语文教学特有的规律，变无效劳动为有效劳动。

这场讨论一扫“文化大革命”十年来万马齐喑的沉闷空气，从根本上改变了把文科教学的所谓“改革”纳入为“四人帮”帮派政治服务的轨道的情况。为了在语文教改的路途上艰苦地探索，许多语文教学研究者和教学第一线的教师解放思想，勇于改革，就教材体系、教学方法、能力培养与训练等问题各抒己见，争论探讨，学术思想活跃，研究空气浓厚，打开了教学改革的局面。这场讨论还促使许多语文教师大胆实践，进行种种试验，在改革教材，加强双基，思维训练，听说读写能力培养等方面创造和积累了不少有益的经验，为进一步研究和从事语文教学改革提供了良好的条件。总之，从专家到教师，关心语文教学，摸索改革的途径，语文教学中的种种问题大有解决的希望。

1981 年 1 月

编写三三制中学语文课本的设想*

在初步总结新中国成立以来中学语文教学经验的基础上，吸收几年来各地语文教材改革实验的宝贵经验，并借鉴国外的一些经验，我们经过研究，提出编写三三制中学语文课本的设想。这个设想还很不成熟，还需要听取各方面的意见加以修改。发表出来，希望广大语文教师和关心语文教学的各界人士提出宝贵的意见。

总的设想

（一）中学语文教学的基本任务是提高学生理解和运用祖国语言文字的能力，具体地说，就是提高听说读写的能力。这四种能力的培养是相辅相成、互相促进的。要指导学生阅读足够数量的文质兼美的文章，掌握比较系统的语文知识，进行有计划的语文训练，逐步提高学生的观察能力、思维能力、理解能力和表达能力。

中学语文教学负有思想教育的任务，增进学生对党、对社会主义祖国的热爱，增进学生的民族自豪感。思想教育要在语文训练的过程中进行，着重于思想品质道德情操的培养，收到潜移默化的效果。

中学语文教学还有知识教育的任务。要指导学生学习基本的语文知识和文学知识。语文知识，包括语法、修辞、逻辑、写作方法的知识。文学知识，包括文学史和文学理论的知识。学习这些知识，不仅有助于发展学生的语文能力，而且有助于提高青年的文化水平。

---

* 原载《中学语文教学》1981 年第 3 期。

（二）初中和高中既互相联系，又有阶段性。中学结构的改革，会有越来越多的初中毕业生升入职业学校。语文教学的安排必须充分反映这个情况，初中和高中作为两个阶段来考虑，提出不同的要求。

初中阶段着重提高学生现代语文的理解和表达能力，要求听说读写的能力能够基本管用。初中学生的年龄大体上是从十二三岁到十五六岁，这是发展语言的较好的时期，目前许多改革试验表明，这个要求经过努力是可能达到的。高中阶段，继续提高学生运用现代语文的能力，进行比较系统的文学教育，并培养学生阅读文言文的能力。

（三）中学语文课的教学内容是多方面的。大体上说，可以分为文章选读、写作训练和语文基础知识这三个方面。

多年来的经验说明，把这三个方面糅合在一起进行教学，虽然有利于相互配合的优点，但是也有相互牵制甚至相互干扰的缺点，并且难以组成比较严整的体系，难以使学生接受比较系统的知识和训练。为了建立比较严整的教学体系，这三个方面分别建立各自独立又相互联系的体系是可取的。50年代文学、汉语分科和60年代只设语文一科的实践，各有优点和不足之处，为语文教学提供了有益的经验。

（四）阅读教学的主要任务是培养学生的阅读能力。阅读能力包括理解力、记忆力和速度三个方面。在知识量急剧发展、与每个人的专业有关的书籍急剧增多的现代社会，培养速读能力是不可忽视的。要指导学生阅读精选的足量的古今中外的好文章，并结合课文进行听说读写的训练。初中阶段主要指导学生阅读各种文体的现代文；高中阶段主要指导学生阅读各类文学作品，文言文可占较大的比重。课文按照由易到难、由简到繁、逐步加深的顺序安排。阅读程度深浅、分量多少相差不多的文章，何先何后，不容易也没必要定出绝对的次序。因此，教师如何运用阅读教材，有较大的灵活掌握的余地。

文言文所占的分量，初中大体上可不少于课文总数的1/4，高中大体上可不少于1/2。应着重选取文质兼美的名家名著，也要突破旧选本的框框，努力发掘一些语言文字好而又更适于实际教学的文章。编排应有一定的独立性，不宜同白话文混合编排。

（五）写作教学的主要任务是培养学生的写作能力。要讲授必要的写作知识，给予一些写作的范例，进行严格的写作训练。写作训练要有计划地进行，按照由浅入深、由易到难、由分解到综合、由片段到整体的顺序有计划地安排。要着重培养学生毕业后参加工作或进一步学习专业知识时实际需要的写作能力；要联系发展学生逻辑思维能力以及形象思维能力，也就是联系发展学生智力的考虑来组织写作教学。

（六）语文知识教学的主要任务是使学生以小学获得的知识为基础，巩固、加深或补充有关语音、文字、语法、修辞、逻辑的基础知识，借以促进他们听说读写能力的发展。要本着精要、好懂、有用的原则安排和撰写课文，配备练习题。这些基础知识主要在初中讲授，古汉语知识在高中讲授。

文学知识主要在高中讲授。初中结合入选的文学作品讲一点有关常识。高中结合课文讲授文学史和文学理论的知识，还要编写有关的专题课文。

关于阅读教材

（一）阅读教学的主要任务是培养学生的阅读能力。

初中阶段主要指导学生阅读各种文体的现代文。在阅读过程中，指导学生继续识字，巩固在小学阶段已学过的 3 000 左右常用字，进而扩大识字量，掌握较丰富的词汇，学习各种文体的特点和写作方法，着重提高现代语文听说读写的能力。学习少量的文言文，主要是接触一下，了解我们祖国有这样一份遗产，同时也为阅读文言文多少打点基础。

高中阶段主要指导学生阅读各类文学作品（广义的），在阅读过程中进一步提高听说读写的能力。培养初步阅读文言文的能力。

初高中的阅读教学负有开拓学生的眼界和思路，开拓知识领域，培养爱好读书的兴趣和良好的阅读习惯，指点阅读的方法和自学的门径等任务。选编阅读教材要考虑到这些方面的要求。

（二）课文选取的要求是：语言文字典范，思想内容健康，篇章结构完美，体裁和题材广泛多样，适合教学需要。

思想方面的要求应恰如其分。入选的现代文，思想内容要有助于提高学生的社会主义思想觉悟、无产阶级情操和共产主义道德品质；也可以选入一些语言运用得很好或者艺术性很强，思想内容无害的文章。不要求配合一时的政治形势。古代作品，思想内容应是积极的、健康的，在高年级可以选入少量有一些消极因素而艺术性强的传统名篇，借以提高学生的鉴别能力。

语言方面的要求要严格。入选的现代文，语言要合乎规范，足以作为学习的准绳和范例，并且在艺术技巧方面对学生有启发作用。入选的文言文，语言文字要合乎古汉语的规范，表达上精练、畅达、优美，值得欣赏，堪资借鉴。入选的外国作品，译文要合乎现代汉语的规范。

体裁要多式多样。童话、寓言、民间故事、小说、诗歌、戏剧、散文、杂文、科学小品文、书信、传记、游记、序跋、文论、史论、政论以及各种类型的科学说明文等等，均可入选。题材也要多式多样，既要有切近学生生活的内容，也要有扩大学生见闻和知识领域的内容。

课文要适合学生的接受能力，既不使学生感到高不可攀，又要有一定的难度，不使学生感到过于容易。篇幅一般不宜冗长，有些长文章可以节选。

选文要合乎青少年心理特征，使学生读来有兴趣，不感到枯燥无味，这样既使学生喜爱教材，好好学习，又有助于培养爱读书的习惯。

（三）课文按照前述培养阅读能力的要求，遵循由浅入深、由易到难、由简及繁的顺序编排。初中主要按体裁组编单元。高中兼采按体裁、作者等多种编排方法。教学中可以不完全受课文编排顺序的约束。

白话文和文言文分别编排。

（四）有计划地设计练习。整套教材要按照听说读写的要求，设计比较系统的练习，既要突出重点，又要照顾全面。练习要有启发性。不排除要求记忆和模仿的练习；更要注意设计有助于指导学生学习方法和拓展思路的，有利于培养能力的练习。

关于写作教材

（一）写作教学是和阅读教学、语文基础知识教学同时进行的，三者密切配合，互相促进。阅读教学和语文基础知识教学可以为写作教学打下基础，写作教学又可以巩固和提高阅读教学和语文基础知识教学的效果。写作教学必须通过比较系统、比较严格的训练，使学生逐步学会综合地应用所学到的各种知识，准确、清晰、完整、敏捷地表达自己的思想，真正提高写作能力。

（二）写作教学的主要任务是：继续培养和提高学生运用现代汉语书面表达的能力；为了很好地完成这个任务，要结合语言表达的训练，继续培养提高学生逻辑思维（包括形象思维和抽象思维）的能力；继续培养提高学生运用辩证唯物主义和历史唯物主义的立场、观点、方法去观察事物、分析问题和解决问题的能力。

（三）写作训练是一个循序渐进、逐步提高的过程。根据总的教学要求，结合学生的年龄特征，可以划分为初中和高中两个阶段，并分别提出不同的教学要求。

初中写作教学的具体要求：对比较简单的自然现象和社会生活现象，能够正确地观察，明白地有条理地加以记叙或说明。对一个问题，能够作比较简单的分析，提出自己的看法，并能说出一定的道理。对某些事物，能够根据自己已有的生活经验，发挥合理的想象。要能写书信、报道等一般的应用文字。要求书写正确整齐，常用字不写错别字，标点用得对，段落分得清，中心明确，条理清楚。

高中写作教学的具体要求：对比较复杂的自然现象和社会生活现象，能够比较深入地观察，有重点地合乎逻辑地加以记叙或说明；并且能够同时观察多种事物，作比较有联系的记述。对一个或几个问题，能够作有重点或有比较的分析，提出自己的见解，做到论点正确，论据充足。表达自己的思想感情，既要从现实生活出发，又要有比较丰富的想象能力。还要能写较复杂的应用文，如工作计划、调查报告、工作总结等。要求书写整洁、美观、迅速、没有错别字，内容充实，中心突出，剪裁得当，结构完整，能够比较熟练地运用已学过的各种表达方式。

一个题目多种作法是一种可取的教学方式，例如以某个地名为题，可以写成游记，可以写成以地理叙述为主或者以历史叙述为主的科学性说明文，可以写这个地方建设和发展的前景，等等。这种训练可以使学生思路活，避免一般化。

（四）写作教材的编写，要依照以下几个原则：

1. 教材编排要符合学生的认识规律，做到由浅入深，由具体到抽象，由局部到整体，由简单到复杂，反复练习，逐步提高。

2. 写作练习的方式要多种多样，包括听写、看图作文、摘要、缩写、改写、扩写，叙述一件事，描述一个人物，描写自然景物，写思想评论、社会生活评论、时事评论、电影和戏剧评论，写书信、自传、新闻稿、演讲词、工作和学习计划、汇报、总结等。各年级根据具体情况适当安排。

3. 以书面练习为主，也安排必要的口头训练，使说和写的训练结合起来。以综合练习为主，也进行必要的分解训练。以课内练习为主，也要提倡课外练笔。

4. 每学期要有计划地设计若干次作文练习。为了不把写作训练规定过死，要留给教师自行设计几次作文的余地。这若干次作文设计，每次作文之前要先做一些分解性的局部练习，还要学习有关的写作知识和提供可作范例的文章或片段。还要对每次作文讲评提出要求。

在较高的年级要提倡让学生自己查参考资料，自己找参考书，对要写的内容反复酝酿研究，然后动笔写作；提倡根据教师对写成的文章提出意见，给予必要的指点后，自己去修改；提倡让学生们互相观摩别人的文章，交流练习写作的经验。

关于语文基础知识教材

（一）中学语文基础知识教学的主要任务是使学生掌握一些现代汉语和逻辑思维的基本规律，掌握一些文学知识，提高学生的听说读写的能力。内容包括语音、文字、词汇、语法、修辞、逻辑、古代汉语、文学知识等。

（二）语文知识所包括的各门知识，穿插安排在课文之间的办法，虽然给教师授课带来一些方便，但经 20 多年的实践检验，证明弊多于利。把语文基础知识独立编成教材，比较可取。

1981 年 3 月

试谈中学语文教学改革的几个问题*

试谈下面几个问题：一、中学语文教学改革要解决的主要问题；二、中学语文教学的任务；三、提高中学生语文能力的途径；四、中学语文教材的体系；五、改革中学语文教材的一些设想。看法很不成熟，也可能有不妥之处，请批评指正。

中学语文教学改革要解决的主要问题

1979 年冬，我们进行了一次调查研究。调查的重点是高校、中专及社会各界对中学毕业生语文水平的反映和教学改革的状况。召开座谈会 50 次，提供意见的有 460 多人，并且在城乡几所中学进行了语文测验。调查说明：粉碎“四人帮”以来，中学语文教学拨乱反正，取得了显著的成绩，确有许多学生语文水平有较大的提高，但也有不少学生的语文水平不能适应升学和就业的需要，不利于为实现四个现代化迅速培养人才。这是当前语文教学改革需要解决的一个主要问题。

有的高等学校的文、史、理、工、农、医等系，几年来招收的新生语文水平普遍低下，入学后还要补课，影响教学计划的完成。中专反映更为强烈，在某校二年级 120 名学生（其中一部分招收的是高中毕业生）中，只有 20%大约相当于“文化大革命”前同年级的语文程度，有些不仅要补中学的课，还要补小学的课。一个蔬菜公司反映，在分配来的几百名中学生中很难找出能搞点文字工作的人。解放军某部反映，近年来入伍的战士，80%是高

* 原载《课程·教材·教法》1981 年第 3 期。

中毕业生，可是从中物色一个文书十分困难。我们对 300 篇中学生作文进行了分析，水平相当差和很差的竟占多数。

语文基本功太差，是一个很突出的问题。书写混乱，错别字多，不会使用标点，不会记听课笔记，不懂行款格式，不会拼音，不会查字典，不会说普通话。例如有的学生写的实验说明书中，只有三分之一的字能够识别清楚。有的作文，错别字多得惊人，“天安门”写成“天安们”，“休息”写成“体息”，“阴谋诡计”写成“英盟规计”，等等。有的作文，涂涂抹抹，不分段，不空格；不用标点，错用标点或者一逗到底；语法错误，条理混乱，意思模糊，不知所云。文学和文化常识贫乏，也是个突出的问题。在一部分中学生中，我们测验了有关的常识，闹了许多笑话。如说中国第一部诗歌总集是《史记》，西汉史学家是李时珍，新中国成立 30 年来优秀的文学作品有《红楼梦》，等等。

问题是严重的。我们今天正在从事的语文教学的改革，应该以提高学生的语文水平为中心任务，培养他们有合格的阅读和写作的能力，成为掌握和发展文化科学知识的人才。这一条办到了，改革就大见成效了；否则，尽管花样繁多，也不能算取得了成绩。造成学生语文水平低下的一个众所周知的重要原因，是林彪、“四人帮”一伙的严重破坏。这次调查的大学生和中学生，大多数是在“四人帮”横行时期上中学或者小学的。还有社会的原因，师资水平的原因，特别是教材、教法的原因。语文教学的指导思想，教材和教法，都有许多问题长期以来没有很好地解决。为了进一步医治林彪、“四人帮”造成的创伤，为了进一步探讨中学语文教学的科学化，以便又快又好地提高学生的语文能力，研究解决一些老大难问题是迫在眉睫了。

中学语文教学的任务

研究中学语文教学的任务，应该首先看看这门课在实际教学中对学生会发生哪些方面的教育作用。其实际发生的教育作用，主要有以下三个方面：

第一，语文教育的作用，学生从中获得运用语言文字的能力。

第二，思想教育的作用，学生从中得到思想品质道德情操的陶冶，提高审美能力。

第三，知识教育的作用，学生从中获得语言、文学知识和某些文化知识。

三者之中，使学生获得运用语言文字的能力是基本任务。语文课之所以成为中学的一门课，就是为了向学生进行语文教育。应该按照提高学生理解和表达能力的要求选定教学内容、组织教学体系和规定教学方法。

提高学生理解和表达能力，具体地说，包括听、说、读、写这四种能力。听的能力，包括听别人讲话正确理解其主要见解的能力，听讲课或讲演记录或记忆其要点的能力，以及听婉转的言辞确定发言者的意向、听诡辩的言辞判断其是非的能力等。读的能力，包括阅读相当水平的读物正确理解其中心思想和要点的能力，找出自己需要的内容加以记录或记诵的能力，在规定时间内读完一定数量的读物的能力，以及分析、批判和鉴赏的能力等。说的能力，包括以规范化的口头语言简明扼要地叙事、状物、达意、析理、表情的能力，朗读文章和文学作品的能力，不依靠讲稿做演说的能力，批驳和辩护的能力，以及有礼貌地交际应对的能力等。写的能力，包括正确熟练地记叙、说明、议论的能力，写某些实用文字和运用某些文学性表达的能力，以及正确、清楚、美观的书写能力等。

这四种能力，在语文训练中都要有计划地做出安排，不可偏废。四种能力不是截然分开的，是互相渗透、互相促进的。要发展学生这四种能力，还必须发展学生的观察能力和思维能力，活跃学生的思想。培养读写能力，人们注意得比较多，这是应该的。随着现代科学技术的发展，说和听的能力越来越显得重要。在语文教学里应该充分重视说和听的训练。训练学生能够说普通话，是一个起码的要求，有些地方用方言进行语文教学的情况应该改变。

“文”“道”关系长期争论不休。这场争论的实质越来越看得清楚了。实质是如何清除“左”的思想影响的问题。在语文教学的思想教育的问题上，长期存在着“左”的思想影响。这种“左”的思想，把语文课为政治服务简单化、狭隘化，并加以夸大；把思想教育当作语文课的首要任务，甚至唯一的任务，以思想教育为纲组织教材体系，不适当地强调语文课紧密配合一时的政治运动；把语文训练放在可有可无的地位，甚至指责进行语文训练为

“不突出政治”，走“白专道路”。这种“左”的思想，在林彪、“四人帮”横行时期得到恶性的发展，由此引起的灾难性的后果是触目惊心的。必须继续清除这种“左”的思想流毒。

我们清除这种“左”的流毒，并不意味着废除语文课中的一切思想教育。语文课中的正常的思想教育，并不要求语文课以思想教育为纲组织教材体系，也不要求脱离读写训练架空地讲授政治道理，更不要求配合时事政策和一时的政治任务。这种思想教育，应该着重于思想品质、道德情操和审美观点的培养，在语文训练的过程中进行，收到熏陶渐染、潜移默化的效果。这种思想教育非但不妨害语文能力的培养，恰恰是正确培养语文能力的产物，又是培养语文能力所必需的。

人们很少谈到语文课的知识教育作用，其实这也是不可忽视的。在语文课里，要教授学生比较系统的语言知识和文学知识，还可以给他们一些文化知识。关于教授学生一定的语言知识，目前已经写入大纲，并相应地编入教材，多数同志没有疑义了。关于教授学生文学知识，却还有一些不同意见。向学生进行文学教育，包括阅读一定数量的文学作品和学习一些文学理论、文学史的知识，不仅是促进学生语言的发展所必需，而且可以使学生活跃思想，开阔视野，增进分辨是非美恶的能力，是完全必要的。作为一个公民，应该具备一定的文学知识。可是在中学阶段，如果语文课不予讲授，学生就没有机会学到这种知识。50 年代文学课被否定，自那以后，人们一直对文学教育讳莫如深。其实，文学教育一直存在着，课本里大部分课文还是文学作品，我们不能采取不承认的态度。我们要研究这个问题，使文学教育有适当的内容，在语文课里占适当的地位，让它名正言顺地进行。

总之，语文课的基本任务是培养、提高学生的语文能力。在完成这个任务的过程中，它必然地还会产生其他方面的教育作用。对这些方面，也应当进行研究，采取妥善的处理办法。以往有不要把语文课教成这个课、那个课的各种说法，无非是说语文课必须好好完成它应当完成的基本任务，并不是要排除一切思想教育和文学教育的因素。

提高学生语文能力的途径

人们都说，语文是发展学生知识和技能的工具，语文课有很强的工具性。还应该进一步指明，语文课不仅要使学生获得关于语言工具的知识，而且更重要的，要使学生获得掌握语言工具的能力。

如果说，学生获得各门学科的知识和能力的途径都未必只有一条，学生获得语文能力的途径可能更多一些。殊途同归，正是这样。可是在众多的途径中总有起较大作用的、比较基本的途径。提高学生语文能力的基本途径，用一句未必十分严密的话概括一下，那就是：在语文训练的实践中提高语文能力。

学会运用一种工具，一般说来，都要在一定的知识的引导下做多次反复的实际练习。比如学习开动车辆，开动机器，乃至学习弹奏乐器，掌握起来虽然有繁简难易之分，但是都无例外地要把学习知识和实际练习结合起来，不练而会，谁也知道是不可能的。语言这种工具，掌握起来比起一般的劳动工具来要复杂得多，更加需要在艰苦的实际练习中获得能力。

强调实际练习，并不意味着否定学习语文知识的必要和重要。学习语文知识，可以使学生理解运用语文的规律，增加自觉性，减少盲目性，因而可以使他们学得好一些，快一些，这是没有疑问的。知识与能力两者不是矛盾的，是互相促进的，要把两者紧密地结合起来。

语文训练，有个质和量的问题。

谈到质，关系较大的是读。有的同志说，读是写的基础，似乎也可以说，也是说和听的基础。好的课文或者其他读物，从多方面给学生提供运用语言的优秀范例，具有很强的感染力，对于提高学生理解和表达的能力有重大的作用。提高课文的质量是十分重要的。

提高课文的质量，首先要清除在选材标准问题上"左"的思想影响。思想上政治上的要求要恰如其分，文字上教育上的要求要严格。不要求课文的内容配合一时的政治任务，反映一时的政治形势，不要求所有课文都有很强的思想性和政治性；思想内容健康的、无害的甚至有小害的（教学时分析指明）文章也可以适当入选。在文字方面，则要求必须有较高的典范性，同时，还必须注意教育方面的要求，入选的课文要能引起青少年的阅读兴趣，适合学生的年龄特征。

大家都说应该读范文，但对于什么是范文有不同的理解。有的同志认为，范文是指便于学习模仿的文章，便于“比着葫芦画瓢”，也可以叫“葫芦文”。用这个尺度来衡量，许多名家名著因为不便于模仿，都不应该选为课文，倒是接近学生水平的简易的文字以及学生的优秀习作应该多选一些。有些同志则认为，范文指在语言艺术上足为典范的好文章，主要是古今中外的名家名著以及素有定评、文质兼美、很受师生欢迎的好课文。我以为，后一种理解更为恰当。

要让学生尽早尽多地读一些名家名著，这不仅对发展他们的语言会有重大影响，而且熟悉这些名家名著就是掌握了一些重要的文学文化知识，掌握了受用不尽的宝贵财富。毫无疑问，选取课文要考虑学生的年龄特征和接受能力。但是，我们要把学生的接受能力估计得高一点。学习如爬山，让学生在学习中克服一定的困难，会增加学生的兴趣和积极性，这是许多教师共有的教学经验。毫无疑问，模仿在学生的语文训练中起着重要的作用。但是，应该记取古人的名言“取法乎上，始得乎中”，不应该只强调比着葫芦画瓢，越是高年级越不应该这样强调。学生读了好文章，往往从语言运用和写作技巧的某些方面受到影响，体味到其中的妙处。这种感染和影响，有时可以立即看到效果，有时要在以后长时期内见出效果，后者虽然不便于检查，却也是对学生十分有益的。那么“葫芦文”就不需要了吗？还是需要的。可以在作文训练的过程中，为着达到一定的要求，有计划地提供给学生，使他们有所观摩。

谈到量，自然会想到应该怎样对待传统经验“多读多写”的问题。有些同志不同意提多读多写，认为这个提法是不科学的。当今之世，青年不再同古人一样只攻文章一事，有许多门学科要学，在咬文嚼字中兀兀穷年已不可能了。这种看法忽略了以下两种不同的情况。一种是原封不动地照搬传统的经验，一种是借鉴传统经验的基本精神，加以科学的整理，使之完善起来。前者是不足取的，后者则是应该做的。

多读多写的基本精神是什么呢？它告诉我们进行语文训练要注意量的要求。没有一定的数量也就没有一定的质量，量的要求很重要。多，不是无限制的，也不是盲目的，应该通过试验逐步得出它的“最佳值”。例如，目前许多实验学校都增加了读和写的量，一般的做法是，每学期读（包括精读和略读）课文50篇左右，课内作文每周一次。这个数字对于研究这个问题就很有价值。多读多写应该怎么样进一步完善呢？应该从教育的角度，结合语文课的特点加以研究，使它合乎科学的道理。例如，读什么和怎么读的问题，古人的经验中有很多合理的东西，也有许多不合理的东西，我们要采取分析的态度，择其善者而从之，其不善者而改之。科学不是从天上掉下来的，是从世世代代人们的实践经验中总结出来的。对于多读多写，我们不全盘否定，也不照搬，这才是正确的态度。

中学语文教材的体系

怎样建立语文教材的体系（序），是一个值得着重探讨的问题。历史上，语文教材有各式各样的“序”，提供了不少经验。近几年来，各地进行的语文教学改革的试验，都对教材体系问题进行了研究和试验。改革的方案多种多样，约而言之，有两种类型：一是综合型的，依一定的编排原则，把各种知识内容综合地纳入一个体系之内。再是分科型的，把不同的知识内容分别建立独立的体系。新的和老的经验，对于我们研究这个问题都是有益的。

语文教材建立一个科学体系是很不容易的。为什么？我想至少有下面一些原因。

一是语文教材的内容头绪繁多，是综合性的。分开来看，主要有以下三部分：阅读、写作、语文基础知识。这三样内容，相互联系，又有相对的独立性。教学目的和知识体系都有所区别，教学方法也不尽相同。把这三样内容糅合在一起，尽管编出许多花样，也难以搞出一个既保持各自体系的完整又使它们互相紧密结合的体系来。如果只取其一作为编排的主线，例如以写作训练的要求作为主线，自然可以眉目清楚些，但又有顾此失彼的缺陷。

50年代文学、汉语分科，虽然有许多不足之处，但它说明：分科有利于建立比较严格的体系。60年代合编为一本的“语文”教材，虽然有许多优点，但也说明：把许多有相对独立性的内容糅在一起，是难以建成比较严密的体系的。

参照当前的和历史的经验，以把三样内容分开，分别建立各自的体系为好。分开之后，又要注意它们之间的互相配合和联系。

再是，除语文基础知识有其固有的知识体系外，阅读和写作应建立怎样的体系，看法和做法都还不一致。有人希望建立一个像数学那样严密的体系，这大约是很难办到的。阅读和写作，都不具备建立那样的严格体系的条件。阅读和写作的基本顺序应该是：由易到难，由浅入深，由简单到复杂。而且阅读和写作的深浅难易，只能就大体而言，不是那么定而不可移的。所以在教学中运用起来，有很大的灵活性。

写作和阅读的训练，大致保持记叙、说明、议论的顺序是适宜的，但浅显的议论文，低年级也可以读，正如复杂的记叙文，高年级也可以读一样。而且阅读和写作能力的培养，应该既有重点又适当反复，螺旋式上升，不宜于过分单一化。

阅读教材，历来有下述一些编排方法：一、按时间顺序从古到今或从今到古编排；二、按作家编排；三、按体裁或题材（思想内容）的相同或相近分单元编排。从过去一些著名的文章选本看，各种编排方法有时是综合采用的。如《文选》，是按文体划分文章的大的类别，每个类别又按题材（思想内容）组成单元的。《古文观止》则是总的按时间顺序编排，其中同一作者的选文又是集中编排的。此外，还有一种按思想教育的要求组成单元的做法，这种做法已经为实践证明是不可取的了。

目前通常采用的是按单元编排的方法。把体裁相同或相近的文章编排在一起，可以使学生领会用相同的体裁表达不同的思想内容的写作方法；把题材（思想内容）相同或相近的文章编排在一起，可以使学生领会用不同的体裁表达相同的思想内容的写作方法。两种编排方法都是可取的。一定的学习阶段的课文是由一系列的单元组成的，在一定阶段总的学习要求的统摄下，每个单元应有自己的学习要求和重点，一系列的单元应该有个顺序，不仅要符合由易到难、由浅入深的原则，而且其中多数单元的学习要求应该有合乎规律的联系。这个序要言之成理，但不是定而不可移的，仍然允许教师灵活运用。

改革中学语文教材的一些设想

根据上面一些考虑，我想最后谈一谈改革中学语文教材的一些初步设想。这个设想大致可以用如下几点来表述。

（一）初高分段

初中和高中，既要互相联系，又要自成段落。随着中学结构的改革，会有越来越多的学生初中毕业后升入职业学校。语文教学的安排必须充分反映这个情况，初中和高中作为两个阶段来考虑，提出不同的要求。

学生对现代汉语的理解和表达能力应该在初中基本管用，即达到高于现行教学大纲要求的一个适当的水平。这样做，有利于学生初中毕业后升入职业学校或在高中分科。许多试验证明，这个要求经过努力是可以做到的。为了实现这个设想，初中要集中主要力量进行现代汉语的语文训练，着重于培养记叙、说明、议论这些一般的表达能力。高中，学生运用现代汉语的能力在初中的基础上继续加深和提高，要着重培养学生初步阅读文言文的能力，加强文学教育（文学作品、文学史和文学理论）。

（二）读写分编

阅读、写作和语文基础知识三部分教学内容分别组成独立的体系，编为两种教材。一种是阅读教材，一种是写作教材（包括语文基础知识的内容）。初中的阅读教材，精选课文两百多篇，古今中外以及各类体裁都要有一定的比例，适当安排。写作教材，分两部分内容，一部分讲语法、修辞、逻辑知识，一部分讲写作知识，并有计划地安排作文指导。作文指导包括指定写作的内容范围或拟出题目，提示写作方法，展示作文范例等。

高中的阅读教材，精选历代著名的文学作品（应是广义的，包括各种形式的散文在内），文言文应占较大的比重，并编入文学史、文学理论的常识和古汉语知识。写作教材，在初中的基础上继续讲授写作知识，安排作文指导。

（三）合理编排

阅读教材要按照阅读训练的要求由浅入深、由易到难，进行合理的编排。课文的编排，大体说来，初中采取单元的编排方法，高中兼采按单元、按作者、按时代顺序三种编排方法。

写作教材的编排体系，语法、修辞、逻辑等知识，各自按其知识体系的特点进行编排。写作指导，可按照下列顺序进行编排：初一，着重培养记叙能力，并进行习字指导；初二，继续培养记叙能力，增加培养说明能力；初三，继续培养记叙能力和说明能力，增加培养议论能力。高中在初中的基础上继续提高，螺旋式上升。

（四）科学训练

除写作课本要进行比较科学的安排和设计外，在阅读教材里，还要结合课文有计划地安排一套听、说、读、写的练习。这套练习如何设计得合乎科学，虽然还没有成熟的经验，但是，总结近年来的试验，相信能够前进一步。

阅读和写作分编两种教材以后，要妥善处理两者之间的配合和联系。

1981年9月

中学语文课本修订中的几个问题*

全日制十年制中学语文课本试用本（以下简称“试用本”），1977 年 9 月开始编写，到 1979 年全部编完，比较快地解决了教材从无到有的问题。试用本努力清除“四人帮”的影响，努力加强语文基础知识和基本训练。但是，为当时的历史条件所限，加以编写时间仓促，这套教材还存在不少缺点。经过几年的试教，根据新的情况和新的认识加以修订，是非常必要的。

在试教过程中，各地广大师生和语文教育工作者提出许多宝贵意见。与此同时，许多地方的语文教材改革试验提供许多新的经验。这次修订，学习和研究了这些意见和经验，吸收了其中在当前阶段广大地区适合采用的东西。修订后的教材，力求既有较高的质量，又比较便于教学。

提高课文质量

从各方面提出的意见来看，试教本选取的课文存在以下几个问题：（一）少数课文是为了配合一时政治形势选入的，形势发展变化了，已不适用。（二）有些课文文字不够好，或者偏深偏浅，不适合教学。（三）有些册各类文体的比例不适当，如有的册议论文过多，有的册说明文过少。还有少数课文同小学重复。参照这些意见，这次修订着重研究和解决以下几个问题。

首先是关于课文思想性的要求。语文课通过课文的讲读给学生有益的思想影响，收到潜移默化的效果，是很应该的。但是语文课不同于政治课或时

---

* 原载《人民教育》1982 年第 5 期。

事政策课，语文课进行思想教育应从基本的东西着眼，重在培养学生优良的思想品质和高尚的道德情操。因此，要求选文配合一时的时事政策是不符合语文课的特点的。同时，对有些课文思想性的要求，要历史地看问题，要理解得宽一些。语言文字非常好、思想内容无害或者稍有消极因素的文章也可以选一些（对其中的消极因素应加指明）。这次补选课文，关于思想要求就是本着这个认识进行的。

再是关于选取名著。语文课本应该多选取名著。名著，指那些素有定评、文质兼美的好文章。这些文章多数出于名家之手，也有作者并非名家的。名著的语文技巧都很高明，足以为学生学习的范例；而且名著本身大都是文学史上有影响的精品，足以丰富学生的文化知识、提高他们的文化素养。有的同志认为，名著悬格过高，不便于学生模仿。“取法乎上，始得乎中”，中学阶段，特别是高年级，不宜过于强调那种“比着葫芦画瓢”的简单的模仿。而且一些优秀作品对学生的影响，未必都立即表现出来，往往在很久以后才起作用。让学生多读些名著，可以说有终生受用不尽的好处。这次修订，选入的名著是比较多的。如，初中第一册的《济南的冬天》（老舍）、《香山红叶》（杨朔），初中第三册的《背影》（朱自清）、《制台见洋人》（李伯元），高中第一册的《明湖居听书》（刘鹗），高中第三册的《鲁迅的精神》（瞿秋白）等。

还有，就是关于课文的深浅难易。选取的课文要适合学生的程度，使学生在学习中克服一定的困难能够达到教学的要求。试用本里一些对某年级来说偏深或偏浅的课文，大都做了调整。如《桃花源记》原在高二册偏浅，现在下放到初四册；《国殇》原在高一册偏深，拟调整到较高的年级。同小学重复的课文也进行了必要的调整。

某些册的文体比例不适当，同某些文体选材困难有关。如选取说明文历来较难，这次用加工改写的办法多选了几篇。如《春蚕到死丝方尽》《南州六月荔枝丹》《杨树》等。

明确教学要求

大纲中规定了每个年级的“读写训练的要求”，但没有给每个单元和每篇课文规定教学要求。不少教师反映，这样过于笼统，对教学不方便。这次修订，参照各地在试用中取得的经验，规定了每个单元的教学重点和每篇课文的教学重点。

单元重点，是根据大纲中每个年级的“读写训练的要求”规定的。如，初中一年级读写训练的要求中规定“着重培养记叙能力”。初一册的许多单元，特别是三个重点单元的教学，都着重培养记叙能力。以第二单元为例，这一单元编排了四篇课文：《一件珍贵的衬衫》《老山界》《草地晚餐》《红军鞋》。这几篇都是记叙一件事情的，有的通过一件事表现一个人的高尚品质，有的写一个集体。四篇都具备记叙的几个要素：时间、地点、人物以及事情的发生、发展和结果。这个单元的教学重点是使学生理解并且学习运用记叙的几个要素。自然，教这些课文不限于这个重点。比如字、词、句、篇的训练就要在各课教学中反复进行，逐步加深，重点中虽未列入，也要认真进行。

每课的教学要点又是围绕着单元的教学重点提出的。还以这个单元为例。《一件珍贵的衬衫》的教学要点里提出“学习本文首尾呼应，突出中心，按起因、经过、结果记叙事件的写法”。《老山界》的教学要点里提出“学习本文按照时间顺序记叙事情的方法”。《草地晚餐》的教学要点里提出“学习本文围绕中心事件、按照时间顺序记叙和抓住主要特征描写人物外貌的写法”。这些都是围绕着记叙的要素提出的。每课的教学要点比单元的教学重点要宽一些，除了体现单元重点的以外，还规定了一些其他的要点。单元的教学重点和每课的教学要点在“教学参考书”中都写下来了，大家可以参考。

改进编排体系

从许多种教材来看，编排体系大致有两种做法。一种做法是，在一册书里或者一个年级里选取或者基本上选取同样表达方式的文章，按文体或者读写训练的一定要求组成单元，每个单元担负一定的训练任务。另一种做法是，在一册书或者一个年级里，以选取同样表达方式的文章为主，同时也选取一些其他表达方式的文章，按照读写训练的要求组成几个重点单元，同其他单元穿插编排。试用本的编排体系属于后一种，如大纲中所说："现代文的编排，每册有计划地组织几个重点单元，其他单元同重点单元穿插编排。这样，可以使教材既重点突出，又灵活多样。"

这种编排体系有它在教学上方便的地方。这次修订，没有改变试用本的编排体系。但是试用本体现大纲的精神不够充分，这次作了若干改进：努力突出重点单元，并使重点单元与非重点单元互相紧密地配合起来。

以初中第一册为例。本册共选入课文 30 课，其中记叙文 22 课，说明文 2 课，议论文 3 课，诗歌 3 课。这一册以培养记叙能力为重点，所以选入的记叙文在三分之二以上。也选入了少量的说明文、议论文和诗歌。

这一册共组成了三个重点单元，分别担负记叙能力方面三个重点训练的课题，这就是：记叙的要素，观察和记叙，记叙的顺序。每个重点单元，不仅包含的课文比较多，而且配有语文知识短文和单元练习（其他单元有的也设计了单元练习）。还有两个记叙文单元，是同重点单元相配合的，借以巩固、扩大和加深学生在重点单元中学习所得。这样，重点单元突出了，重点单元同一般单元的关系也比较紧密了。

文言文仍按试用本的做法，以深浅程度或时间先后为序，在课本的最后集中编排。集中教还是分散教，教师可以灵活掌握。

调整语文练习

这次练习的修订，有如下几个方面：

（一）删去了一些大而无当的单纯的思想题，注意引导学生结合课文的表达方法理解课文的思想内容。

（二）加强了听和说的训练。试用本里的练习主要是进行读写训练，这次修订，增强了听和说的练习。如初一册共设计了各种练习 130 多题，其中听说训练的练习约占 13%。高一册共设计了各种类型的练习 133 题，其中听说训练的练习约占 12%。

（三）丰富了练习的内容。一是语文知识短文配备了练习，使学生通过练习运用所学的知识。二是增加了单元练习，大都是综合一个单元的教学内容，指导学生进行写作的练习，单元练习，可以指导学生在作文课上进行。

（四）同教学重点相配合。有一部分练习是要反复进行、逐步加深的，有关字词的练习就是这样。有一部分则同单元的教学重点和每篇课文的教学要点相配合，努力做到学什么，练什么，学以什么为重点，练也体现这个重点。

此外，课文的注解和语文知识短文，也都进行了修订。

力求便于教学

提高质量，不是提高程度；提高质量的结果，应该更加便于教学。在修订过程中，我们注意了这个问题。

首先是控制了更换课文的幅度。多年来，课文更换频繁，不能稳定，“年年新教材，人人新教师”，不利于教师熟悉教材，提高教学质量。这次修订，正是为了去掉不恰当的东西，以求在今后较长的时间里相对地稳定下来。但是，这次修订本身，幅度也不宜过大，以免给教师造成“新教材”的困难。以定稿的 4 本书为例，初一册抽掉 6 课，占原有课文篇数的 21%。初三册抽掉 7 课（另有 2 课调到其他册），占 25%。高一册抽掉 4 课，占 14%。高三册抽掉 5 课，占 20%。4 册共增选了 11 篇课文，连同这 11 篇在内，新选的课文也不到 30%。同时，在新选的课文中有相当一部分是传统课文。这就是说，修订后的课本中，大多数课文是教师熟悉的。

其次是控制了增加课文的数量。对于试用本的分量轻重，反映不一。有些边远的农村学校反映重了一些；一些重点中学和试验班，又认为分量太轻，他们一般自行增加到每册四五十篇，还附以几十首旧体诗。这套课本是供全国使用的，不宜过多地增加分量。修订的结果是，每册由原来的 28 篇增加到 30 篇，一般增加两篇。每册 30 篇，这个数目与 1963 年编的那套语文课本的篇数相同。为了适应各地不同的情况，还沿用试用本的办法，把课文分为“讲读”和“阅读”两类。阅读课文初中约占 1/3，高中约占 1/2。这类课文，一般在课堂上指导学生自己阅读。但是，感到分量轻、吃不饱的，可以用来讲读；感到分量重、教不完的，也可以让学生课外阅读。每册有 1/3 到 1/2 的课文可以灵活运用，这样可以适应不同情况的不同需要。初中各册，旧体诗在一课之内选取较多，教师只需精讲其中一两首，其余的让学生自己读读背背就可以了。各册练习的分量仍保持每课 4 题左右，没有增加，大部分可以在课堂上完成。配合课文和练习，各册增加了插图。

为了便于教学，我们还委托一些省（区）编写了教学参考书，推荐给全国使用。

这次修订，希望能在原有的基础上前进一步，使这套语文教材相对地稳定下来。这套教材是供全日制五年制中学使用的。我们准备在修订工作完成以后，再增编高中第五、六两册，供六年制中学使用，争取 1983 年秋季开始供应。增编这两册之后，这套教材，两种学制的中学就都可以使用了。

修订后的教材，仍然会有不完善的地方，希望广大师生和语文教育工作者提出宝贵意见。

1982 年 5 月

编写试验教材的一些考虑*

安徽省召开三三制重点中学语文试验教材备课会，还有其他几个省的同志参加，这个做法很好。我谈几点意见，供大家备课时参考。

编写这套试验教材，我们考虑了这样几个问题：一、目的任务问题；二、分科合科问题；三、文学教学问题；四、语言教学问题；五、文言文教学问题；六、作文教学问题；七、加强语文训练问题。

目的任务问题

关于中学语文教学的目的任务，长期以来有不同看法。20 世纪 50 年代末 60 年代初就有文道之争，报刊发表了几百篇文章，时间有三四年之久。到 1963 年，教育部公布了《全日制中学语文教学大纲草案》，对争论表示了下述意见："关于语文教学的目的，曾经有过争论，争论的焦点在政治思想教育和语文教育的关系上，借用传统的说法，就是在'文'和'道'的关系上，有人认为应以道为主，有人认为应以文为主，有人认为文和道应该并重。这个争论反映了在语文教学中道与文不可分割的道理，大家的认识还不一致。"最后说："无论说'以道为主'，'以文为主'，或者说'文道并重'，都是把'文''道'割裂开来，既不符合思想内容和语言文字不可分割的实际，也不符合培养阅读能力和写作能力的实际。"这段话的主要精神就是文道不可分割。十年"文化大革命"不去说它了。粉碎"四人帮"后，又出现

---

* 本文为作者 1982 年 8 月在安徽九华山备课会上的讲话，后收入《语文教学谈》安徽教育出版社 1983 年版。

了文道之争。经过这几年的探讨，对有些问题的看法，不少同志逐渐趋于一致了。这个问题，还需要进一步研究。

我以为，要弄清楚语文教学目的任务中的文道关系，需要对目的任务做全面的探讨。

语文教学自然应该向学生进行语文教育，使学生获得运用语言的能力，获得听说读写的能力，这是语文教学的基本任务。这个问题过去探讨较少，多是笼统地说语文教育，其实是很值得探讨的。比如知识与能力的关系，听说读写之间的关系等。语文课有很强的工具性，它的任务是培养学生运用语言工具的能力，传授语言知识主要是从培养能力着眼的。运用语言的能力，无非一个是吸收，一个是表达。吸收，听别人讲话，读别人的书面东西，即听和读；表达，讲给别人听，写给别人看，即说和写。四种能力的培养，都很重要，是互相促进的。当然这不等于说在教学中要平均使用力量。汉族人学汉语是学母语，这和学外语不同。学外语，四种能力都是从零开始，由于缺乏语言环境，训练听和说的能力要花很大气力。学母语不是这种情况。一个孩子降生后，从母亲和其他亲人的嘴里就开始学习听和说的能力，他进小学的时候，已经具备相当水平的听说能力，而读写能力却还是差不多从零开始。到他进入中学的时候，通过家庭、学校和社会的训练，听说能力已有很大提高，而读写能力相比之下还是很有限的。这不是说，进入中学不需要进行听说训练了，不是。他在生活中获得的听说能力往往不合规范，方言区在日常生活中往往不说普通话就是一例。在语文教学中进行训练，以求合乎规范，文明、优美，是完全必要的。可是这并不意味着要占跟读写训练同样多的时间。读和写的分量安排多些，听说安排得少些，是适当的。试验教材中的《写作》课本，就适量安排了听说训练，每学期写的训练设计了六个单元，说的训练设计了两个单元。

思想教育也是语文教学一项不可忽视的任务。对这个问题有不同的看法，有些同志主张不要列为语文教学的任务，否则会分散学生精力，束缚教学思想，妨碍提高学生的语文能力。有些同志认为思想教育是各科共有的，对语文课说是外加的，所以不要为好。研究这个问题要回顾一下 30 年的历史经验。从历史来看，原来存在着两种不同的思想教育。一种是“左”的思想教育，一种是恰当的、合理的思想教育。这里不妨将这两种思想教育作一个对比，让大家看看他们很不相同的面孔。前者认为语文教学要以思想教育为主，甚至只要思想教育，不要语文教育；后者则承认语文教学应以语文教育为基本任务，思想教育只是任务之一，文与道是统一的，互相促进的。前者认为编写语文教材要以政治思想为统帅，按进行思想教育的要求组成体系；后者则认为编写教材要充分反映语文教学的规律，要按语文训练的要求组成体系。前者认为语文的课堂教学主要是灌输政治道理，转变学生的思想，课文不过是进行政治说教的引子；后者则认为思想教育要在语文训练的过程中进行，收到潜移默化、熏陶渐染的效果。前者认为语文课思想教育的内容应该与政治课相配合，并且强调为一时一地的政治任务服务；后者则认为语文课的思想教育应着重于思想感情、道德情操的陶冶，应从根本着眼，不需要也不可能配合一时一地的政治任务。

从这个对比中可以看出："左"的思想教育面目可憎，有了它的确会妨碍提高学生的语文能力，对语文课来说也的确是一种外加的东西。这种"左"的思想教育在十年"文化大革命"中发展到荒唐的地步。大家深受其害，记忆犹新，如今大家憎恶它，厌弃它，主张把它从语文课里清除出去，是理所当然的，是完全对头的，而且我们大家已经和正在这样做。但清除"左"的错误，并不意味着要从语文课中赶走一切思想教育，如同常说的，不要把洗澡水连同婴儿一起泼掉。那种恰当的、合理的思想教育不但不应抛弃，还应使它日趋完善，以便更好地发挥作用。在过去几十年中，它多是处于逆境，现在也该"落实政策"了。

恰当的、合理的思想教育是语文课所固有的，不是外加的，只会促进、不会妨碍提高学生的语文能力。打个比方，文和道，在语文教学中有如鸟的两翼、车的两轮，两者不偏废，教学才能起飞，才能前进。中学语文教学要指导学生学习几百篇课文，这些课文都是文与道的统一。只管语言文字，不管思想内容，那么某些词语运用得好不好，某些话说得恰当不恰当，从何谈起呢？鲁迅先生的诗"忍看朋辈成新鬼，怒向刀丛觅小诗"，第一稿"忍看"曾作"眼看"，"刀丛"曾作"刀边"。将"眼"改为"忍"，"边"改为"丛"，究竟好处何在，离开诗的思想内容怎么能说得清楚呢？给学生讲清楚了这两句诗，文和道都在其中了。古代有个笑话，说是有个将军受了箭伤，一支箭横穿头颅，两头露在外面。他找一位医生求医，这医生只锯掉了箭的两头外露的部分，里头的就不管了。将军问他留在里头的怎么办，他摆手说："我是外科医生，内科的事不管。"这样，将军的箭伤自然医不好。我们语文教学如果只管文不管道，就成了那个可笑的外科医生，语文教学自然也是搞不好的。

还有一个知识教育的任务。给学生一些文学知识、语言知识和文化知识，其中有的内容是直接为提高学生语文能力服务的，有的则不那么直接和迫近，如某些文学知识和文化知识。但是从根本上来看，这些也是提高学生语文能力不可缺少的。抛开这一点不谈，这些知识本身就是一个有文化的青年应该具备的。这套教材高中要编入一些文学史和文艺理论知识，或者还要编入一点文化知识。总体来说，中学语文教学应该有这样三方面的任务。

分科合科问题

新中国成立以来经过几番反复。50年代文学、汉语分科，60年代以来合为语文一科，两种做法都取得了一点经验。多年来各地搞语文教材改革的试验，也大体分为两类，一是综合型，一是分科型。现在通用的语文课本是综合型的，许多同志对于分科的课本已经不大熟悉了。

分科的理由是什么呢？这里不妨介绍一下50年代对这个问题的考虑。当时是这样看的：我国中小学语文教学，历来都是把语言和文学混在一起教，这样教的结果，不论从语言方面看，还是从文学方面看，都遭到很大失败。一般语文教学着重在语言文字的解释方面，并没有有计划地教给学生系统的语言规律基本知识，所用教材也不适于进行语言教育。其结果是学生缺乏严格的语言训练，在写作中形成语法、修辞、逻辑的严重混乱，贻害很大。另一方面，一般语文教学不注意文学教育，没有经过文学培养青年的高尚的品格和健康的人生观，也没有使学生得到必要的、系统的文学基本知识和文艺欣赏能力。这些事实都说明了：语文混合教学的结果是语言教育和文学教育两败俱伤，都不能收到应有的效果。这是因为语言和文学虽然有密切的联系，但毕竟是两种独立的学科，而这两种学科的教学，除了一定的共同任务之外，应有各自的独特任务，把两个负担不同任务的学科混在一起教，当然得不到良好的效果。这就是当时的考虑。由此看来，当时的分科，是着眼于按照不同的教学任务授给学生系统的语言知识和文学知识，建立各自比较严格的科学体系。

从历史和当前的经验看，一分一合各有利弊。分科的好处是头绪单一，有利于建立严格的学科体系，弊在处理好两者的配合联系较困难。语文有综合性，还是应密切配合的。合科恰恰相反，利于各方面教学内容的联系配合，综合地进行教学，弊在把几种不同体系的东西混编在一起，头绪繁多，像个“大拼盘”，很难建立比较严格的体系。这回编的试验课本是分科型的，但是与50年代文学汉语分科有许多不同。

第一，设科不同。仍然设“语文”一科，只是分编《阅读》和《写作》两种书。阅读和写作是密切联系的，但教学目的不尽相同，教学体系也各有特点。要使两者各有一个比较单一的、严整的“序”，分编两书是比较适当的。分开以后，努力处理好两者的联系配合，使读和写结合起来，听说训练也包括在内。写作包括口头作文。“现代汉语常识”放在《写作》里头，这部分是自成体系的。至于文学、语言的教学在这套课本中应占的地位，下文还要详细谈到。

第二，教学内容不同。不搞清一色的文学课和语言课。《阅读》课本的教学目的主要是培养阅读能力，兼及写的能力和听说能力。就初中说，选取文质兼美的好文章240篇左右，供学生阅读揣摩。《写作》课本的教学目的主要是培养写作能力。就每个学期的作文训练作有计划的安排，并给学生提供足资模仿的例文。

第三，妥善安排两者的联系和配合。仍然设“语文”一科，就意味着两种课本是紧密相连的，应由一位教师任教。同时，努力做到两种课本的多数读和写的训练项目两相呼应，相互沟通和补充。

文学教学问题

文学教学，在我国30多年中学语文教学的历史上经历了一番曲折。50年代强调进行系统的文学教育，后来被否定了。60年代提出了“不要把语文课教成文学课”，从那以后，文学教育似乎成了一个贬义的字眼儿。尽管语文课本中还选有相当数量的文学作品（这是不可避免的），但大家都缄口不谈文学教育，要谈也只是说不要搞成文学课。50 年代的搞法是否适当，是一个需要认真研究总结的问题，这里不去谈它。单就当前的语文教学来说，文学教育是应该肯定还是应该否定？如果是肯定的，那么它的教学目的是什么？它在语文教学的全局中应居怎样的地位？如果是否定的，那么否定的理由是什么？诸如此类的问题，应该做认真的探讨。这几年已有许多同志注意了这个问题，是很好的。

在目前的语文教学中，文学教育应该占一个适当的位置。由它包揽一切，不妥当；把它开除出去，也不妥当。这是这套试验课本处理这个问题的基本指导思想。

为什么不好把它开除出去呢？原来它有自己的教学目的，它对中学生来说是需要的，它的作用是无法由别者代替的。

（一）为了进行语言教育。历代文学大师给我们留下了丰富的文学遗产。文学是语言的艺术。如《诗经》和《楚辞》，先秦两汉的散文，唐宋的诗词和散文，明清的《水浒》《红楼梦》等巨著，以及当代的鲁迅、茅盾、郭沫若、老舍、朱自清、赵树理等文学巨匠的大量作品，都保留了语言艺术的精华，代表着语言艺术的高峰。学生读这些著作，逐步领会语言运用的高妙，所得的益处是终生受用不尽的，虽然未必都能收到立竿见影的效果。如果不读这些东西，只读一些应用的文字，如书信、总结等，学习语言是很有限的。同时，就语言的运用来说，应用的文字是和文学相通的，应用文有其独特的格式，至于语言的运用，基本上同文学作品并无二致。如写信，除格式外，无非是要求把话讲明白。鲁迅的书信，千变万化，妙趣横生，写得那么好，显然不是由“尺牍大全”学来的。所以学习文学作品不会妨碍学生学习写应用的文字。把基础打好，可以写各种东西。自然，应用文的各种格式要学一下，这些格式，小学已经开始学，中学还要学。

（二）为了培养学生高尚的道德情操和对是非美恶的鉴别能力。文学是形象的东西，对青少年认识生活有强烈的作用。不仅可以认识今天，还可以认识昨天和前天；不仅可以认识身边的生活，还可以认识全国各地乃至世界各地的生活。对生活广泛的、深刻的了解，有助于逐步地形成健康的人生观，形成高尚的生活情趣和正确的生活态度。文学教学特别有利于进行爱国主义教育。单是使学生认识我国有许多文学大师和文学巨著（列入世界文学的前列毫无愧色），就足以激发起学生的民族自豪感。还可以使学生实际体味到汉语的丰富和优美，培养他们热爱民族语言的思想感情。同时，优秀的文学作品，总是充满激情地告诉人们什么是真的、善的、美的，什么是假的、恶的、丑的。学生通过文学作品的学习，易于树立正确的审美观点。目前常见少数青年迷恋某种低级趣味，深深为之痛惜。医治这种低级趣味的良药，就是指导他们欣赏高尚的艺术，包括阅读优秀的文学作品。

（三）为了丰富学生的知识。应该指出，一定的文学史和文学理论的知识，是一个中学生所必备的。这不仅同他们学习语文有关，而且对他们学习其他课程乃至参加社会生活也是非常有用的。这是青年一代文化水平的一个标志。前一个时候，语文教学缺乏这方面的内容，以致学生文学知识非常贫乏，闹出许多笑话，这种情况不应该再继续下去了。

文学教育非常必要和有益，该给它“恢复名誉”。但是中学毕竟是打基础的阶段，文学教育也不宜过分强调。初中还是应该选读记叙、说明、议论等各式各样的文章，高中则应该增强文学因素，多学习一些名著，并且学习适量的文学史和文学理论的知识，而且这里所谓“文学”，取其广泛的含义，不限于小说、诗歌、戏剧、散文等体裁，艺术性强的议论文乃至应用文，也都包括在内。

语言教学问题

50 年代曾经强调过语言教育。1951 年 6 月 6 日《人民日报》社论《正确地使用祖国的语言，为语言的纯洁和健康而斗争》中提出了在学校设立语法课程的问题。后来，在开设中学文学课的同时，开设了中学汉语课。“汉语”包括的内容较广，不限于语法，还包括语音、文字、词汇、修辞等语言学的初步知识。这是在我国的中学语文教学中第一次独立开设系统的语言课。

汉语课的教学目的是什么呢？初中汉语教学大纲草案规定：“提高学生

理解汉语和运用汉语的能力，是初中汉语教学的主要任务。”并且规定要“进行爱国主义思想教育”，“使学生认识祖国语言的丰富优美和雄伟有力，从而使学生热爱自己的语言和创造它的伟大的人民”。

后来，文学、汉语课本停止使用，又合编语文课本。在语文课本中有关语言知识的教学内容先是编入了一些，后来又删去了。总之，很不稳定。1977年以来编写的通用课本，比较有系统地编入了有关语言知识的短文，同课文交错编排。教材里是编进去了，认识却并不一致。有些同志认为中国人学中国话，还用学什么语法，学生学习汉语知识，不能解决读写的问题，徒然费许多力气，增加许多困难，可以不学。也有些同志认为学习语法可以改变学习语文只能盲目地去摸索那种落后状态，对汉语教学迄今还注意不够，要给以充分重视，甚至应以汉语的规律组成语文教学的体系。两种意见是很不相同的。

前者过低地估计了学习汉语的作用，后者又过高地估计了汉语教学的作用，两者都不够妥当。应该肯定，学生学习一点汉语知识是十分必要的，如果教材和教法都得当，对于提高学生运用语文的能力会有很大帮助。有了科学知识的指导，可以学得更快些，更好些。使我们的认识囿于老经验，忽视乃至否定现代的学习手段的作用，是不恰当的。而且这些知识本身也是一个有文化的青年所必备的，他们应该了解自己使用的语言是怎么一回事。但是这种作用是有一定限度的。在中学阶段提高学生运用语文的能力主要靠听说读写的实际训练，汉语知识只能起辅助作用。语文课的工具性很强，获得运用某种工具的能力，要靠科学知识加实际操作，实际操作是基本的。很少懂乃至不懂科学道理，依靠多次反复的训练，虽然要多花许多力气，却也往往能够获得运用的能力；反之，只懂得科学道理，很少乃至不去实际操作，要想获得运用的能力是没有希望的。两者相辅相成，才会取得理想的效果。弹钢琴要懂得乐理，但如果不去实际练习弹奏，永远也弹不成曲调。打排球，看咱们的女排，她们定然很懂得训练的科学道理，但是她们还要经过艰苦卓绝的训练，才能达到技超群雄的地步。语言是一种比起钢琴和排球运用起来更复杂的工具，更需要强调实际操作的训练。

汉语知识的教学内容要力求做到精要、好懂、有用，初中只讲某些要点，不求系统；高中的文科班可以系统地学一些汉语知识。这套试验课本，就是本着这个精神进行安排和编写的。教材内容着眼于实用。如讲文字，就编入了纠正错别字和学习书法的内容。讲语音，就编入了推广普通话的内容。同时，改变了现行课本中汉语知识同课文交错编排的做法，使这部分知识集中起来，自成系统，并且设计了练习。这是采纳了许多老师的意见，他们以为交错编排过于分散，如蜻蜓点水，难以取得好的效果。这个意见是有道理的。

文言文教学问题

这是一个老大难的问题，争论很多。一种意见认为文言文有必要学，可以培养学生阅读浅易文言文能力，借鉴古人的写作方法，可让学生吸收古汉语中有生命的东西；另一种意见认为文言文不要学，大致说来，理由有四条：（1）五四时期就反对文言，提倡白话，现在还要教文言，是复古。（2）初中学生现代文还没学好，应集中力量解决这个问题，学文言文会妨碍学生学习现代文。（3）文言文难学；照现在的办法学，学不好；加多又不可能，不如不学。（4）学生毕业后需要接触古籍的只是少数，况且古籍可以翻译出来给青年读。这里，我不打算就这些问题发表意见。这些问题还在探讨，我的研究还很不够。我只想谈谈编这套试验教材时的考虑。我们的考虑是要学一点。

解放初期的课本文言文很少，高中每册才有两三篇。《文学》课本文言分量多了，并且首次提出了“培养学生阅读文言著作的初步能力”。1963 年课本，文言文有 150 篇，占 40%。现行课本只有 30%，不到 100 篇。这几年，各地试验教材都选有文言文，有的分量很多，旧体诗就有四五十首。总之，从《文学》课本起到现在，课本里的文言文保持了一定的分量。这套试验教材为什么也要教学生读点文言文呢？主要是从需要着眼。

首先，为了青年一代接受文化遗产的需要。我们中国文化遗产，单就古籍说量就很大，包括两千多年来的读物，浩如烟海。清朝整理了一次，搞了《四库全书》，有功也有过，保留了不少书，但也改了一些。收入《总目》的有 79 000 多卷，存目还有 93 000 多卷，共有 15 万多卷。四库未收的书还有很多。中国的古书量大，世界罕见。翻译的想法很好，从长远看也势在必行。但这件事谈何容易。中华书局标点二十四史，用了三十年左右的时间；要翻译出来还要多少年？二十四史只是古籍的一小部分。何况古籍有一部分是无法翻译的。骚赋诗词曲以及骈体文，翻出来会变成四不像。不错，只有极少数学生将来去整理遗产，但是需要接触并运用古代有关资料的却不少。文、史、哲、农、医、经、教以及政治、外交都需要。其他门类有时也需要。就是不升学，懂一点文言，自学的范围也可以宽一些。自然，中学阶段只能打一点基础，还不可能也不应该要求学生做到通晓文言。但是有这个基础与没有这个基础有很大的不同，如果进了大学再从零开始，就迟了。因此，在中学阶段使学生在阅读文言方面打一点基础是完全必要的，否则，二三十年以后，我们国家通晓文言的人就不多了，人们由于没有掌握工具被关在文化遗产宝库的门外，那就会成为一个大问题，补救也比较困难了。

其次是为了阅读和研究现代国内外资料的需要。从五四到新中国成立前的几十年间，保留下来的政治、经济、科技、文学、文化等资料，很大一部分是用文言记录下来的，像康有为、梁启超、谭嗣同、章太炎以及孙中山的文章，许多是用文言写的，连严复的译本也是文言的。力倡白话文学的巨擘鲁迅先生有的作品也是用文言写的，如《中国小说史略》。不懂得一点文言，阅读这一阶段的文献会受到很大限制。新中国成立以后怎么样呢？这30年间，咱们大陆上的东西绝大多数是用白话写的，可是台湾、香港以至国外的汉文出版物，有一些则是文言写的或者有浓厚的文言成分。不懂一点文言，连阅读近年的东西也要受到很大限制。这样，青年的眼光就有限了，这不利于提高青年一代的文化水平。根据这种实际需要，我们认为应该使中学生具有阅读浅显文言文的能力。

再次，为了引导学生吸收文言中有生命的东西，学习古人的写作方法。文言与白话的关系是古代书面语言和现代汉语的关系，是继承和发展的关系，两者有许多不同又有千丝万缕的联系。学习古代汉语可以丰富现代汉语，教法得当，不会阻碍现代汉语的发展。至于写作方法方面，可以学习的就更多了。古代的散文有很高的艺术技巧，往往在很短的篇幅内千回百折，有许多波澜，真是纳千里于咫尺。如韩愈的《马说》、欧阳修的《五代史伶官传序》、王安石的《读孟尝君传》，都有这个特色。熟悉古代散文的人，读鲁迅的杂文就会感到，鲁迅的文笔就是善于波澜起伏，可以说很好地吸收了我国古代散文的艺术技巧。古代散文的另一个特色是简练。除语言简洁之外，还有一套以简驭繁的本领。有些事件思想感情纷繁复杂，如果正面展开，那要千言万语。作者偏不这么写，他仿佛是在极高的地方朝下看，把大地上的万千气象都缩成一点，如同李贺所说："遥望齐州九点烟，一泓海水杯中泻。"这样，只消不多的笔墨就可以囊括一切了。且举陆游给朱熹写的祭文为例。朱熹死时，陆游也已 85 岁了。他已届暮年，眼看着复国的抱负已成泡影，此时传来好友去世的噩耗，悲痛之中不知有多少话要说，但是他只写了三十几个字："某有捐百身起九原之心，有倾长河注东海之泪，路修齿髦，神往形留，公殁不亡，尚其来飨！"许多话不能说也不必说，让千言万语化作泪水倾泻吧。这是何等笔力！这些写作方法，肯定会给学生以有益的影响。读古文，有医语言啰唆的特效。当然，对于文言文的这种借鉴作用，也不要过于夸大。认为只有读文言文才能写好白话文，也不是恰如其分的。

中学阶段应集中精力学好现代语文，这个意见是对的。但不应由此得出结论说中学不应该学一点文言文。这套试验教材的考虑是：初中少读一点，高中多读一点，重点在高中。学语文是个复杂的问题。说是集中精力学好现代的语文，就要读清一色的现代文，这样未必有利。在以现代文为主的情况下，读一点文言文，反而能丰富学生的语言知识，增进学生的学习兴趣。比如办酒筵，再好的菜也不能只备一种，要把许多菜搭配起来，才能促进人们的食欲。再比如中医处方，要有君臣佐使，许多味药互相作用，才能收到较大的疗效。有的同志担心读文言文会复古，这是一个值得注意的问题。读文言文，如果目的在于学习用文言写作，在于全盘接受古人的思想影响，在于向后看，崇古非今，那确是复古，是万万要不得的。但是，如果目的在于培养现在仍然需要的阅读文言文的能力，在于批判地继承，吸取其精华，剔除其糟粕，在于向前看，厚今薄古，那就不能指为复古。我们应该采取后一种态度。五四时期反对文言，提倡白话，有伟大的功绩。但那时候的人还不可能用辩证唯物主义的观点看待问题，我们后来者，理应看得全面一些。

作文教学问题

作文教学一向是由语文教师自己安排，没有编入统一的教材。50年代编写《文学》《汉语》课本的时候，一位负责同志曾经指出：国家和人民对作文要求很高。学生高中毕业，能写出文章，便是汉语和文学教学的成功；若写不出文章，无论怎样搞汉语文学的分科，还是失败，人民群众将很有意见。根据这个指示，我们编了一本作文方案，只在内部征求过意见，未公开施行。近几年来，许多同志努力探讨作文教学的规律，力求有序可循，有法可从，编出了一些指导作文的试验教材。改变由教师随意安排作文的状况，寻求作文的科学化道路，是大家致力于解决的课题之一。我们也试图逐步解决这个问题。参照过去的和当前的经验，编出了《写作》课本。《写作》课本的内容，这里不讲，大家可以看。讲一下我们的考虑。

培养学生的写作能力，要问一问是什么样的写作能力：是培养学生写那种僵硬呆板、内容贫乏，甚至虚情假意的八股式的文章呢，还是培养学生写生动活泼、内容充实、具有真实感情的文章呢？这是个重要的指导思想问题。我们所说的写作能力，是后者，不是前者。叶圣陶先生说："作文就是用笔来说话。作文要说真话，说实在的话，说自己的话，不要说假话、说空话、说套话。"这是医治八股腔的一剂良药。指导作文要努力避免前者，争取做到后者，就要充分考虑作文具有综合性这个特点。作文不完全是语言文字问题，除此而外，还有生活经验、知识积累、思想品德以及对所写对象的熟悉程度和表达要求的热烈程度等因素。下面谈几个关系问题。

知识与能力。要做到熟练地运用语言文字，不是一件容易的事，必须经过如铁杵磨针般的勤学苦练，必须多读多写。让学生学习一些语文知识，可以增加他们运用语文的自觉性，但是语文知识的这种作用，只有在语文训练的过程中才能发挥出来，离开语文训练，语文知识起的作用是极有限的。要以训练为主，以知识为辅助手段。这一点，前面已谈到，这里不说了。对于多读多写，目前还有不同的看法。古今中外的有成就的作家，谈自己学习语文经验的文字写得不少。或曰："读书破万卷，下笔如有神。"或曰："旧书不厌百回读。"或曰："勤读书而多为之。"总之其中不少人谈到了多读多写。

对于前人的这些经验，我们应取什么态度呢？可以视为“不科学”而全盘否定它吗？不可以。运用这种方法成长出了许多语言大师，这足以证明它是行之有效的，是包含着科学道理的，它是我们研究语文教学规律的一笔宝贵财富。我们不应该否定它，应该继承它。可以视为“尽美尽善”而全盘肯定它吗？也不可以。古今变化了，人们的物质条件和精神条件也发展了。古人认为完善的东西，今天看来往往不那么完善了；古人达到的境地，今天看来还大有向前开拓的可能和必要。许多事情是这样，学习语文的方法也是这样。我们说继承多读多写的方法绝不是主张照搬古人，而是吸取其合理的精神。至于读和写的方法，则应该吸取现代的理论和经验予以改进。这样，比起古人来我们可以收到事半功倍的效果。

生活与资料。作文要有内容，有内容就有话可说。内容充实就有许多话可说。要是内容空洞贫乏，虽然有时勉强也能够说出许多话，却只能是一些空话，是不足取的。学生往往面临作文无话可说之苦。这是因为他们找不到合适的内容。可写的东西可能就在他们身边，他们不知道去采摘。所以语文老师要指导学生作一点开源的工作。学生作文的“源头活水”在哪里呢？一是生活，就是直接知识；二是资料，就是间接知识。指导学生观察和体验生活，从中选取可供运用的材料，在这方面不少同志注意到了，也取得不少经验，我不来多谈了。我想着重谈谈还没有引起大家充分注意的凭资料作文的问题。教会学生运用资料作文，要训练一些什么项目呢？第一，要教给学生一些关于资料的常识，使他们初步知道要了解和研究某一个问题到哪里去找资料。为了一定的作文目的，教师还可以介绍若干篇资料供学生阅读。第二，要教给他们查阅资料的方法，怎样查找书目，怎样看一本书的目录和凡例，怎样利用索引，阅读怎样抓要点，怎样读得快、理解得正确等。现在出版物很多，看书要讲求速度。第三，要教给学生记忆和运用资料的方法。背诵，做笔记，写眉批，做卡片，以及资料的整理和积累等。学会这些很重要，否则过目则忘，到头来还是两手空空。这套《写作》课本到二年级时就会有一些运用资料作文的训练。

写实与虚构。学生作文到底是要求写实有的东西，还是允许编造故事呢？有的同志主张写实；有的则主张要允许编造，主要看文章写得好坏。这个问题的解决在于区别清楚两类不同的作文。一类作文是必须写实有的人物、事件和思想感情的，如新闻、通讯、书信、总结、日记和传记等。对于这类作文一定要严格要求，不允许编造，编造就是说假话。要从小培养他们说真话的严肃态度。有的班让学生写一件有意义的事情，结果全班有三分之二的同学写拾了钱包交给警察叔叔。在同一时间，那么多人丢钱包，显然一大部分是假的。要教育学生，不要这样做。过去有一个人作诗："舍弟江南殁（死），家兄塞北亡。"他的朋友看了对他很表同情，说："令兄令弟同时死去，我还没有向你表示慰问呢！"他说："我弟弟死了，哥哥并没死，说他死了，只是为了对偶。"这种写作态度是要不得的，不要让我们的学生染上这种坏毛病。但是，还有另一类作文，是文艺性的，是允许虚构的，如寓言、童话、小小说、小剧本、小曲艺之类。文学的功能不在于介绍实有的东西，在于运用生活的原料进行艺术加工，使之更为典型地反映生活的本质，使读者从中得到启发。文学作品也并非都可以虚构，只是大约如此。一个学期可以让学生写一两次这样的东西，有利于丰富学生语言，发展学生的智力和想象力。两类作文，中学生应以前一类为主，后一类偶一为之。

要求和放手。学生作文，教师应该事前予以指导，提出某些要求。这种指导，应该有利于活跃学生的思想，而不应该限制他们的思想。比如列出许多词和许多句式，要学生用到作文里去，这样学生只好挖空心思，以文思迁就于怎样镶嵌那一串东西，是本末倒置，对活跃学生的思想是不利的。指导可以是多种形式的，有的可以严格要求，有的则可以有意放一放野马，时间也限得宽一些，让学生写一写"放胆文"。

还有一个加强语文训练的问题，时间不够，不多谈了。《阅读》课本在练习设计方面费了一番心思，还邀请了几位富有经验的老师参加设计。力求由浅入深，由易到难，有一个大致的序；力求既以训练阅读能力为主，又兼顾写和听说的能力，有一个比较全面的安排；力求形式多样，富于启发性和思考性，答案又具体明确。讲读课文，课文之前有"提示与思考"，课文之后有"课堂练习"和"课后练习"。自读课文，课文之前有"自读提示"，课文之后（或结合课文）有"阅读练习"。一个单元之后有"单元练习"。单元练习中，又列有"比较·思考""推敲·琢磨""读写技巧""听说练习"等项目。总之花样是比较多的，这些练习可以灵活运用，怎样运用，还要靠老师们在试教中积累经验。

总之，这套试验教材改革的步子比较大，试教只要方法得当，效果可能比现行课本好，我们有这个信心。

试验怎样才算是成功呢？要着眼于实际效果，看是否有效地提高了听说读写的能力，是否提高了学生的思想觉悟，是否丰富了学生知识，是否增加了学生学习语文的兴趣和自学能力，还要看学生的负担如何，什么都好，就是加重了学生的负担，也不能算是完全的成功。为了取得成功，教师要努力改进教学方法，把这次试教当作一项科学研究来搞。正反两方面经验都很重要，都要总结。要有目的、有重点、有记录、有统计、有比较、有数据、有小结、有总结。

前辈们有的说语文教学问题半个世纪没有解决；有的说语文教学问题近百年来没有解决。可见，这个问题不大好解决。我们通过试教，要能够有所创造，有所前进，将会对全国的语文教学产生很大影响，也算是对我们伟大祖国的社会主义现代化建设贡献了一份力量。

拉拉杂杂地说了很多，有道是“言多必失”，其中不恰当的乃至错误的一定不少，仅供同志们参考。

1982 年 8 月讲，11 月整理

叶圣陶关于编写中学语文教材的论述*

叶圣陶先生编写教科书的理论和实践，是他的教育思想的一个重要组成部分。半个世纪以来，叶老多次从事中学语文课程标准和教科书的编写工作；新中国成立以后，还长期领导新中国教材的建设。他在这方面的经验是十分丰富和非常宝贵的。这里，仅就 1962 年叶老给语文教材编辑人员的书面指示，谈一点我的体会。

一

课文是中学语文教材的主体，是培养学生语文能力的主要依据。不论是听说读写的训练，还是语文知识的学习，都要取例于课文，或者用课文来印证。课文选取是否恰当，决定教材的质量。

选取课文，思想内容自然要是健康的，进步的，语言文字也必须足为学生学习的典范。曾经有一个时候，我们对某些课文要求不够严格，叶老针对这种情况，精辟地论述了对选文严格要求的重要性。他说：

> 我尝谓凡选文必不宜如我苏人所谓“拉在篮里就是菜”。选文之际，眼光宜有异于随便浏览，必反复讽诵，潜心领会，质文兼顾，毫不含糊。其拟以入选者，应为心焉好之，确认为堪以示学生之文篇。苟编者并不好之，其何能令教师好之而乐教之，学生好之而乐诵之乎？其理至著明也。初入选之文篇，经共同研讨，或终于不入选。然初选之顷，万

* 原载《课程・教材・教法》1983 年第 3 期。

不宜草草从事，可断言也。

我人选文，似当坚持一义，非欲凑成一册篇数足够之汇编，而欲一册之中无篇不精，咸为学生营养之资也。请诸公观之，此义何如？

选定之文，或不免须与加工。加工者，非过为挑剔，俾作者难堪也。盖欲示学生以文章之范，期于文质兼美，则文中疏漏之处，自当为之修补润色。固陋之作者或将不快，明达之作者宜必乐承。加工之事，良非易为。必反复讽诵，熟谙作者之思路，深味作者之意旨，然后能辨其所长所短，然后能就其所短者而加工焉。他则作者文笔，各有风裁，我人加工，宜适应其风裁，不宜出之以己之风裁，致使全篇失其调谐。总之，欲求加工得当，必深知读书为文之甘苦，愿与诸公共勉之矣。

叶老还反对“唯名主义”和“盲从市场情况”，他指出：

吾人首须措意者，所选为语文教材，务求其文质兼美，堪为模式，于学生阅读能力写作能力之增长确有助益，绝不宜问其文出自何人，流行何若，而唯以文质兼美为准。

叶老的这些话，指明了选取课文的重要原则。

首先，规定了选文标准，这个标准就是“文质兼美，堪为模式，于学生阅读能力写作能力之增长确有助益”。文，指语言文字；质，指思想内容；文质兼美，要求两者都好，不可偏废。堪为模式，指足为学生的学习榜样，这是从教学方面提出的要求。由此可见，叶老提出的选文标准，包括三个方面。文和质有所偏固然不能入选，就是二美皆具，而教学方面不合要求，还是不应入选。这个看法是全面的，非常正确的。叶老还要求一册之中“无篇不精”，这是一个高难度的要求，但能够这样做，会大有益于学生。

叶老认为，这个标准应该是选材的唯一标准。教材的编选者应该独具慧眼，完全以这个标准为绳墨，而不为作者的名声和市场的行情所左右。叶老是老一辈著名的文学家，衡文的眼力是极高明的。那些年我们送审的初选课文许多被驳回，他认为有些文章只能算是未经过琢磨的“粗坯”，选做课文是不够格的。而他所肯定的课文（包括一些并非名家的文章），都在教坛上站得住脚，许多至今仍然受到师生的欢迎。

其次，指明了文字加工的原则。为着教学的方便，为着用规范的语言教育学生，入选的课文往往要进行删节和文字加工。这是对课文的一种必要的、特殊的处理，同一般读物的选文很不相同。叶老非常重视文字加工，他着重指出，加工必须十分慎重，教材的编者必须深知读书为文之甘苦，必须熟谙作者之思路，深味作者之意旨，必须能辨其所长所短。“作者文笔，各有风裁，我人加工，宜适应其风裁，不宜出之以己之风裁，致使全篇失其调谐。”这些话，既指出加工的必要，又指出要十分尊重作者的风格，一点也不能莽撞。显然，只有这样进行文字加工，才能真正提高课文的质量。或失之于迁就，或失之于莽撞，都收不到应有的成效。

叶老自己对于课文的文字加工，极为严肃，极为精细，从事这项工作的编者无不深受感动。回想那些年，叶老审阅初选的课文，都逐字逐句推敲，详尽地提出修改意见。意见都写在用旧日历卡裁成的纸条上，积累起来不下三四百张。这些宝贵的资料可惜在“文化大革命”中散失了。还有一些课文，是在叶老亲自主持下加工、改写或编写的。我记得的，有《牛郎织女》《孟姜女》《凡卡》《最后一课》等。以《最后一课》为例。叶老召集三方面的人共同修改。一是语文编辑室的负责人和主要编辑，二是老北京，熟悉北京话和普通话的同志，三是通晓法文的同志。把法文的原本和汉语的译本都摆出来，逐字逐句地推敲，最后由叶老裁定。一篇课文往往要修改好几天。经过这样加工的课文，文字质量都有显著的提高。叶老自己写东西也是虚怀若谷，从谏如流，也常常请一些同志在一起逐字逐句地推敲。他的童话《蚕儿和蚂蚁》，因为有一位同志提出普通话里只说“蚕”不说“蚕儿”，他就删去了“儿”字，成为现在的题目《蚕和蚂蚁》。

再次，叶老还对语文课本的编者提出了严格的要求。他指出，选材不同于一般的浏览，必须“反复讽诵，潜心领会”；而且编者对拟入选的课文，自己必须先“心焉好之”。这确是十分中肯的说法。试想，入选的课文，编者自己如果不喜爱，怎么能要求教师喜爱，教师如果不喜爱，又怎么能要求学生热爱？叶老从不讲空空洞洞的道理，他提出的要求，总是听起来明白易解，做起来切实易行，这个“心焉好之”，就是一例。

二

课文要作必要的注解。有人认为，给课文作注解同给一般读物作注解没有什么不同，因而看得比较容易。这是不了解对课文注解的特殊要求的缘故。一般读物的注解只是为了帮助读者阅览，而课文的注解是为了辅助教学，就是说，要充分考虑教学的要求。怎样才能给学生恰当的基础知识，怎样才能启发学生的学习积极性，怎样才能便教便学，都要认真考虑，力求体现出来。叶老说：

> 我以为作注之事，略同于上堂教课，我侪虽伏案命笔于编辑室，而意想之中必有一班学生在焉，凡教课之际宜令学生明晓者，注之务期简要明确。所注虽为一词一语一句，而必涉想及于通篇，乃于学生读书为文之修习真有助益。尤须设身处地，为学生着想，学生所不易明晓者，必巧譬善喻，深入浅出，注而明之。必不宜含糊了之，以大致无误为满足。注若含糊了之，教师亦含糊了之，而欲求学生之真知灼见，诚为缘木求鱼矣。复次，语文课令学生讲习若干文篇，无非“举一隅”耳，意盖期学生“能以三隅反”，阅读其他文篇与书籍也，非诵习此语文课本即毕事也。欲臻此境，教师之导引启发，学生之揣摩练习，皆至关重要，而我人作注，亦与有责焉。作注固在注明此一篇，苟于意义多歧之词语，含蕴丰富之典故，较为繁复之语法结构，颇见巧妙之修辞手段，多写一二句，为简要之指点，则学生自诵其他文篇与书籍，将有左右逢源之乐。总之，我人不宜抱多一事不如少一事之想，凡有裨于学生者，正当不避多事。我此存想，诸公以为然乎？

编者的意想之中要“有一班学生在”，真是一语中的。教材的编者也应该是教师，无时无刻不为教学着想。胸中要总有一个课堂，每一着笔都要想到教师怎么教，学生怎么学，这样作出来的注解才能适合教学的应用。

课文无非是一些例子，是“举一隅”，是要引导学生“以三隅反”的。

教是为了达到不需要教，这是叶老的一贯主张，是非常精辟的辩证的教学思想。叶老认为，作注也要体现这个思想，起“指点”的作用。作注的时候要全面考虑，不能只想到“一隅”，还要想到“反三”。“作注固在明此一篇，苟于意义多歧之词语，含蕴丰富之典故，较为繁复之语法结构，颇见巧妙之修辞手段，多写一二句，为简要之指点，则学生自诵其他文篇与书籍，将有左右逢源之乐。”这样作注，学生学了一篇，可以运用学习所得去自学其他许多篇，可以事半功倍。

三

设计练习题，也是编写中学语文课本的一件十分重要的事情。听说读写的训练都要靠练习体现出来。叶老关于练习题的设计，也有十分精辟的论述。他说：

> 前此数年，我人所出练习题类多空泛，今已共知其无当。近者有所改进，犹未能谓之满意。大抵出题之先，必明一义，非每课之后例须有数个练习题，第求凑足之即为了事也，盖将就本课之内容与形式，抉其至关重要之若干点，俾学生思索之，辨析之，熟语之，练习之，有助于阅读能力写作能力之增长也。以故所出虽仅数题，而考虑之顷，则宜通观全篇，观之一遍未必即有获，则宜反复数遍。如是乃可期所出之题并皆精善，无敷衍凑数者。复次，一课之后，练习题之数有限，而须令学生思索、辨析、熟语、练习者，其数必不止此，于是宜通一册之诸课而为安排，宜通六册之诸课而为安排，始可面面俱到，无遗无漏。若此通盘安排，我人尚少措意，今后所宜致力也。又有言者，凡为练习，必不能谓为之一度已足，一练再练，锲而不舍，乃长能力。以故已出之题，尽当重出。苟重出而悉如前样，或将使学生生厌，则无妨同其旨趣而异其方式焉。

叶老还说：

> 于论出题目之一段，我尚欲补陈一义。尝屡言之，教师于课文之关键处，含蓄处，苟能作适当之指点，不为详尽之讲说，而唯启迪其思考，于学生最有实益。学生思之而自通，所通将终身不忘。学生思之而不通，困惑甚深，教师于斯时为之说明，印入之深必逾于寻常听讲。我意课本与参考书中宜列此类材料，或迳书一二语，或提出问语，方式不必从同，总之以指点启迪为归。以此为例，供教师以依仿之资，教师通其旨而复自拟如何指点与启迪，则学生受益大矣。欲请诸公留意，今故重复书之。

叶老在这番话里指出了设计练习的几个要领。

一是要明确练习题的功用。“抉其至关重要之若干点，俾学生思考之，辨析之，熟谙之，练习之。”思考，辨析，熟谙，练习，这八个字概括了练习题的功用。要引导学生思考求索，进而辨别剖析，进而烂熟于心，进而动手动口，实地练习。只动脑不动手和口，不能获得运用的技巧；反之，又会使思路闭塞，只会机械地搬用。只有在动脑的基础上动手动口，把思和学结合起来，才能不仅学会熟练运用，而且越练越聪明，达到融会贯通的境地。

再是练习题的安排要有计划。课文是从古今中外的大量文章中摘取的（不是为着教学的目的写的），只能做大体的安排，难以有严格的系统性。练习题是为着教学的目的编写的，可能而且应该作有计划的安排，有一个比较严格的序列。叶老说：“宜通一册之诸课而为安排，宜通六册之诸课而为安排，始可面面俱到。”他还特别指出：“凡为练习，必不能谓为之一度已足，一练再练，锲而不舍，乃长能力。”语文练习需要多次反复，不可能一蹴而就。练习的安排，要考虑到这个反复的特点。自然，反复，不是简单地重复，而是要“同其旨趣而异其方式”。

再是练习题要有启发性。叶老非常讲究设计练习题的艺术。他说：“于课文之关键处，含蓄处，苟能作适当之指点，不为详尽之讲说，而唯启迪其思考，于学生最有实益。”启迪学生自己去思考，不仅可以学得牢固，而且可以越学越聪明，逐步获得自己独立学习的能力。叶老的教是为了达到不需要教的思想，是贯彻在教科书编辑思想的各个方面的。

叶圣陶先生关于编写中学语文教材的论述是十分丰富的。本文限于谈叶老1962年的一次指示，其他方面就不涉及了。我在叶老领导下多年从事语文教材的编写工作，今天重温叶老的这些话，犹如当年耳提面命，十分亲切。说来惭愧，直到今天，我的工作同叶老的要求仍然有很大距离，今后要加倍努力，虽不能至，心向往之。但叶老的这些话，今天发表出来有更大的意义。编辑教科书是一门大学问。适应我国社会主义物质文明和精神文明建设的需要，教育事业正在改革和发展。教育的改革和发展，要求编写和出版多种教材。编写教材的单位或个人会越来越多，编写教材的百花齐放的可喜局面就在眼前了。叶老的这些精辟的论述，对于编写语文教材以及其他各科教材都是金玉良言。至于我的体会，未能准确地阐明叶老的原意之处一定不少，谨就正于语文教学界的同行。

1983年3月

中国语文教材以及双语教学地区汉语文教材的改革*

中国语文教材的改革，已经研究和进行许多年了。其间“文革”中断了10年，近10年又空前活跃起来。在各科教材中，语文教材的改革特别受到重视，至少有以下几个原因：一、语文是学习和工作的基础工具。学好语文，不仅是在校期间学好其他各门课程的先导，而且对于将来继续学习和从事工作都有深远的影响。二、学生学习语文的成绩一直不能令人满意，不能满足社会发展的需要，常常听到社会提出的批评。三、语文教材的编写，已有几千年的历史。历史悠久，积累了丰富的经验，但也背着沉重的负累。长期以来，大体上是率由旧章，改变不多。

由此可见，语文教材的改革既非常重要又非常艰难，人们总想突破这个难点，以期全面提高教学质量。

多年来，改革的道路是不平坦的，虽然取得许多成果，仍然有不少问题尚待解决。本文仅就几个问题做研究和分析。这几个问题是：关于识字教学的改革；关于教材编排体系的改革；关于改革语文教学的整体构想；关于少数民族地区汉语文教学和教材。教材的改革和教学的改革是相互关联的。谈教材改革势必涉及教学的改革。汉族地区通用的语文教材与少数民族地区双语教学中汉语文教材，两者也是相互关联的。谈通用的语文教材的改革，在许多方面包括汉语文教材的改革。

---

* 本文是作者在香港教育署语文教育学院1987年12月15日举行的第三届国际研讨会上的发言。

关于识字教学的改革

工具性是语文教学的一个显著的特点。由汉字的特殊性所决定，要掌握语文工具，识字占有非常重要的地位。汉字，不仅是表音的最小单位，而且大多数也是表义的最小单位，是形、音、义的结合体。掌握了一批汉字，也就是掌握了一批单音词。凭借单音词的组合，可以生发出大量的词汇。其中很大一部分是可以望文生义、无师自通的。据测定，学生在中小学阶段掌握汉字 2 500 到 3 000 个以上，就能给培养阅读和写作能力打下坚实的基础。

但是，识字又是一个难点。汉字难读难写难记，小学不得不花两年的时间以识字为重点，花五六年的时间使识字量达到 3 000 个左右。到了中学，仍然要拾遗补忘，复习巩固，不断扩大识字量。长期以来，语文教学花在识字教学上的时间很多而效果不理想，不论汉语地区还是少数民族双语地区，无不如此。

大家都想谋求一种费时费力少而收效大的识字方法，这种努力远在 50 年代就开始了。已有多种新的识字方法进行试验，这里举出影响较大的几种。

一、分散识字法，即随课文的顺序分散地出现生字新词的方法。课文采用由一句话到几句话再到一个片段的形式，每课只安排几个生字，习称“三五观点”，教学效率较低，这原是自兴办学堂以后就习用的一种方法。50 年代，南京的斯霞老师对“三五观点”进行了改革，加大识字量，她的实验班学生两年识字 2 000 多个，比当时教材的规定多出五六百个。她的实验揭示出，学生经过汉语拼音的学习和识字的基本训练，基本上能够利用汉语拼音读出字音，利用笔顺、部首和独体字分析字形。尔后，斯霞老师又提出“字不离词，词不离句”的教学原则，把掌握形、音、义密切结合起来，进一步完善了分散识字法。

二、集中识字法。1958 年，辽宁省首先搞起了这项实验。它继承我国古代“先识字，后读书”的传统，着力在小学低年级突破识字关，变一个个地识字为一串串地识字。把生字集中起来，一串串地出现，一串串地教学，加快了识字速度，到小学二年级即可识字 2 500 个左右。这种识字法，从汉字的特点出发，除少量的字按音、义归类外，主要是采取“以基本字带字”的方法，充分利用“形声”的构字特点。一个基本字加上偏旁部首，带出一串合体字（方——芳、房、仿、防、访、放）。60 年代初进一步提出“集中识字，大量阅读，提早写作”，使之进一步完善。80 年代又进行了广泛实验，做法也有发展。注意做到形、音、义统一，认、读、写结合，字、词、句联系。

三、注音识字，提前读写。这是近年来发展起来的一项实验活动。从 1982 年开始，佳木斯市的三所小学进行了这项实验。以充分发挥汉语拼音的多功能作用为前提，寓识字于学习汉语之中，着重解决低年级语文教学中长期存在的识汉字与学汉语之间的矛盾，在识字不多的情况下，即可利用汉语拼音作为读写工具，使阅读和写作同时提前起步，从而改变了“先识字，后读书”的做法，从以识字为重点转移到以发展语言为重点，以达到发展语言，开发智力，培养能力的目的。这项实验三年为一个周期。第一轮试验，三所小学识字量平均为 3 001 个（五年制小学的非试验班前三年应掌握的字数为 2 300 个左右）。这项实验促进了读写能力的发展。第一轮实验结束时，三所小学的三年级学生参加了本地区的统一毕业升学考试，基础知识、阅读、作文三项的平均分，有两所小学高于普通班的毕业生，一所小学低于普通班 0.5 分。这就是说，小学三年的语文成绩，同小学五年或六年的成绩不相上下。这项实验正在深入进行，范围日趋扩大，全国多数省市都有实验点。

四、部件识字法。这项实验在河北省沧州地区已进行了 20 年之久。把汉字的结构层次分为三级：整字，部件，笔画。部件是结构的核心，是构字的基本单位。部件又分为单部件和复部件，成字部件和不成字部件，部首包括在部件之内。这项实验也取得较好的效果，小学一二两年级，识字量即可达到 2 700 个以上。

识字，在汉族地区是小学的教学重点；在少数民族的双语地区，则不仅是小学，也是初中的重点，自然，也是难点。因此，有条件的地区也在大力谋求改革。如延边朝鲜族自治州一中致力于汉语文教学的改革已进入第四轮。他们借鉴集中识字的经验，在双语教学中探索了“集中识字，大量阅读，分步习作”的路子。他们的集中识字，也吸取了其他方法的优点，适当集中，随课文识字，归类巩固。在小学已识 1 300 个汉字的基础上，在初中一年级安排 700 个（比旧教材多 270 个），要求掌握 600 个。结果一般学生掌握 70％以上，好的达到 90％。这项实验表明，只要改革教材和教法，从小学到初中可以突破掌握 2 000 个常用汉字的大关。他们认为，集中识字的经验，只要结合民族学生的实际，对于双语教学中的汉语文教学是同样适用的。

识字教学改革的实验虽然还存在这样那样的问题，但已取得的共同成果是提高了识字的效率，这是十分可贵的。通观各种实验，不难看出改革识字教学的共同的原则。

一、利用汉字构成的独特规律。汉字的构字规律，前人已做过许多研究。如笔画、部首以及“六书”中的形声、象形、会意等，都可以利用于识字教学，使汉字不再表现为各个孤立的、杂乱无章的堆积，而是有规律可循的、可以连类相从的系列。按教学的要求加以编排，可以达到便识，便解，便写，便记的目的。

二、发挥汉语拼音的作用。汉字不是拼音文字，字音与字形一般缺乏必然的联系。汉字的认读要凭强记，通过多次重复才能形成巩固的记忆。这是识字难的一个重要原因。汉语拼音对于汉字的认读起着有效的辅助作用，可以使这个难点得到缓解。同时，汉语拼音不仅是认读汉字的“拐棍”，而且凭借拼音加汉字，可以提前发展学生的阅读和写作的能力。

三、密切结合学生的生活。语言是人们交际的工具，它从生活中产生，在生活中运用，同生活有着天然的联系。抽去生活的内容，语言就变成一堆空洞的符号。脱离了生活，识字教学就会变得枯燥无味，只凭机械记忆会冲淡学生的学习兴趣，因而难以收到好的效果。

在前面所述各项实验的基础上，运用这些原则，有可能探讨更加完善的识字法。目前全国通用的语文教材采用的“多种形式识字法”就是一种有益的探讨。这种识字法，试图兼采各家之长，兼用形声识字、看图拼音识字、归类比较识字、字词句联系识字、游戏识字、查字典识字等多种方法。合理运用诸多方法，使之成为一个互相为用的整体。这种方法很有进一步研究的价值。

关于教材编排体系的改革

综合性是语文教学又一个显著的特点。语文教学的内容不是单一的，而是含有多种因素。加以解析，其构件有下面几部分：一、课文，这是主体。课文是从古今中外的文章中选来的，它的组合有很大的灵活性。二、语文知识。包括语法知识、修辞知识、文学知识以及阅读知识、写作知识等，这一部分虽然互有关联，却又是各自独立的。三、语文能力的训练。阅读能力、写作能力、听话能力和说话能力，四者也各有自身的训练体系。语文教材的编排体系，要求把教学内容的诸多方面汇为一个整体，使之线索分明，头绪不乱；各得其所，互相为用。要做到这一点是很不容易的。有人批评语文教材和教学是“大杂烩”，是“拼盘儿”，说明编排体系存在着问题。

让我稍微回顾一下历史。我国古代的文章选本很多，较多当教材使用又流传久远的，前有南朝梁萧统的《文选》，后有清吴楚材等的《古文观止》。两部书的编排体系不外按时代顺序编排和按文体归类编排，这大体上代表了大多数古代的选本。清末兴建学堂以后，几十年间出版了多种语文教材，如《中学国文教科书》（1903），《国文教本评注》（1915），《复兴初高中国文》（1933），《开明国文讲义》（1934），《国文百八课》（1934）等，都是有代表性的。但只有少数教材的编排体系有所创新，依据学生学习语文的顺序编排，多数教材的编排体系大体上没有跳出古代选本的窠臼。

50年代做了分科的尝试，把语文课分为“文学”和“汉语”两门课程。这是我国中学第一次进行系统的文学教学和汉语教学，也是编排体系的一次很大的改革。分科的依据是，语言和文学虽有密切的联系，但毕竟是两种独立的学科，两者除有共同的任务外，应有各自独特的任务。分科教材按照各自独特的教学任务建立各自的体系，文学课本，大体上以文学史为体系，汉语课本以汉语知识应有的顺序为体系，改变了“大拼盘”的状况。这一实验为时不长就中断了。60年代又翻回头来编写合科的语文课本，编排体系力求有所改进。全书以培养语文能力为主要线索，记叙能力、说明能力、议论能力以及综合表达能力，由易到难、由浅入深地依次进行安排。与课文相配合，讲授语法、修辞、逻辑、古汉语知识和写作知识。50年代和60年代分科、合科的两种教材代表着我国语文教材编写体系的两种类型：分科型和综合型。

近十年来，对这两种类型的教材都进行了研究和进一步改革，有的还进行了较大规模的乃至全国性的实验。

一、综合型教材，借鉴60年代的经验加以改进。已有的实验教材可分为以语文知识为主要线索和以语文能力为主要线索两类，都试图在目标的明确性和体系的严整性方面有所突破。在总的教学目的的统摄下，设计每个学年和学期的教学目的，进而设计每个单元和每篇课文的教学目的，目的力求单一和具体。并且考虑到各个单元之间和各册书之间的联系，使之成为一脉贯通、循序渐进的合理系列。有的致力于单元的组成，使之成为教材的基本组织和教学的基本单位。单元以课文为主体，把阅读训练、写作训练、听说训练以及语文知识结合起来，成为知识传授与能力训练的综合体。这些改革措施，对于综合型教材的编排体系长期存在的头绪繁多和编排松散的弱点有所克服。例如上海陆继椿老师编写的“分类集中分阶段进行语言训练”的实验教材，以培养写的能力为线索，安排出一个由简到繁、由浅入深、由易到难、由形象到抽象的序列，依次安排108个训练点，力求一课有一得，得得有联系。这套实验教材正在许多省市进行实验。

二、分科型教材，借鉴50年代的经验加以改造。已有的实验教材都是在“语文”这一门课程里分编两本或三本课本。一本“阅读”，一本“写作”（或“作文”），有的还有一本课外读本。“阅读”课本以培养学生的阅读能力为主要教学任务，按照培养阅读能力的需要安排体系。“写作”课本以培养写作能力为主要教学任务，按照培养写作能力的需要安排体系。教学任务单一化，编排体系容易做到严整。两种课本的体系各自独立，又互相配合和联系。分科型的课本都比较注意文学和文言文的教学。有的教材，在高中阶段，高一集中讲授文言文，高二集中讲授文学，高三集中讲授文化论著，高中与初中，显示出明显的阶段性。

这里要特别提一提作文教材体系的创建。在我国的语文教学中，历来缺少专门的系统的作文教材。教师指导作文往往随兴之所至，有很大的随意性，如一些老前辈讲的笑话，既可以写《中秋感言》，也可以写《太阳晒屁股赋》，教学效果不高。近十年来，在语文教坛上出现了系统的、独立的作文教材。已出的作文实验教材，可以举出两种为例。一种是人民教育出版社编的《作文》课本，初高中六个年级均已出齐，并经过了一轮（六年）的试教。其初中部分，作文训练的目标是：指导学生对比较简单的自然现象和社会现象能够正确地观察，并明白地有条理地记叙和说明，对一般性的问题能够做比较简单的分析，说出一定的道理，还要能够写一般的实用文。从这个目标出发，各年级的教材都由浅入深地安排写人叙事状物说理以及写实用文的作文练习，初一以记叙为主，初二以说明为主，初三以议论为主。每次作文的设计，包括知识短文、例文、作文范围和作文指导四个部分，使师生都有所遵循。再一种是北京高原、刘朏朏老师搞的作文三级训练体系的实验。他们的设计是，一年级着重培养观察能力，采取写观察日记的训练方式，侧重练习记叙和描写；二年级着重培养分析能力，采取写分析笔记的训练方式，侧重练习说明和议论；三年级着重培养表达能力，采取写表达随笔的训练方式，侧重练习语感和章法。他们依照三级训练体系编写了实验教材，正在国内 5 000 多个实验班试教。

少数民族双语地区的汉语文教材的建设，有些地方也在谋求编排体系的改革。如四川教育科学研究所编写的藏族高中的汉语文教材，从藏族学校双语教学的需要出发，创制了新的体系。按“学文”和“学话”两条线索安排教学内容。学文，大体上以记叙、说明、议论以及三者的综合训练为序；学话，从练句与谋篇两个方面进行安排。练句依次进行单句、复句、句式变化和各种句式综合运用的会话练习。谋篇依次进行叙事、说明、描写、议论等会话练习。

通观多年来语文教材编排体系的演进不难确认，比较理想的体系应具有以下一些特色。

一、明确。教学要求规定教学内容，教学内容规定编排体系。制定明确的教学要求是首要的。反过来说，编排体系要能鲜明地体现教学要求，总的要求，乃至每个学期、每个单元、每篇课文的要求。这样才能突出重点，免于歧路亡羊；才能使教师教有所据，使学生学有所得。

二、渐进。总的来说，应该体现由浅入深，由易到难，由具体到抽象的原则，有步骤地循序渐进。分别来说，知识的传授宜于适当集中，以利形成完整的概念，便于理解和记忆；能力的训练宜于反复进行，不断加深，螺旋式上升，以利获得熟练的技巧。语文的运用，是科学也是艺术，不经过多次反复的磨炼是难臻佳境的。

三、和谐。语文教材含有多种知识内容以及多种能力训练项目。教材体系的制定，要把这纷繁复杂的教学内容合理地组织起来，使之成为一个和谐的整体，如同指挥一个交响乐团，要使多种乐器演奏出和谐的乐曲。也同乐曲要有主旋律一样，教材的编排要有一条主线，在主线的统摄下，要使诸多方面的教学内容各有自己适当的位置，使之君臣佐使配合得当，相得益彰，而不致互相干扰。

四、灵活。编排体系既要严整又要灵活。语文教学应与生活相结合。人们的语文能力植根于生活，脱离生活，头脑就会空虚，语文能力和写作才华就会因失掉沃土而枯萎。学生学习语文也是这样。与生活相结合，教学才能生动活泼，才能引发浓厚的兴趣，才能收到事半功倍的效果。生活孕育着和不时呈现出语文教学的良好机缘，有的固然可以由教材加以设计，更多的却是邂逅，不期而然，无法事先知道的。为了不失掉稍纵即逝的时机，教材体系的安排，应给教学留下充分的余地，以便教师随机应变，灵活运用。

参照已有的改革经验，更加鲜明地体现这些特色，教材编排体系定会日趋完善。目前已有人做进一步实验，试图兼取综合型与分科型两种教系之长，开辟建立教材体系的新途径。江苏省洪宗礼老师就正在做这方面的努力。

关于改革语文教学的整体构想

社会性是语文教学的又一个显著特点。人们学习语文，学校的课堂教学虽然十分重要，却只是语文教学的一部分；课堂以外的学校环境、家庭环境、社会环境，随时随地对学生的语文能力和习惯的形成都施与强有力的影响，包括好的影响和不好的影响。随着语文教学研究和改革的发展，人们突破了课堂教学的局限，进而从宏观的角度考察影响学生语文能力的诸多方面，从整体上来重新认识语文教学。

河北省张孝纯老师倡导的“大语文教育”就是突出的一例。他的大语文教育可以归结为四句话：联系社会生活，着眼整体教育，坚持完整结构，重视训练效率。所谓整体结构，根据系统论的整体性原则来观察语文教学，社会应是个大系统，学校教育是这个大系统的组成部分，语文教育又是学校教育的组成部分。他把语文教学的结构分为三个层次：一、语文的课堂教学；二、第二教学渠道，指语文的校内课外活动和校外社会活动；三、学习语文的家庭环境和社会环境。第一项是主体，第二、三项是两翼。语文教学，要在提高课堂学习效率的同时，开辟第二教学渠道，并强化语文环境的积极影响。张老师的实验已进行多年，取得了良好的效果。

少数民族双语教学地区的汉语文教学也在注意发挥课外活动和社会活动的作用。今年，新疆举办了“我爱新疆”维吾尔语、汉语的双语比赛，预赛选出维吾尔、汉、哈萨克等九个民族的 39 名代表参加复赛和决赛，最大的 17 岁，最小的只有 9 岁，各用维吾尔、汉双语朗诵一篇文学作品，引起人们很大的兴趣。延边朝鲜族汪清县二小开展了丰富多彩的汉语文课外活动，巩固了课堂上学过的汉字，还多识了一百多个汉字，提高了阅读能力。

整体构想扩大了语文教学改革的眼界，也拓广了编写教材的领域。教材的编写，在满足课堂教学需要的同时，不能不在其他两个方面也有所作为。今后的教材应向多种层次、多种形式和多种功能发展。

关于少数民族双语教学地区的汉语文教学和教材

我国少数民族中，很多有自己的语言，一部分还有自己的文字。在使用本民族语言进行教学的民族中小学中，学生首先是学好本民族的语文。在长期的历史发展过程中，汉语文事实上已成为各民族之间通用的语文。在学好本民族语文的同时，有条件的学校还开设汉语文课，实行双语教学。近年来，由国家教委制定了汉语文教学大纲。汉族的语文教材不能完全适用于民族学校，例如汉族的语文教材中有“过马路，两旁看，要走行人横道线”一课，处在四川凉山州深山老林中的彝族学生就无法理解。因此，有些地区已经或正在编写本民族的汉语文教材。

对少数民族来说，本民族语言是他们的母语，是第一语言，汉语文则是第二语言。与本民族语文教学相比，汉语文教学是在学生不具备基本语言能力的条件下起步的。这就使汉语文教学不能不带有自己的特点。

一、汉语文的教学要求，应低于汉族学校中的语文教学。《大纲》规定民族中小学的汉语文教学，在基础知识和基本训练方面的要求是：1. 掌握汉语拼音；2. 学会两千五百左右常用汉字；3. 学会六千左右常用词语；4. 学习一些用词造句的规则；5. 学会查字典词典；6. 初步具有基本的听说读写的能力。这些规定低于汉族学校，是符合汉语文教学的实际的。

二、本民族语文教学是在学生具备口语能力的基础上进行的，汉语文教学则不同，学生不具备口语能力。因此，汉语文教学不仅要重视培养运用书面语言的能力，而且要重视培养运用口头语言的能力，在初学阶段尤其重要。初中和高中固然应逐渐增强读和写的训练，口语训练也不能放松。

三、恰当处理第一语言与第二语言的关系。学生在学习汉语文的时候，已掌握了本民族口头语言，他们学习汉语文，在很长一个阶段是用母语思维，并以母语为中介的。这对他们学习汉语文有积极的影响，也有消极的影响，要充分利用其积极影响，降低其消极影响。

四、要把识字放在非常重要的地位，在小学和初中阶段给学生打下坚实的基础。在识字教学中，音调是个难点，要着重解决。要教会学生尽早学会查用本民族文字和汉文对照的词典。

五、汉语毕竟是各民族通用的语言，学生有许多机会可以听到汉语和读到汉字，以及同操汉语的人打交道。报纸、广播、电视、电影都提供了学习汉语的好教材。同外语教学相比，汉语文教学有着非常优越的社会语言环境。因此，汉语文教学在搞好课堂教学的同时，还要开拓第二教学渠道以及充分利用社会大课堂。

充分考虑汉语文教学的这些特点，对于编写教材和进行教学都是大为有益的。

教材，一般叫课本。我们有句俗话：课本是一课之本。它对教与学都起着基本的规定作用和指导作用。不论是汉族区域的语文教学还是少数民族地区双语教学中的汉语文教学，教材的建设都是至关重要的。语文教材的编写是一门大学问，应该成为语文教育学的一个重要组成部分，但是，我们对于这个领域的研究还处于起始阶段。在这里，我谨陈鄙见，希望引起广泛的兴趣，并就正于国际的同行们。

1987 年 12 月

回答几个问题*

九年义务教育初中语文课本第一册试教开始时，我曾针对各地提出的问题，在北京市崇文区教研中心的一次会上讲过一番话。现在课本经审查通过在全国试用，这些话仍有些用。现据讲话稿进行了修改，发表出来供教学参考。

一、怎样理解义务教育初中语文第一册中着重语文的运用与生活的关系问题呢？在教学中怎样实现呢？

语文与生活的关系，我们以前编的教材没有加以强调。这次给予了应有的重视。语文与生活（广义）的关系有两个方面：一是反映，语文是用来反映摹写生活的；一是服务，语文是服务于生活的。反映和服务紧密相连，以此达到人们互相交际的目的。学习运用语文，在吸收（读和听）方面，主要是取得生活的印证。吸收能力，包括分析判断和体味，离开与生活相印证，这些都不免流于空泛贫乏。在表达（写和说）方面，主要解决写什么和怎么写两个问题。过去的语文教学往往重视后者忽视前者。其实，解决写什么的问题更加重要。

第一册是按课文反映生活内容的不同分类组元的，对于培养吸收能力和写作能力都十分有益。单就写作而言，引导学生切实理解语文是用来反映生活的，就是交给他们一把打开生活宝库的钥匙。这宝库近在身边，丰富无比，要写的东西俯拾即是。许多学生拿起笔来感到无话可说，就是因为对身边的这个生活宝库视而不见的缘故。无数教例说明，学生一旦拿到这把钥

* 原载《中学语文教学》1991 年第 3 期。

匙，源头活水就会奔涌而来，语文表达会有显著的进步。解决了这个问题，不仅在中学阶段语文学习会进步很快，而且终身受益无穷。

那么，如何教学呢？至少有两个方面。一是通过阅读。第一册课文的选择、单元的划分就使学生认识到运用语文的能力来源于对生活的观察、了解和分析。一个单元一个单元地顺序教下去，在教的当中稍加指点就不难达到目的。二是通过写作。这一册的写作安排比较放手，是本着学生如何观察、了解和表达生活这个路子编下来的，按照这条路子指导学生写作，就自然使学生懂得了拿起笔不是玩弄文字技巧，而是扎扎实实地反映生活内容。有的同志可能会认为，既然第一册要让学生着重领会语文与生活的关系，就应讲一些道理，列出一些条条，让学生背下来，便于将来应付考试。这不必要。通过读写听说的训练使学生牢固树立正确观念和态度就可以了。

这套教材结构的主体仍然是语文基本训练。《前言》里有详细说明。联系生活是编写教材和进行教学的一个指导思想，它渗透在教学之中，而不是给教学增添一套独立的教学内容。

二、第一册进行一般能力的训练，一般能力指的是什么？

一般能力指记叙、议论、说明各种表达方式共同的能力，课本中有明确要求，即段落、层次、顺序、中心等。这一些在小学阶段已进行过训练，进入初中，是复习，也是巩固和提高。同时，给下一阶段做准备。

第一册，因为课文是按反映不同的生活内容组织单元的，训练一般能力这条线，没有放在突出的地位，但不意味它是次要的。

三、课内自读课文怎样进行教学？

应有很大灵活性。本册教读课文，要按照教学要求指导学生精读。至于自读课文，要注意“自读”二字，课文后边的练习题，仅供参考，不是都要做的。每一篇课文，一般用一课时略加指点就可以了。这指点不能面面俱到，要因课制宜。例如宜于朗读的，朗读；宜于辨析词语的，辨析词语；宜于抄录警句的，抄录警句；宜于谈心得的，谈心得，等等。着重点在于指导学生自己学习。我以为，在自读课文教学方面，可以充分发挥教师的创造性。自读课文考不考？我想，至少是要同教读课文严格区分开来。

四、课外自读课本怎样进行教学?

这一回，单编了一本自读课本。是放开手选的，强调新鲜活泼，有时代感，选了一些外国的和港台的文章，学生读起来会有兴趣的。自读课本怎样进行教学呢?最低要求是保证学生都能读一遍。进一步要求是不仅读一遍，而且完成课文后的练习。再进一步要求是，能写一点读书笔记。行有余力，还可以有更多的要求，总之不强求一律。这本书考不考呢?我想，可以不考。

五、是否偏难偏重?是否降低了程度?

厚厚的两本书，乍一看，似乎重了，其实，教读课文只有 19 篇。练习题不少，必做的也只有一部分。同现行教材相比，分量肯定不重。只要充分运用教材的弹性并改进教法，完全可以顺顺当当、从从容容进行教学。

也有另一种意见，认为这套课本降低了难度，减轻了负担，将来学生参加中考、高考要吃亏。其实，这是对我们教材的误解。教材降低了难度，减轻了分量（例如语法和文言文），但是对实际能力的培养不是低了，而是高了。这套教材是一套有弹性的教材。以课文为例，现行教材 40 篇，而义务教材 34 篇，加课外阅读 44 篇，共 78 篇，阅读量大大增加了。读写听说的训练都做了有层次、有系统的安排，也大大加强了。文言文，我们选的文章不少于大纲要求，文言文的教法要改革，一些文言专家认为，在读文言文的起始阶段，应着重掌握文言的活的材料，培养语感，多读一些，到一定程度再讲一点古汉语语法知识。初中学生读文言文只要基本读懂就可以了，有的背一背，不必从古汉语语法方面去分析。这不仅是为了降低难度，而且是为了采用更好的教学方法。

六、教学方法怎样改革?

这个问题，恰恰有待于老师们在教学中去发现，去创造，从中总结经验。我只能提示几句话。

教学的总的追求应是六个字：扎实、活泼、有序。一是要扎实，即扎扎实实搞基本功训练，严格要求，一丝不苟，培养学生的刻苦精神。获得语文能力不是轻而易举的，非下苦功不可。二是要活泼，要打破程式化，用启发式；启发式不只是方法问题，而是如何使教学同学生生活相联系的问题。问答式可以搞成启发，也可以搞成不启发。要拨动学生心弦，就得深知学生的所思所感，密切结合学生的生活。三是要有序。课本设计了一个大致的序。讲每篇文章时还要安排课堂教学的顺序。这样扎实与活泼相结合，循序渐进地进行教学，必能收到好的效果。教学这套教材，还要在如何掌握弹性上做一番研究、试验。

要改进教法，有一个非常重要的问题，就是要从“一切为了应考”的束缚中解脱出来。要有一个基本的认识：扎扎实实搞好基本功，提高学生运用语文的能力，是治本，可以以不变应万变。不围着考试指挥棒转，既练好了基本功，又取得优异的考试成绩，一举两得，这样的事例是不少的。

夭折的维纳斯*

——50 年代文学课本编写始末

在这篇文章里，我不想借助于文字记载，也不想借助于事后耳食之言，只如实地叙述我当年的亲身经历。当年我只是个普通编辑，了解情况自然不会全面，记忆也不免有差错，可是这样的回忆也许对了解和研究问题有些好处——毕竟是第一手材料。

1952 年暑假，北京市八中校长通知我说，教育部借调我去编课本，要我即日去报到。当时我在教语文，没编过课本，但年轻气盛，初生牛犊不怕虎，加以组织决定没有商量余地，未暇多想就匆忙迈进教育部大门了。

我的工作在教学指导司，同事有五六位，都是饱学之士。那时强调一边倒、学苏联，许多科教材都是翻译过来就用，说是用苏联的总比用旧中国的好。独有语文、历史等科不行，要以苏联为借鉴自起炉灶。我们几个先是学习苏联中学文学、俄语教学大纲的译本，展开研究讨论，再是根据领导指示，撰写两个教学大纲的草稿，给在中国设立文学、汉语两科作准备。我参加文学这一部分工作。

撰写文学教学大纲草稿需要选大量的文学作品，我国历来没有编过文学课本，缺乏这方面的资料储备。我们不得不做开拓的工作，从第一手材料摸起。借助鲁迅的两部文学史，郑振铎的插图本文学史和中国俗文学史，陆侃如、冯沅君的中国诗史，以及几本新文学史，我们系统地搜集了大量的资

* 原载《语文建设》1995 年第 3 期。

料。记得到琉璃厂去买书，一次就拉回了几洋车（祥子拉的那种车）。我们埋下头读书，读了差不多一年，边读边选材边研究讨论边选定。花了很大气力，终于写出了一个文学教学大纲的草稿。

第二年夏天，借调期满，我回到北京市，由八中调到教师进修学院当讲师。但是，为时不久，大约就在第二年的秋天，又正式调到教育部人民教育出版社，还是从事文学科教学大纲和课本的编撰工作。

在这以后一段时间里，乔木同志曾两次同文学、汉语两科的编辑人员座谈，谈了许多宝贵的意见。如他认为，对文学应作广义的理解，不限于纯文学，艺术性的议论文也应入选。他还指出，文学素养是青少年不可缺少的。苏联的中小学生能够背诵普希金的诗，我们的孩子很少能背诵白居易的诗，不能不说是个遗憾。乔木同志讲的意见有许多条，我印象最深的是这两点。

乔木同志同编辑人员座谈，是为向中央汇报作准备。过了些时候，出版社领导向我们传达了中共中央文件。从文件中得知，在毛主席主持下，中央召开政治局扩大会议，研究了语文、历史两科的课程问题。决定将中学的语文科改为分设文学、汉语两科，并设置了语文教学问题和历史教学问题两个委员会，语文教学问题委员会由乔木同志负责。在中央批转的乔木同志向中央的报告中，系统地阐述了将语文科分为文学、汉语两科的必要性以及各自的教学目的和任务。

大局已定。我们学习了中央文件，立即投入紧张的编写工作，力求早日把大纲和课本编出来。人民教育出版社设立了两个编辑室，一个是文学编辑室，主任是张毕来同志，一个是汉语编辑室，主任是张志公同志。领导这两个室的副总编辑是吴伯箫同志。整个的编写过程，从总体构想到一招一式，又是在叶圣陶同志的直接关怀和指导下进行的。当时叶老任教育部副部长兼人教社社长，工作很忙，单是在人教社就要统管各科，却对这项工作投入了莫大的精力。

叶老对我们的工作严格要求，我们也在叶老手下受到了严格的训练。送叶老终审的课文，多数被否定，少数获通过的也提出许多修改意见。叶老十分节约，总是把撕下来的日历纸片裁开，在上面写下意见贴在送审的原稿上。每次取回的原稿总是飞着许多纸条，如同生出许多小翅膀。严格要求，他首先做出榜样，亲自动手。记得有几篇课文是编者起草的，如《牛郎织女》《孟姜女》，还有的是译文，如《最后一课》。对这些课文的修改，花费了很大气力。叶老召集一些同志来“会诊”，有副总编、编辑室主任、编辑，还有一位操规范普通话的北京人。译文，还要找一位通晓本门外语的同志。以《最后一课》的“会诊”为例。先请一位同志读译文，再请通晓法语的同志对照原文谈译文是否准确，再请那位北京人谈按照普通话该怎么说。然后大家议论。叶老一直认真地听，也参加议论，最后作出抉择，定下来。一篇文章的修改要花去几天的时间。知识短文、注解和练习也都是叶老亲自改过的。大纲草稿和大部分课本编竟，叶老很高兴，自己出钱宴请所有参加工作的同志，在教育部食堂开了两桌，气氛热烈而融洽，大家都感到，在叶老的领导下总算完成了一件很有意义的事。

这期间，还有一件事。乔木同志在一次公开的报告中提出，要让学生多读些文学作品，不妨选一些长课文。文学课本中《枪挑小梁王》等篇长达三十多页，就是在这个情况下选入的。

万事俱备，只欠东风。1956年上半年由教育部召开全国性的大会，由叶老作主报告，对施行文学、汉语分科进行动员，准备在暑期后全面推行。代表已经报到，大会已经开幕，没想到叶老的报告尚未出台，事情突然发生了变化。事后听传达说，当时中宣部的领导人召集教育部有关领导，对设文学课和汉语课的做法提出严厉的批评。这下子大会进退两难，叶老的报告还是作了，教育部部长作了个模棱两可的结论，草草收场。自那以后，过去的一片赞扬声竟如秋风中的寒蝉消声歇响，听到的，从领导讲话到调查报告都是指责和批评。到1957年，根据领导指示，文学和汉语课本停止使用，重新编写语文教学大纲和课本。这样，文学汉语分科教材仅仅使用了三年，尚未开放的花朵萎落了，尚未成长的维纳斯夭折了。

可是，芳魂一缕，至今不散。有的教育专家对我说，他认为，文学课本是新中国成立以来最好的一套课本。有的学校以这套课本为基础进行改革实验，取得好成绩。有些朋友一直珍藏着自己读过的这套课本，经过风风雨雨不曾遗失，珍爱备至。群众的珍爱，也算在我们编者受伤的心灵上涂上一点清香的油膏。

这后一段我谈得较粗，原因是当时我是个普通编辑，上头的事只是凭传达知道一点，而我的谈话又不愿越出我亲身经历和记忆的范围。但一个疑团至今未能解开：由毛主席主持召开的中央政治局扩大会议的决议，那是地地道道的最高指示，为什么竟可以轻易地把它推翻？这套课本尚未经过试验怎能判定其优劣？为什么不选取少数学校试验一个完整的过程再做结论？这些，我只是说说而已，其实事隔四十多年，也许已无必要或不值得把这疑团解开了吧。

答《语文建设》记者问*

问：九年义务教材中新增了关于语文规范的内容，请对此谈谈您的看法。

答：中学语文课应教给学生合乎规范的语言。这件事很重要。在科技高度发达的今天，语言的交际功能大大发展了。先进的信息交流工具已经把全世界联在一起，闭关锁国，任何事情也搞不好。我们搞四化，需要接收全世界的信息，也需要把自己的信息输送给全世界。同时，交流的形式，有电脑参与进来，引起信息交流的一次重大革新。这一切都离不开语言，这语言必须合乎规范。从这个意义上讲，中学语文课强调语言的规范化，是面向现代化面向世界的实际需要。人教社编写的语文课本里新增了这方面的知识短文，但是仅仅是开头。这是一篇大文章，还要从多方面考虑，努力作下去。

问：语文课本是语文教学之所本，使用语言文字都应是准确无误，合乎规范的，但我们经常收到中小学、师范学校师生的来信，指出教材中不规范甚至错误之处。您认为造成这个问题的原因是什么？

答：课本是教学之本，不允许出现错误或疏漏。内容的错误、编校的错误乃至印制的错误，都是误人子弟的，必须一律杜绝。至于语言的规范，则是一个复杂的问题。编辑写的文字应合乎规范。课文，文言文和古代白话文不算，单就五四以来的白话文来说，行文就有许多差异。其中大多数是历史上的名篇，不便改动，同时，也不宜用今天的规范尺度加以衡量。是否可以

* 原载《语文建设》1995 年第 8 期。

不选这些文章为课文？不可以。这些文章不仅有很高的语言艺术，足资学习，而且可以增进文化素养和爱国精神。对于课文语言的规范，不可理解过狭，也不要只注意这一个选材标准。

造成错误和疏漏的原因不外三条：一、重视不够；二、要求不严；三、编审和校对的制度不够周密。

问：目前教材中一些错误和不规范问题，您认为有什么好的方法可以改进？

答：首先是编辑、出版、印刷单位予以高度重视，把保证教科书的质量当作大事来抓。时下粗制滥造的读物很多，几乎无错不成书，千万不要沾染上这种坏风气。其次谈谈具体做法。五六十年代的课本很少错误和疏漏，那时候我从事语文课本的编辑工作，了解一些情况。介绍一下那时的做法，供参考。1. 编写者认真负责，一丝不苟，出手的原稿力求正确无误。这是基础，是最重要的。编写者要养成认真负责的良好习惯。当时，出现纰漏过多的，曾受到批评。2. 三级审查。原稿须过三关，经过三级审查。（1）编辑室主任审查；（2）出版社主管副总编辑审查，当时的主管副总编辑是吴伯箫同志；（3）总编辑审查，当时的总编辑是教育部副部长叶圣陶先生兼任。这三道关，都不是走过场。经过叶老和吴老审读的书稿，总是提出几十条修改意见。3. 书稿检查科检查。当时设有书稿检查科（可惜后来撤掉了），负责检查各科书稿。语文书稿经过检查，往往带回来上百条意见。原稿经过这三审一查，推敲修润后才发稿。发稿后要严把校对关。4. 三次校对和一次对红。校对，坚持三校，而且每次校对，都一面由专业人员校对，一面由责任编辑校读。经过三校，须改正之处不多了，但最后一次改版，仍要由责任编辑下厂亲自对红。5. 经过以上一系列步骤印出来的书，错误与疏漏确实少多了，但仍不免偶有发现。而且语言文字水平的提高，几乎是没有尽头的。所以除了内部严格要求，还大力争取外力的协助。60 年代初，有一位上海的胡先生写来一封长信，对语文课本的语言文字提出许多修改的建议。叶老对此十分重视，亲自复信，指示中语室认真研究吸收，并且决定此后的语文书稿都送请胡先生审读。日常收到的读者来信，每信必复，每封复信都要经过室主任过目。以上种种，是二十多年前的事情，做法未必全都适合于今天，但那认真负责、一丝不苟的精神是应该继承和加以发扬的。当前出现一些问题，从根本上说，是这种精神有所削弱。如果编辑出版单位都重视起来，语文教科书中的错误和疏漏是可以减少到最低限度乃至逐步消灭的。

1995 年 3 月

叶圣陶先生和教材建设*

叶圣陶先生是“五四”以来杰出的文学家、教育家和出版家，他的影响是巨大的，深远的，无愧于“一代宗师”的美誉。

叶老自从走上教坛，即开始探索教育的革新，终生不懈。他的教育实践的一个主要方面是从事教材建设。20 世纪初，我国废科举办学堂，大多数科目的教材借自欧美和日本，只有国文一科沿袭老例。叶老开始编写国文教材是从革新着眼的。叶氏的新教材问世，使语文教育面目一新。据已有的资料来看，从 1932 年的初级小学《开明国语课本》，到 1948 年的《文言读本》，这二十多年间，叶老自编或参与编写了十多套国文教材，其中有的教材，如《国文百八课》(同夏丏尊合编)，编排体系、课文选取、教学指导诸方面都达到完善的程度，堪称语文教材的经典，至今仍有巨大的影响。

1949 年新中国成立以后，叶老担任教育部副部长兼人民教育出版社社长，他一方面肩负领导全国教育改革的主要任务，一方面仍以极大的精力领导中小学教材的改革和建设。叶老的领导是具体的，不限于制定方针和原则，深入到一字一句之中。“文革”前 17 年间，我社出版的一代又一代教材，那初稿集合起来真要“汗牛充栋”，其中绝大部分是经叶老亲自审阅和修改的。语文教材更是一字一句一个标点都凝结着叶老的心血。粉碎“四人帮”后拨乱反正，教育部召开教材会议，编写各种新教材。这时叶老年事已高，不再担任我社领导工作，可是仍然十分关心和热情指导新教材的编写。我们编写语文课本，一些重大问题经常向叶老请教，一些新选的课文总要请

---

* 原载《课程·教材·教法》1997 年第 12 期。

他审阅。叶老有问必答，而且说得详细具体，循循善诱。叶老领导教材的编写，仍然是从革新着眼的。他总是充分肯定教材建设的成绩，又总是引导我们看到不足，不懈地走革新的路子。

十几年前，他曾语重心长地说，语文教材的问题50年来没有解决。这可以算是叶老给教材工作者留下的一道试题。我想，他在期待着看到圆满的答卷。

叶老的教材编写思想，体现在他的许多文章和编写实践中，博大精深而平易近人，不是简短的文字可以尽述的。在这方面已有专家记述（如顾黄初《语文教育论稿》），这里只举出我经历的一件事。

1962年，叶老根据当时语文教材编写的状况，曾写给我社语文编辑人员一封长信，在这封信中，叶老全面地、详细地记述了他对若干问题的见解，道出了他几十年的宝贵经验，直到今天，对语文教材的编写仍有重要的指导意义。

课文是中小学语文课本的主干部分，决定着课本的质量和面貌。叶老首先关注的是选文，他说："我尝谓凡选文必不宜如我苏人所谓'拉在篮里就是菜'，选文之际，眼光宜有异于随便浏览，必反复讽诵，潜心领会，文质兼顾，毫不含糊。其拟以入选者，应为心焉好之，确认堪以示学生之文篇。苟编者并不好之，其何能令教师好之而乐教之，学生好之而乐诵之乎?""欲一册之中无篇不精，咸为学生营养之资也。"叶老还指出，有些选文，为适应教育的需要，不免要作文字加工，以期文质兼美。他说，"加工之事良非易为"，既要深味作者的意旨，就其所短者而加工，又要"适应其风裁，不宜出之以己之风裁"。

这里，对语文教材的选文提出了严格要求。他提出选取的课文要教师乐教，学生乐读，要作到这一点，选者必须先"心焉好之"。在历次制定的教学大纲中都列出选材标准若干条，而一个"乐"字（包括"好"字），乃是选材标准的第一要义，却常常被忽略。文质兼美的文章，由于主题性质、程度深浅、行文特点的不同，并非都是乐编、乐教、乐学的。如果学生不感兴趣，文章再好也收不到应有的教学效果。他还指出选文要"一册之中无篇不精"，篇篇都含有高营养。这是对选材的很高的要求，而理想的好课本，是不应该有毫发之憾的。他对于文字加工的见解也十分重要和确当。

在指导编写过程中，叶老是自己主张的严格的实践者。回想那些年，经过编辑人员推荐和集体讨论，再由室主任审定的选文送给叶老最后审定，十篇能肯定三五篇就不错了。肯定下来的文篇，送回来时总是贴着小小的纸条，上面是叶老写下的修改意见，字体工整，连一个标点也不马虎。有些课文需要动“大手术”，如由编辑人员起稿的《牛郎织女》《孟姜女》，以及译文《最后一课》，都是由叶老召开修改会，与有关人员共同商定。修改一篇文章要好几天。以《最后一课》为例。参加修改的有语文室的几位负责人和这册书的责任编辑，还有两位，一位精通法文，一位精熟普通话，读一句课文，先请精通法文的编辑对照原文，品评文句是否准确，再由大家推敲，对文句进行修改。经过调整的句子还要请精通普通话的编辑品评是否合乎语言的规范和习惯。这样通过“三关”，最后由叶老裁定。气氛和谐而热烈。这样的修改，不仅有效地提高了文章的表达质量，而且参加者都深深受益。叶老对选为课文的自己的作品也同样严格要求。例如他的童话《蚕和蚂蚁》，最初作《蚕儿和蚂蚁》，是根据一位朋友的建议把“蚕儿”改为“蚕”的。

关于课文的选取，叶老还认为，“绝不宜问其文出自何人，流行何若，而唯以文质兼美为准”。这一点叶老的实践也足为楷模。在入选的课文中，诸如朱德同志、郭沫若同志的诗文都曾进行修改，而且得到了他们的同意。郭老的诗《天上的市街》，课本中改为《天上的街市》。1978 年编写新教材时，我们拟选取当时颇为流行的郭老的《水调歌头（大快人心事）》为课文，送叶老审阅。叶老在复信中指出，其中有六句平仄不合词律，认为不宜选用，使我们纠正了一次只看人名和流行情况，未能坚持“文质兼美”的失误。

其次，叶老对语文教材的注解和练习也表述了十分重要的意见。他说：“我以为作注之事略同于语文教学。吾侪虽伏案命笔于编辑室而意想之中必有一班学生存焉。凡教课之际宜令学生明晓者，注之务期简要明确。……学生所不易明晓者，必巧譬善喻，深入浅出，注而明之。”“语文课令学生学习若干文篇，无非举一隅耳，意盖期学生能以三隅反……欲臻此境，而我人亦与有责焉。”他又说：“练习题要就本课文的内容与形式，抉其至关重要的若干点，俾学生思考之，辨析之，熟谙之，练习之。”“宜通一册之诸课而为安排，宜通六册之诸册而为安排，始可面面俱到，无遗无漏。吾人尚少措意，今后所宜致力也。”

从上面引录的文字可以看出，叶老对于注解练习的见解有三个要点。一是要从教学的实际出发，为师生着想；二是要着眼于启发学生的思辨，俾学生能举一反三；三是要从全局着眼，统筹安排。远在三十多年前就提出这些见解，不能不叹服叶老的远见卓识。以上所讲只是叶老的教材编辑思想的一隅。

叶老的教材编辑思想，看似平易，实则精深，是深入浅出的典范。它既深深植根于我国语文教育传统，又吸收了西方教育的积极因素；既集中了他在教育实践中的切身经验，又渗透了他在文学方面的深厚素养。它代表着当代中国教材编辑思想的高峰，有重大的理论意义和实践意义，对今天语文教材的编写，仍有重要指导意义。

这些年来，我国教材建设执行“一纲多本”的方针，打开了百花齐放的新局面，多套语文教材各具特色。但是，在整体构思、选材、注解、练习诸方面还有许多不足，还有待以叶老的教材编辑思想为指导，进一步革新和改进。

当前一个突出的问题是应试教育愈演愈烈。叶老的教育思想以及教材编辑思想的基本点在于启发学生积极思考，培养学生的自学能力。“教是为了达到不需要教”，要求学生借教材为例能举一反三，要求学生思索、辨析、熟谙等，都鲜明地表现了叶老的这个思想。十多年前，叶老为了消除应试教育的危害，还曾公开向全国发表过呼吁。各级教育领导部门也不断明确指示，要改变应试教育为素质教育。可是，时至今日，情况越来越令人忧虑。由于中考、高考严峻形势所迫，学校不得不强令学生长时期埋头在浩如烟海的作业里，超负荷的、紧张的脑力劳动，争奇竞难、死背硬记的学习方法，窒息学生的聪明才智，损害学生的健康，而充塞头脑的不少只是应试有用的“敲门砖”。极而言之，这不是培养而是摧残人才。叶老若有知，会发出更强烈的呼吁的。

禁而不止，愈演愈烈，有其原因。这是个复杂的社会问题，只在教育内部想方设法是难以奏效的，需要进行综合治理。将解决应试教育问题放在当前教育改革的最主要的地位，列入国家治理教育的重要议事日程，已经刻不容缓了。

1997年4月初稿

语文教学

谈谈中学语文教学方法问题*

这次来上海调查研究，蒙教育局的同志积极协助，我们在短短几天里学习到许多东西。上海有不少老师，已经开始进行教法改革，初步总结多年的经验，推陈出新，做出了不少的成绩。同志们说，现在是教学改革的春天，是不错的。现在就了解的情况，谈谈中学语文教学方法问题。

调查研究　有的放矢

提高学生的读写能力，要想用较少的时间收到较大的效果，一个重要的问题就是减少盲目性。将情况了解得透一点，对症下药，可以免去不少无效劳动。黄浦区的陈老师说，我看最大的问题不是文道关系问题，而是脱离实际。因为脱离实际，很多劳动是无效的。他对学生进行了调查研究。他是一查学习方法、学习习惯，了解学生在学习语文的方法与习惯上存在什么问题；二查学生基本功，字词句篇各方面存在什么问题；三查学生的口头表达能力；四查学生课外阅读的情况。他还给学生建立了档案卡片。陈老师从调查中发现学生有三方面的差距：一、文的水平与理的水平有差距，理科很好，文科不大行；二、书面与口头表达能力有差距，学生写还能写两下子，动口一说就说不上来了。三、作文的结构还勉强可以，但基本功差，掌握整个文章的篇章结构能力高于遣词造句的能力。标点点错、句子造错的情况很多。他针对这些情况制订了教学方案。这个方法符合从实际出发的精神，值得提倡。要多快好省地提高教学质量，只有情况明才能方法对。

---

* 本文是作者在上海市进行调查研究时的讲话。

重在基础　讲求实效

同许多老师接触中，我们感到抓紧基础训练的问题，已经引起了上海老师的广泛重视。什么是基础训练呢？什么是基础呢？咱们中学语文花样很多，语修逻文、字词句篇，还有一些其他的东西。有的老师讲，基础应该是字词句篇，并指出，语文教学有这样的情况，有时把语文课讲成政治课，有时讲成文学课，而语文基本训练还没有能够落实，认为要又快又好地提高学生的读写能力就是要革除“积弊”，抓好字词句篇的训练。我想是很有道理的。文章有多种多样的形式，最基本的、共同的东西是遣词造句、布局谋篇。学生要掌握很多能力，字要写得端正，词要用得对，句子要通顺，篇章结构要完整，要有中心，有一定顺序，这恐怕是主要的问题吧！加强基础训练在当前更有重要的意义。一个重点中学作了调查，高一理科班的新生，入学时总分都在 350～400 分，可是这些学生语文的基本训练怎样呢？不会给汉字注音的占 75％，标点点不准或不会点的占 95％，遣词造句不及格的占 40％。这个学校的情况说明当前阶段加强基础训练何等重要！因此语文课要老老实实地、踏踏实实地、朴朴素素地把字词句篇问题解决一下。我们这段时间听了 10 多堂课，老师们各有特色，绝大多数老师都扣紧了课文，注重字词句篇基础训练，是讲求实效的。

进行字词句篇的训练要抓住重点。就是说，教一个单元不能面面俱到，要抓一两个重点。同样，教一篇文章也是如此。比如师大一附中的老师讲《第比利斯地下印刷所》这一课文，他们就着重讲表示方位、顺序、数量的词。师大二附中陈老师讲《与朱元思书》，这是他们自己选的，里边有一句叫“负势竞上”。这一句，大概最难理解的是一个“负”字，这里“负”的讲法跟一般的讲法不一样。这个老师抓住这个字给大家讲清楚。他讲了一个“负荆请罪”，一个“负隅顽抗”，学生经过词的辨析，感到两者不一样，“负隅”是凭借险要的地势的意思。这时，他就讲“负势竞上”的“负”也是凭借的意思。这就是抓住重点。这样抓住重点，一篇文章就不会讲得很长很长，很多很多。交大附中沈蘅仲老师，他搞了一个“词语表”，他将课文里要学生掌握的词语拣出来，然后让学生自己去查字典填到词语表里边去，表上的项目包括词的读音、词性、解释，还要举两个例句。第一个例句是书上的，第二个要学生自己造。把这样的表发给学生，填了以后，老师还要批改，批改以后挂在班上，大家来参观、观摩。最后，学生把一叠词语表订在一起，就是学生这个学期学习词语的成果。

总之，提倡下一点笨功夫，扎扎实实地学一点东西。

精讲多练　讲练结合

为什么要提倡精讲多练呢？按照现行的教学计划，我们从小学到中学语文课大致上是 3 000 课时左右。在这 3 000 课时里，假如只是教师在表演，学生当听众，那么就等于学生听了 3 000 个小时故事。这种状况对提高学生读写能力显然是不利的。假如我们从 3 000 个课时里，分出三分之一的时间，让学生自己动手动口，效果一定大不一样。精讲多练，不仅是为了多一点练的时间，还有它更进一步的好处，就是便于调动学生的积极性。师大二附中有一个学生对我们说，过去上语文课，老师讲得太啰唆了。课文我们都懂，老师总是爱拆开来讲，拆开来讲就没有味道了。孩子的话，我看是意味深长的。

讲和练在我们教学中间往往是结合在一起的，有时候是寓讲于练。就是说不要讲多少话，通过练习学生弄清楚了，就行了嘛！格致中学高润华老师讲《毛主席关怀警卫战士学文化》，抓住了“慈祥的笑容”“和悦的目光”“商量的口气”这几个短语，来一个遣词造句的训练，要同学用这几个词为纲目，发展开来，讲课文里面其他的内容，然后归结到讲毛主席对警卫战士的关怀。这样，讲练结合，既讲了词语，又讲了课文的思想内容，完全不必要另外加上一些政治术语了。又如，复兴中学黄老师，讲《哥德巴赫猜想》这篇文章。什么叫“哥德巴赫猜想”呢？这是一个很难解决的问题。黄老师要一个学生事先做了准备，在堂上说一说什么叫“哥德巴赫猜想”，好像在讲科学知识，但是黄老师把它变成了语文课，作为学生口头表达的训练。学生一边说，老师一边纠正，同学们一边评论，相当于一次小的口头作文。还有的老师课堂运用朗读的办法进行口头表达能力的训练。有些适合朗读的文章，如《我们爱韶山的红杜鹃》等，读一读是很好的，读了就不一定讲了，学生恐怕都懂得了。有的当然还要讲。

我在育才中学听了一堂课，讲的是《送瘟神》，对自己的启发很大。咱们上海称这种方法叫“读读议议”。这堂课主要让学生分小组来议。我参加了一个学生小组，学生很能动脑筋，提出的问题有些我都没有想过。“天连五岭银锄落，地动三河铁臂摇”。为什么选“五岭”和“三河”呢？是不是说有的在北方，有的在南方，代表我们祖国大地呢？在小组里就作了一番议论。老师一边听学生议论，一边给学生解答问题。有一些问题不是经过深思熟虑是很难提出来的。比如有一个孩子问我，“千村薜荔人遗矢，万户萧疏鬼唱歌”，“薜荔”是一种植物，是名词，“萧疏”是形容词，在对偶句中不是要同一词性来相对吗？这里为什么不是同一词性呢？我一时也回答不上来，现在我还回答不上来。我看这也是一种练，这是一种议论的训练，口头表达的训练，思维的训练，阅读的训练。只有通过学生的一番议论，老师才能真正讲得精。这样的方法比较生动活泼。曹杨二中有一位老师教《岳阳楼记》，也是让学生议。结果，有些学生提出的问题出乎老师意料之外。有个学生提出，通常的文章总是先写优点，再写缺点，先写高兴的事，后写不高兴的事，这个范仲淹老先生怎么跟别人不一样，倒过来了呢？先写悲哀的一面，忧郁的一面，后写高兴的一面。这样的问题，我想老师在备课中间是未必想过的。这样一个办法，我是在精讲多练这个题目上讲的，事实上包含的好处还要多一些，最大的好处是充分调动了学生的积极性。

因文解道　因道悟文

因文解道，就是凭借语言文字来讲解思想内容。因道悟文，就是反过来又要凭借思想内容让学生领会语言文字的妙处。这是一个不断反复加深的过程。我的意思是避免单纯地、孤立地讲语言文字，把语言文字的讲解和课文内容的讲解结合起来。育才中学段力佩校长有一句话是很精辟的，他说：“警句离开了思想内容就毫无意义。”这句话是很有道理的。于漪老师说得好：“语言这个东西是表情达意的，离开了情和意来讲词句，就很难讲活，就讲不好！”所以，字、词、句、篇的解释要和课文内容的解释结合起来。比如有的老师教《白杨礼赞》，在讲开头一句“汽车在望不到边际的高原上奔驰，扑入你的视野的，是黄绿错综的一条大毡子”时，特别讲“扑”字，这很有道理。这“扑”字是用得好，老师举了其他的字，都不如“扑”字好。好在什么地方呢？车在动嘛！坐着车在跑，就仿佛景物扑进眼一样。还有老师讲《我们爱韶山的红杜鹃》，着重讲“我伫立橘子洲头，漫步湘江两岸；回清水塘，登岳麓山；徘徊板仓小径，依恋韶山故园”。他讲几个动词：伫立，漫步，回，登，徘徊，依恋，结合课文内容讲，讲得很生动，学生既懂了词义，又懂了文章的思想内容。有的同志说词不离句，句不离篇，所以要结合起来，就要因文解道，因道悟文。我们语文课不是要培养学生能力吗？能力这个东西是活的，所以要让学生学会活用。这样做还有助于调动学生的学习积极性，使学生对语文有兴趣。在过去不大敢提“兴趣”这个词，其实在正确思想指导下的兴趣，往往对促进一个人努力奋斗起很大作用。因此，我们的教学一定要引起学生的兴趣，这是很重要的。

不拘一格　因文定法

我们听了很多课，听老师们谈了许多意见，接触到许多不同风格的教学，比如，有的老师长于精雕细刻，有的长于放手调动学生积极性。就是同一位教师的教学法也可以因文而异，因学生而异。

什么叫因文而异？就是不同的文章可以采取不同的教法。适合朗诵的就多朗诵，适合讲解的就多讲解，适合学生看的，让学生看一下就行了。我们说语文课不要讲成政治课，我体会这种提法是指教学总的倾向说的，就是说，不要单纯地搞思想内容的文章分析，不要讲成政治课。但是，有些思想性很强的课文，我们也可以多讲几句政治。我们说课文不要讲成三大块，时代背景，作者介绍等，但有的文章就是要介绍作者，比如鲁迅、郭沫若能不介绍吗？一些古代作家能不介绍吗？有些文章讲了时代背景，才能对课文有所理解，那就要讲一点，但不要讲得太多。教学方法不是绝对的、死板的，可以灵活运用。这样可能便于发展学生的读写能力，越发展越活，而不是越发展越呆板。

什么叫因学生而异？话又回到了我讲话的开头。学生的学习情况是复杂的。他们普遍的不足是什么？他们之中好中差的情况又各是什么？教学方法要力求有针对性，根据实际情况的不同而有所不同，这样才能打动学生，让他们感到解渴。

1978 年 2 月

提倡百花齐放*

《语文学习》组织 30 年笔谈，要我写一些话。

30 年的时间不算短。我们的语文教学是有成绩的，但是也走过弯路，总的说来，变化不大，进展不快。

什么原因呢?

语文教学自身复杂，许多问题长期难以解决，这是一个原因。林彪、“四人帮”给语文教学造成灾难性的破坏，这是又一个原因。还有一个原因，就是在语文教学的研究中贯彻“双百”方针不够。前两个原因，大家常常说，这里不多说了。后一个原因，我想多说几句。

回想 50 年代，我们搞过文学、汉语分科教学。那一次是在党中央直接关怀下进行的，准备工作长达四年之久，试验学校多至 70 余所。但是，教材刚刚在全国正式使用就停用了。60 年代，又编写新的教学大纲和教科书。这一次是中宣部负责同志直接领导的，准备工作也是长达三四年之久。但是，刚刚开始在全国正式使用，到了 1966 年，被扣上“封资修大杂烩”的大帽子，打入了十八层地狱。

60 年代的一次，翻车的原因是极不正常的，无须多谈。50 年代那次的做法，也是不利于教学改革的。教科书编得有毛病，可以修改；看法不一致，可以讨论；不宜在全国推行，可以在部分学校里继续试验。就一下子停用了，连经验教训也难以总结。好比一出长戏，就说 5 幕 10 场吧，一幕还没演完就草草收场了，叫剧评家和观众怎么评论，叫导演和演员怎么研究改

---

* 原载《语文学习》1979 年第 4 期。

进呢?

积30年之经验，一言以蔽之：要百花齐放。

语文教学有其应该统一的一面，那就是全国要有通用的教学大纲和教科书；但也有其不应强求统一的一面，那就是语文教学的科学研究和试验。在不统一中求统一，才能不纷乱，在全国范围内有一个共同的，至少是大体一致的标准；在统一之下搞不统一，才能不僵化，统一的东西才能不断得到改善和提高。两者是相辅相成的。

语文教学研究是科学研究吗?是的。这项科学研究工作，涉及文学、语言学、教育学、心理学等许多领域，它的试验周期很长，往往要几年才能见出一点结果。如果用行政命令的办法简单地处理问题，不允许不同的主张、不同的设想和方案都摆出来，让它们在辩论和试验中显示其优点和缺点，这个研究是搞不好的。

目前我们在编写一套全国通用的教学大纲和教科书的同时，要坚决贯彻“双百”方针，大力开展语文教学和科学研究，提倡各种不同意见自由讨论，提倡各种不同改革方案进行试验，提倡有条件的地方自编别具特色的试验教材，各种教材互相竞赛。试验教材确实好的，应该推荐为通用教材。有了这几个提倡，研究空气会大大活跃起来。

当前，总的形势非常好，给语文教学的科学研究提供了前所未有的良好条件。几十年没有解决的问题，真正有了解决的希望了。

拿起笔来谈30年，有许多话要说。只说这一点我认为紧要的。也许未必对，供讨论研究。

1979年4月

要让学生多动口动手

有些老师说："语文教学要让学生多动口动手。"这话很有道理，我想就此发一点议论。

动口，指的是进行各种形式的口头表达的训练；动手，指的是进行各种形式的笔头表达的训练。口头训练和笔头训练，是语文教学中相得益彰、不可偏废的两项基本训练。"语文"这个词，本来就取义于"说出来的是语，写出来的是文"，就指的是这两项基本训练。

为什么要提倡学生多动口动手呢？

中学设置的各门课程，有些是着重让学生掌握知识的，有些是着重让学生掌握工具的。语文课属于后者，它除了有很强的思想性而外，还有很强的工具性。着重掌握知识的课程，也要求学生动口动手，但比较起来，着重掌握工具的课程，让学生动口动手显得更加重要。这样的课程，让学生学习某些知识只是第一步，还要进一步使所学的知识转化为技能和熟练技巧。要实现这个转化，是非多动口动手不可的。

学习使用任何一种工具，都有一个从知识到技巧的转化过程。简单些的，像学习使用锄头、斧子，复杂些的，像学习开动汽车、拖拉机，都需要在学习一定知识的基础上进行多次的实地操作，才能获得运用这些工具的技巧。一个人如果读了几本关于拖拉机的书，拖拉机连摸也没摸过一下，就自认为会开拖拉机了，大家一定会笑他。笑他什么？笑他不懂得只有动手练习才能学会驾驶的道理。同锄头、斧子或者汽车、拖拉机相比，语言这种工具要复杂得多，学习起来也要困难得多。把纷繁复杂的客观事物以及由此产生的人们的思想感情借助语言准确生动地反映和表达出来，是十分不容易的。

在学习的过程中，不强调多动口动手怎么行呢？

古代一些语言大师学习语言的经验，都说明多动口动手的重要性。他们不怎么强调说的训练，只强调多读多写。唐代大诗人杜甫，就是得力于多读的，“读书破万卷，下笔如有神”是他的经验谈。宋代大诗人陆游“日课一诗”，传为佳话。他曾在自己诗的跋语中说，在70多天内写了100首诗，可见一天还不止写一首诗。苏轼记载欧阳修谈写作经验的话是这样的：“无它术，唯勤读书而多为之，自工。世人患作文字少，又懒读书，每一篇出，即求过人，如此少有至者。”一个“勤”字，一个“多”字，实在说得好。古往今来有成就的作家，都在语言的运用上下过一番苦功，动口至于“舌疮”，动手至于“肘胝”，并非过于夸张的话。虽然曾有人幻想梦见笔生出花来，或者由鬼官施行法术换一副玲珑的肝肠，便可以在一夜之间变成大作家，但幻想只是幻想，借此成功的一个也没有。

今人怎么样呢？伟大的鲁迅在一封信里说：“文章应该怎样做，我说不出来，因为自己的作文，是由于多看和练习，此外并无心得和方法的。”他在这里把“多看和练习”看作自己学习作文的唯一经验和方法。我们曾在上海等地，找了几十个语文程度较好的中学生，向他们请教语文是怎样学好的。他们无例外地谈到，得力于多读多写。应当说明的是，“多写”大体上相当于“多动手”，“多读”与“多动口”是有区别的，但精神是一致的。

古人这样说，今人也这样说，老头子这样说，小孩子也这样说，能不能认为多动口动手在一定范围内反映了学习语文的规律性呢？我看这样认为是并不过分的。

自然，我们讲多动口动手，不是要跟在前人的屁股后头亦步亦趋，不是只讲多不讲巧，不是一味地提倡多，不是越多越好。我们肯定前人的经验，目的是要经过分析，剔除其中不合理的成分，吸收其中合理的成分。我们的多动口动手，要以科学知识为引导，要讲求科学方法，使之收到事半功倍的效果。但是，多还是要多一点的，因为经验证明，不动口动手不行，少了也不行。不必付出艰苦的劳动就能轻而易举地学好语文，是永远办不到的。

在语文课里，要指导学生学习一大批课文。这些课文是运用语言的范例，让学生学习这些范例，无疑是很重要的。但是课文所体现的运用语言的经验，是他人或前人的经验，要使他人或前人的某些经验转化为学生自己的经验，只靠耳朵听、眼睛看不够，主要是靠动口动手。教师指导学生学习课文应该把着重点放在动口动手上。据了解，有些教师不是这样做的，他们把着重点放在教师的讲解上。一连几个课时都是由教师讲，学生不动口不动手，只是坐在那里听。就是偶然要求学生回答几个问题或者抄一点笔记，目的也不在于进行语言的训练。这种情况应该改变一下。教师的讲解要精练扼要，富于启发性，主要由学生自己动口动手。回答问题，朗读课文，背诵课文，复述课文，简述课文，讲解某些语句，就某些问题进行讨论，讲故事，阐明观点，说明事物，等等，都是动口的练习方式。抄录词句，缩写课文，书面回答问题，写读书心得，写局部，写片段，写观察记录，作文，等等，都是动手的练习方式。与课文紧密联系，借助这些方式的灵活运用，可以把语文课上得生动活泼，切实有效。

在语文课里，还要指导学生学习一些语文知识，如语法、修辞、逻辑、写作方法等。这些知识，是语言的一些规律性的东西，让学生学习是十分必要的。但学习这些知识，仅仅弄清楚书本上是怎么讲的还不够，还要使之转化为学生的语言实践，对学生的说和写发生积极的影响。实现这个转化，也非要多动口动手不可。

提倡多动口动手，并不意味着要加重学生的负担。我们不妨算一笔账。五年制中学的语文课假定是 1 000 课时吧，如何合理使用这 1 000 课时，对于提高语文教学的质量是很重要的。可能有两种办法。一种办法是只讲不练或者多讲少练，大部分时间用于教师的讲授，学生很少动口动手。另一种办法是精讲多练，教师只扼要地讲解，在关键的地方加以指点，大部分时间用于学生自己动口动手。一个是学生在 1 000 课时中只是用耳朵听，一个是把其中大部分时间（例如五六百个课时）用于进行口头或笔头的练习。两个办法哪个好呢？我想大家会异口同声地说后一个好。只要合理运用课内时间，就可以做到让学生多动口动手，不必加重课外作业的分量。

真正搞好学生的动口动手，还有许多问题要进一步研究。比如说，提倡学生多动口动手，绝不是说可以降低教师的主导作用，而是对教师指导的要求更高了。正如有的同志说的，要求于教师的不是当“演员”而是当“导演”，教师要怎样当好这个“导演”呢？再比如说，动口动手要与课文密切结合，应该在各个学段提出怎样的要求、进行怎样的安排才能组成合乎科学的教学体系呢？凡此种种，都有待于在实践中总结经验。

还有一个多字，是多动脑。多动脑不是孤立的，是与多动手动口紧密相连的。多动脑，也有许多讲究，这里不说了。

要求学生动口动手，教师必须先动口动手。有的教师懂得这个道理，要学生背诵，教师也背诵，要学生作文，教师有时也作文，这种精神是很好的。但我讲的还不止于此。一个高明的语文教师，除了具备渊博的学识和纯熟的教法外，还要具备较高的口头表达和笔头表达的能力。他应该会说流畅的普通话，善于朗读，能够准确简洁、有条不紊地讲话，应该娴于书法，工于遣词造句，能够写一手好文章。有了这样的本领，上起课来会左右逢源，肯定是可以收到好效果的。动口动手不仅应该列为教师进修的重要内容，而且应该引起师资培训单位的重视。

1979 年 6 月

农村中学语文教学大有可为

在各地中学语文教学改革的试验中，农村中学的试验是引人注目的。已经知道的，像河北的饶阳、遵化，陕西的千阳中学，四川的黄甸小学初中班，都各按照自己的条件，进行了力所能及的改革，取得了较好的成绩。不知道的，也许还有很多。

过去总认为，教学改革只有城市的重点学校才能搞，现在看来不见得。条件优越的学校固然能搞，条件差的学校也能搞。条件不同，搞法也就有异。可是只要搞起来，都能够不同程度地有所前进。

过去总认为，搞教学改革必须是呱呱叫的好教师，现在看来不见得。一般的教师乃至业务水平差一些的教师也能搞。要紧的是要爱好语文教学这个事业，要有志于这项改革，要肯动脑筋肯吃苦。有了这一些，业务水平差一点儿，也是可以在教学实践中赶上去的。

过去总认为，搞教学改革就要自己自编新教材；现在看来也不见得。现行的通用教材经过修订已有一些改进，今年还要根据中学语文教材改革第二次座谈会的精神再进行一次比较系统的修订，作为正式的课本稳定下来。许多学校的经验证明，按照这套课本扎扎实实地进行教学，是可以提高教学质量的。以这套课本为基础，视需要与可能适当加以调整，例如增加一些课文和补充一些练习，更会较为显著地提高教学质量。限于纸张印刷等条件，自编教材是困难的；但适当做一些调整，是并不十分困难的。

那么，在农村大面积上搞语文教学改革，主要应该注意些什么呢？

第一，要明确教学改革的目的。各地教学改革的试验都有比较明确的目的，都着眼于改变语文教学中少慢差费的状况，有效地提高学生理解和运用祖国语言的能力。这一条，对于所有学校的语文教学都是适用的。这一点明确起来，有了集中的目标，知道劲儿朝哪儿使，事情就好办了。解决这个问题，要研究许多大学问。但是我们也可以从小处从实处做起。在教学过程中仔细找一找少慢差费都表现在哪些地方，然后针对存在的问题采取一些力所能及的措施。看准了一点做一点，一步一个脚印，不搞表面上的轰轰烈烈，务求得到实效。

第二，大力改进教学方法。教法的改革是大有可为、大有潜力的。它不需要很多的物质条件，因此也是大多数学校能够办到的。应该把主要力量用在这个上头。讲改进，就先要挑毛病。目前在教法方面存在哪些毛病呢？各地各校不一样，这里只能笼统地说一点。我觉得，重灌输不重启发学生自学的兴趣；重讲解不重指导学生进行语文训练；重机械地记忆语文知识不重培养学生的语文能力，这几样是主要的毛病。改革就是要革掉这几样毛病。怎么改革呢？不是把讲解、记忆等统统不要了，而是要把重点改变一下。在教学中要注意引导学生自学，启发他们的学习兴趣；要实行精讲多练，着重提高学生的语文能力，即听说读写的能力。还有一样儿，就是要把语文训练同提高学生的思想认识、发展学生的观察能力和思维能力以及丰富学生的知识结合起来，把语文训练搞得生动活泼。

第三，搞好在职教师的进修，提高教师的业务水平。这一条十分重要。这个问题重在教育行政领导部门、教学研究单位、学校领导以及教师本人都重视起来，共同努力才能解决得好。农村的语文教师负担比较重，学习的条件比较差，进修是有很多困难的。希望有关方面充分重视起来，能逐步予以改善。改善不是一朝一夕的事，进修却刻不容缓。该怎么办呢？就教师个人说，不外一个“爱”字一个“钻”字。从事语文教学工作，可能有两种不同的态度：一种是把教书当成“啖饭之道”；一种是把教书当成一番事业。要问我赞成哪一种？我赞成后者。一个语文老师，应该热爱自己的工作，应该有志于从事这一项对人民、对“四化”大有益处的事业，应该下决心在这个岗位上干出一点名堂来。有了这一点精神，持久不懈地钻下去，尽管条件困难，也是可以逐步提高业务水平的。

我对农村中学语文教学了解不多，上边的一番话未必都对，对的也未必都有用，仅供老师们参考。

1981 年 1 月

文道统一　寓道于文

——试谈中学语文教学中的思想政治教育

提高学生理解和运用语文的能力，是中学语文教学的基本任务，语文教学必须很好地完成这项任务，对于这一点，大家的看法是一致的。语文教学在进行读写训练的过程中，会起到思想政治教育的作用，对于这一点，大家也没有异议。本文打算就中学语文教学中的思想政治教育问题做进一步探讨，着重谈两个问题：一、怎样看待语文教学中的思想政治教育，它是不是语文教学应有的任务；二、语文教学中的思想政治教育有什么特点，正常的思想政治教育同极“左”的“思想政治教育”有什么区别。不当之处，请大家批评指出。

一

语文课具有工具性和思想性这样两种性质。

中学语文课不是单纯的语言文字课。在中学语文课里，学生要学习的主要材料是几百篇文章以及必要的语文知识。单就这一大批文章说，尽管有古有今，有中有外，题材、体裁和风格也多式多样，但有一个共同点：都是一定的思想内容和语言形式的统一体。其思想内容，绝大多数是关系到政治思想和道德情操的，其中有一些有很强的感染力。这是一个事实。在语文课里，学生还要练习写，光是成篇的作文练习，五个学年至少有几十次。作文尽管深浅不同，内容各异，也有一个共同点：都是一定的思想内容和语言形式的统一体。作文反映学生一定的思想倾向和生活情趣。这又是一个事实。

上面两个事实说明，语文课的思想性不是外加的，是它本身所固有的。不管人们的主观认识如何，指导学生进行阅读训练和写作训练，必然不仅收到语文教育的效果，而且会收到思想政治教育的效果，不管你意识到了没有。这种思想政治教育的效果，可能是正面的，如果进行得正确的话；也可能是反面的，如果进行得不正确的话。总之，即使你下决心要它不产生任何政治思想教育的效果，恐怕也是不大可能的。

正是因为语文课有思想性，历史上任何一个统治阶级，都很注意在语文课里对青少年进行思想政治教育。有的明白地宣告，有的虽不明说，实际上也是这样做的。

我国历代的许多启蒙读物，都注意了政治思想方面的要求。汉代的《急就章》是我国现存的较早的识字课本。它开宗明义，说是“罗列诸物名姓字”，但仍然写入歌颂汉王朝功业的文字：“汉地广大，无不容盛，万方来朝，臣妾使令，边境无事，中国安宁，百姓承德，阴阳和平。”这显然是为着达到思想政治教育的目的。成书于宋代的《百家姓》，只是把姓氏凑在一起，编成韵文，但是把大宋皇帝的姓——“赵”字赫然排在百姓之首。到了明代，有一种《千家姓》，把第一个字改为“朱”字，这也不是识字的需要，而是进行思想政治教育的需要。历代一些诗文选本，更不必说了。

在国民党统治时期，从30年代起，国民党反动政府教育部颁布的“国文课程标准”，就规定了思想政治教育的教学目的。这个时期编写的许多国文课本，都申明是根据这个“标准”编写的。也有进步人士编写的少数国文课本，主张教学目的在于“阅读的学习和写作的学习”，但这些课本选文的思想内容大都是进步的。

至于我党领导下的革命根据地、解放区以及新中国成立后一个长时期的大多数语文教材，尽管几经改革，对语文教育和思想政治教育的相互关系的处理也不尽相同，但都鲜明地提出思想政治教育的任务。拿非常强调语文教育的《中等国文》（陕甘宁边区教育厅编写）来说，它“确认国文教学的基本目的，是对汉语汉文的基本规律与主要用途的掌握”，但同时指出“政治价值”“决不容忽视”。并且每册课本都规定了思想政治教育的重点。50年代文学、汉语分科教材，都列入了思想政治教育的任务，如汉语课规定：

“进行爱国主义的思想教育，培养学生的民族自豪感和爱国主义的思想感情。”1963年制定的《中学语文教学大纲》（草案），没有提出思想政治教育的任务，而在阐述的文字中提出了“文道不可分割”的原则，在选材标准中提出了思想政治方面的要求。

历史的情况值得注意。有的把思想政治教育列为任务的教材，例如大家深表怀念的文学、汉语教材，并未因此导致教成政治课，这是耐人寻味的。

二

思想政治教育是语文课的一项应有的任务。但是，回顾新中国成立以来的中学语文教学，在进行什么样的和怎样进行思想政治教育的问题上却存在着十分复杂的情况。

多年来，我国的中学语文教学受形势的影响而几经变化。在一些时候，指导思想比较正确，文道关系摆得比较适当，教学效果比较好；但在另一些时候，则受到极“左”思想的干扰和破坏。这种干扰和破坏，突出地表现在如何对待思想政治教育这个问题上。特别是在林彪、“四人帮”横行时期，极“左”的东西恶性发展，语文教学因而濒于取消，这是一个严重的教训。

总结历史经验，原来存在着两种根本不同的思想政治教育，这是必须区别清楚的。

一种是受到极“左”思想的干扰和破坏的、大大歪曲了的思想政治教育。这种所谓思想政治教育，要求把思想政治教育理解为语文课的主要的乃至唯一的任务；认为思想政治教育是目的，语文教育是手段；认为进行了思想政治教育，语文学得怎样无关紧要（或者说语文自然而然可以学好），因此把语文课讲成政治课是理所当然的。选取课文，只要政治标准，不要艺术标准，而对政治标准又理解得十分狭隘，强调配合一时一地的时事政策或政治运动，因此把大批受到师生欢迎的名家名篇排斥在外，把语文课本变成时文的堆积。组织教材体系以政治思想教育为“统帅”，各年级安排一定的思想政治教育的重点。各单元的组成，都是为了完成一定的思想政治教育的任务。进行教学，只是把教材当作进行思想政治教育的材料，借题发挥，离开字词句篇架空地讲授抽象的政治道理，把语文的基础知识和基本训练放在可有可无的地位。更有甚者，谁过问一下双基教学，谁就是搞“智育第一”，是走“白专道路”，就会受到批判和打击。

这是语文课应有的思想政治教育吗？不是。这种所谓思想政治教育，只能把语文课变成极不高明的政治课。恶果严重，危害很大，大家批评它，厌弃它，把它从语文教学中赶出去，是理所当然的。目前来看，它的流毒仍有进一步清除的必要。

三

但是，还存在着另一种思想政治教育，一种语文课应有的、正常的思想政治教育。清除极“左”的思想政治教育，并不意味着要抛弃这种正常的思想政治教育，而是要正确地理解和对待它，给它一个适当的地位。简言之，这种思想政治教育的特点是：文道统一，寓道于文，熏陶感染，潜移默化。

语文课要教成语文课。根据语文课的特点，统摄整个教学和教材的应该是学习语文的规律。思想政治教育的内容首先应该从选文的思想内容出发，着重于思想感情、道德情操和审美观念的培养，而不应该要求进行系统的思想政治观点的教育和配合一时一地的时事政策和政治运动。选取课文不仅要求思想内容好，而且要求语言文字好，适合教学需要，符合学生的年龄特征，多选用文质兼美的文章做课文。同时，对思想内容好要理解得宽一些，内容无害或略有消极因素而文字特别好的名篇也可选一些，以锻炼学生的鉴别力。组织教材体系，要着眼于提高学生理解和运用课文的能力，按照语文教育的要求确定每个年级的教学重点和单元要求。进行教学，要在语文训练的过程中进行思想政治教育，在讲清楚课文内容和进行写作指导的过程中潜移默化地收到思想政治教育的效果，力戒离开语文训练架空地讲授抽象的政治道理。一篇好文章，往往会给学生留下毕生难忘的印象，起到铸造灵魂的作用，这样的例子不少。这种潜移默化的力量是不可低估的。此外，在语文训练中要求学生踏踏实实地学，要求学生作文不说空话、假话；甚至要求学生书法工整，为看的人着想，让自己写出来的东西清晰美观，这些，也是在进行思想政治教育。

这样的思想政治教育，是语文教学的一个必不可少的组成部分，同语文教育是相辅相成、互相促进的。

四

“一只手不能抓两条鱼。”其实，语文教育和思想政治教育不是两条鱼，而是统一在一条鱼身上的。鱼有两鳍，鸟有两翼，去掉其一，鱼和鸟都不能行动。

一些课文，特别是内容比较复杂的课文，如果不理解其思想内容，就无法理解其遣词造句、布局谋篇的好处，也就无从学习运用。陈望道先生说：“语言文字的美丑，全在用得恰当与不恰当；用得恰当便是美，用得不恰当便是丑。”用得是否恰当，是指表达思想内容是否准确而言，离开思想内容，语言文字是无所谓美和丑的。讲清了文章的思想内容，传达了文章的感情，思想政治教育就在其中了。

讲读教学是这样，写作教学也是这样。于漪同志在《既教文，又教人》一文中引用学生的话说：“要文章写得好，一定要双锤炼。一锤炼思想，二锤炼文字。立意不高的文章，人云亦云，等于白写；但光有好思想不行，一定要用最确切的语言来表达，离开语言外壳，思想是没有的。”这的确是经验之谈。

总之，要清除极“左”的影响，还思想政治教育的本来面目。文道统一，寓道于文。这样做，既是进行思想政治教育的需要，也是进行语文教育的需要。把这样的思想政治教育列为语文课的任务是有利无害的。

1981年2月

把语文基本训练搞活

根据最近的调查了解，中学生的语文基本功普遍较差，有相当一部分则很差。中学语文教学要十分注意加强语文基本训练，特别是字、词、句、篇的训练。

比如识字。小学阶段要求学生掌握 3 000 多常用字。现在的中学生是不是都掌握了呢？没有都掌握。从调查材料看，有相当多的学生，经常写错、用错的常用字在 1 000 个以上。因此，到中学阶段，特别是初中还有个继续识字的问题，要巩固回生的字，还要扩大识字量。用词造句、布局谋篇也要抓好，这是语文的基本功。如果基本功搞得扎实，学生语文能力的发展会比较顺利。如果基本功搞得不扎实，例如字写得很难看，习惯写错别字，造句错乱，文理不通等，他们的语文能力的发展会遇到严重的障碍。在他们的一生中，一些不良习惯会跟影子一样不离左右，随时给他们带来苦恼。加强语文基本训练是影响学生一生发展的大事情，是十分值得重视的。

怎样加强基本训练呢？

加强基本训练，必须要求学生下苦功掌握语言文字，硬是要练习，硬是要千锤百炼。要从难从严，半点儿也马虎不得。这一方面我不想多说。我想说一说另一个方面，就是不能简单地把加强基本训练理解为光是语言文字的问题。如果只就语言文字抓语言文字，其他一概不管，基本训练一定收不到好的效果。学生即使是能够背诵几千个词和成语的定义，能背诵几百条语法修辞的规则，运用语文的能力往往仍然难以有效地提高。要把语文基本训练搞活，使它同学生的生活联系起来，同学生的思想联系起来，同发展学生的思维能力联系起来，同丰富学生的知识联系起来。

生活是发展语文能力的基础，特别是发展表达能力的基础。一些掌握了较好的文字技巧的人，如果没有生活实践，也写不出好文章来。学生怎么样呢？学生的作文是一种培养语文能力的练习，同写一般的文章不尽相同。可是如果离开了生活实践，这种语文练习也是搞不好的。在一篇文章里，语言文字不是独立的和唯一的成分，它是附着在思想内容上并反映思想内容的。如果置思想内容于不顾，那么附着得是否恰当，反映得是否逼真从何谈起？文字技巧的高低从何衡量？基本训练如果只管语言文字，不管指导学生观察生活、体验生活以及从生活中吸取材料，如同只管建楼房不管打地基一样，学生的语文能力是不可能稳步提高的。

学生的生活在哪里？在课堂里，但主要还是在课堂以外：在家庭，在社会，教师感到有些鞭长莫及。的确可以从某些课文里看出作者观察生活的认真细致，但从课文里只能看到作者观察生活的结果，至于作者下笔之前观察生活的过程是看不到的。这样看来，有必要安排一定的活动，例如看图画，看幻灯，看电影，看戏剧，组织参观、游览、访问，观察体育比赛或理、化、生的实验，等等。在这些活动中，要有计划、有重点地引导学生做认真细致的观察，从而进行写作或说话的练习。还有必要提倡写观察日记，引导学生把日常观察所得随时记下来。有些老师这样做了，效果很好。

年轻人的思想是如一池清水那样没有任何波澜吗？不是。现实生活，包括学校生活、家庭生活和社会生活，本国生活和世界生活的发展变化，会在他们敏感的心灵中引起种种反应。赞成或反对，明白或困惑，喜悦或愤怒，追求或厌恶，总是层见叠出，是无休止、无穷尽的。生活是产生种种思想的源泉，我们讲基本训练要联系学生的生活，自然也就是说要联系学生的思想。

然而学生作文往往感到无话可说，就是勉强说几句也淡而寡味，是什么原因呢？总的说来，是因为学生还没有养成写作的习惯。除此之外，也还有一些值得重视的原因。一是学生对作文所持的态度不对头，认为生活和思想是一回事，作文是另一回事。作文是要端起架子写并非自己的真情实感的东西。这样，作文自然就难了。要向学生讲清楚，作文就是要我手写我口，我口言我心，怎么想就怎么说，怎么说就怎么写，是并不神秘的。再是老师出的作文题（或限定的作文范围），有些是值得商酌的。命题是一种艺术。要使学生有话可说，有话想说，有话爱说，那诀窍就在于密切结合学生的生活和思想命题。我手头有几本学生作文选，其中有些题目，如“多好的小伙伴”“忆外公”“学骑牛”“解剖蟾蜍”“我多么想到太空中遨游”等，这些题目有浓厚的生活气息，新颖有趣，有这样的好题目，学生自然能写出好文章来。

要提倡学生在作文中说真话，不说假话，说实话，不说空话。学生的思想是不成熟的，有时说走了板，也不要紧，适当加以引导就是了。须知说真话实话是容易的，说假话空话，要说得有点像真的实的则很难。两种作文表达得好坏往往悬殊，就是这个缘故。有位老先生对八股文很有研究。他说，八股文同一般文章的主要区别在于：八股文是为“题”而作，一般文章是为“我”而作。讲得很有道理。我们不能把过去写八股文的训练方法用于指导学生今天的作文。

加强学生的基本训练还要同发展学生的思维能力联系起来。运用语言能力和思维能力，是既相联系又相区别的。许多门课程都能起训练思维能力的作用，例如数学课，也许比语文课起的作用更大一些。但是，只有语文课是把训练思维能力和训练语言能力联系在一起的。思维能力同听、说、读、写都有关系，表现在写作中就是通常说的思路。写一篇文章，先说什么，后说什么，中间说什么，通篇是怎样一环扣一环地层层发展的，有一条思想发展的路子。这个思路是否通顺，是否畅达，是否合乎逻辑，对文章写得是否清楚明白可以说起决定的作用。选词造句固然也有思路在，但毕竟是局部，通篇的思路是更要讲究的。指导学生阅读的时候，要引导学生研究和领会文章所表现的作者的思路，以为自己写作的借鉴；指导学生写作的时候，要帮助学生疏通思路，指导他们下笔之前认真地想一想，最好先写个提纲。思路，思路，路是从思中理出来的。学生的作文中出现的许多毛病，特别是思路不清的毛病，往往是由于没有认真思考造成的，要使学生养成认真思考的习惯。

加强基本训练还要同丰富学生的知识联系起来。丰富知识，似乎与语文基本训练没有多少关系，其实不然。内容贫乏、语言干瘪、思想简单、观点幼稚等学生运用语言常犯的一类毛病，多半是由知识贫乏而来的。生活知识，历史知识，语言知识，文学知识，科学文化知识，各种宏微巨细的知识，汇成一个知识的海，语言之船是要靠这海才能有效地航行的。有修养的成年人，肚子里可能已经有了这样一个海，他们运用语言就比较自如。学生的肚子里还只有一勺水，还没有形成这样一个海。“水之积也不厚，则其负大舟也无力。”难怪他们说话和作文都只是那么干巴巴的几句。我们要注意给他们灌注知识的甘泉，不断地增加他们的写作储备。老师的知识面也要宽一些，好的语文老师在知识的积累方面应该成为真正的杂家。虽然自己有一缸水，只需要给学生一碗水；可是自己没有这一缸水，就难以给学生一碗富于营养、真正解渴的水。

我讲了这几个联系，主要意思是希望把我们的语文基本训练搞活。要搞得生动活泼，让学生学得津津有味；不要搞得机械呆板，让学生感到枯燥无味。只有这样，才能有效地提高学生的语文能力。老师如觉得我讲的有几分道理，不妨试试看。

1981 年 6 月

关于中学语文教学的几个问题

关于提高学生理解和运用语言的能力

中学语文教学大纲明确指出要提高学生理解和运用祖国语言文字的能力。“理解”包括听和读，“运用”包括说和写。语文课担负这样的任务，本是理所当然的。但是30年来对这个问题的认识和态度时起时伏，大约在“左”的错误严重的时候，这项任务就被忽视甚至取消；在实事求是地看待各种问题的时候，这项任务就受到重视。在“文化大革命”中，把语文课培养学生语文能力的任务给抹掉了，假如有人还坚持这项任务，就被斥为“回潮”“唱前朝曲”“走老路”“复辟”等，受到批判。这是大家都亲身尝受过的。

那么，培养学生语文能力，在中学语文教学中应当是一项怎样的任务呢？在我看来，这个任务应该是语文教学的基本任务。我们常说语文课的工具性很强，它的工具性，指的就是让学生掌握语文这个交际的工具。

这里有个知识和能力的关系问题。语文既然是一种工具，掌握它就和掌握其他许多工具有共同点。这个共同点何在呢？在于两者同样要经过无数次实际练习才能掌握。开拖拉机、驾驶船只、弹钢琴、使用画笔等，都是要经过多次反复的练习才能掌握的；不经过练习，只学点知识就能掌握的情况是没有的。掌握语文这个工具一定要强调实际练习。

强调实际练习，是不是就可以不学习语文知识呢？不是的。有些同志提到，大作家曹雪芹，他也没有学过语法，不是也写出了《红楼梦》这样的伟大作品吗？有另外一些同志反驳说，这不足以证明学习语法没有用，曹雪芹如果有可能学一点语法，他的《红楼梦》也许写得更好一些。我说，这两种意见都有一些道理。前者说明，语文能力的获得要经过实际练习；后者说明，这种实际练习如果辅之以语文知识，会进行得更好。在强调要进行实际训练的同时，也要肯定学习语文知识的作用。学习语文知识是培养语文能力的辅助手段，学与不学是不一样的。光凭学生自己摸索和以知识领路，自然是后者更为有利。

这里，还有一个怎样培养语文能力的问题。培养学生听、说、读、写的能力，特别是写作的能力，究竟需要使学生具备哪些条件呢？诚然，应该具备正确理解和运用语言文字的条件。这是很重要的。但是不仅这一个条件，还有其他许多条件。比如说，有思想的条件，生活的条件，知识的条件，一时感触的条件，等等。一个学生的作文写得出色，不仅因为他在语言文字方面有了修养，而且因为他在思想、生活、知识等各方面都有所积累。这个成果是许多条件促成的。因此我们的作文训练应该带有综合性，不能单纯地抓语言文字。要把抓语言文字跟提高学生的思想、丰富学生的生活、增多学生的知识等结合起来。有的老师让学生写观察日记就很好，因为它跟学生生活联系起来了。听说有个小学生写作文总是不行，老师问他："你对什么感兴趣啊？"他说："养鱼，养龟，养水生动物，我感兴趣。"于是老师就鼓励他养小动物。他用一个罐子养了几个龟，老师让他每天观察，写日记。最后写成作文，写得很好。"巧妇难为无米之炊"，语言是烹调的工具，思想、生活、知识等则是米菜之类。缺米少菜，"巧妇"尚且为难，何况我们的初学做饭的徒工？当然，语文课还是以学习语文为基本任务。我讲的是，不要只管语文这一样，管语文这一样的时候，要"结合"其他几样。

有的老师给学生出一道作文题之后，列出几十个词，要求学生在这篇作文中把这些词运用进去。这样做，老师的用意是好的，但效果往往不好。为什么呢？因为作文是一种综合训练，它不等于单项训练。单项训练，比如改错字、填空、造句，只看某个词用得妥当不妥当，并不涉及他自己怎么想。作文则不同，作文总要表达一种思想、一种感情。比如，我接到一个作文题，我自然就要想怎样表达我的思想感情，怎样把我要说的话说清楚，但你又要我把一大堆词语用进去，这就相当难了。大家知道，旧时科举用的诗，有一种"赋得体"，就是指定应试者要在诗中用进某些字。这种诗是很难做的。难就难在作者本来不想说那句话却又要硬说，因为要把那个词用进去，这是本末倒置的方法，不宜提倡。

作文训练的方式很多，这里谈两种。一种是要学生按老师的规定作。老师给学生规定若干注意事项，规定题目，规定字数，规定写作的时间，并且提出一些要求。你就是要按着我的规定去作。这是一种训练。这种训练是很有必要的。因为中学生还没有养成写作习惯，不做这种带有几分强制性的训练是不行的。像打乒乓球一样，训练你打乒乓球，我就总给你一样的球，一连打几百板，只有这样按规格练，才能练出功夫，练出水平。这是一种。还有一种，就是要学生写“放胆文”，我给你一个写作的范围，不限时间，不限字数，不提要求，让你放胆去写，你觉得怎么写好就怎么写。这一种训练也是很必要的。因为作文毕竟不同于做数学题，它要求学生大胆地张开思想的翅膀，进行“灵魂的冒险”。这种训练对于拓展学生的思路，发展学生的智力都是很有好处的。无前者无以知规矩，无后者无以启智门，这两种指导作文的办法交错使用好不好？恐怕会好一些。一个学期搞一两次“放胆文”，不妨试一试。

要讲文章作法，但不要讲得过于死板。应该说，写文章即要守法又不能拘于法。学生写作文要懂法，不懂法不行。我们教给学生写作方法，就是叫他们懂法。但学生动起笔来写文章，就不要处处想着怕“犯法”。一心想着写作方法去写文章，往往写不好。

总之，培养学生的语文能力，要同提高学生思想，丰富学生的生活，增多学生的知识等方面结合起来，语文训练就不再是干巴巴的训练，而是一种生动活泼的使学生很感兴趣的训练了。

关于思想教育

语文教学的基本任务既然是提高学生的语文能力，那么，思想教育放在什么地位呢？30 年来，“左”的错误在语文教学中往往集中地表现在思想教育的地位这个问题上。凡“左”的错误比较严重的时候，都不恰当地强调思想教育；凡是实事求是地看待各种问题的时候，思想教育的位置放得也比较恰当。十年“文化大革命”中间把思想教育强调到荒唐的地步，这是大家所熟知的。从30年的经验教训来看，在语文教学中存在着两种很不相同的思想教育。一种是“左”的思想教育，一种是恰当的思想教育。为了说明问题，我想对比地分析一下这种思想教育。先说第一种，“左”的思想教育。

这种“左”的思想教育有哪些特征呢?

第一，在“左”的思想指导下，认为思想教育是语文课的主要任务，甚至是唯一的任务，把语文课变成了政治课。至于语文教育，或者是摆在次要地位，或者认为可有可无，或者认为，思想好了语文自然就好了。这种“左”的指导思想，在十年“文化大革命”期间发展到取消语文课的地步。

第二，认为应以思想教育为纲统帅教材。选取教材，片面强调政治标准，片面强调为政治服务，紧密地配合一时一地的政治任务。选排教材，要求以思想观点为体系，把课文变为某些政治观点的说明。

第三，在教学中，要求教师脱离语文训练，架空地讲政治道理。比如讲“天安门”这个词，就不得了，要讲几堂课。讲“路线斗争”这个词，更不得了，要一次一次地讲下去，也要好几堂课。很多老师是违心地这样讲的，在那种气候下面不这样讲是不行的。

这种“左”的思想教育理所当然地引起了广大师生、广大教育工作者厌恶和反感，几年来很多人提出摈弃这种思想教育，是应该得到支持的。事实上，我们已经和正在做清除这种“左”的影响的工作。

但是，有一些同志因此就主张语文课不管什么思想教育，就是搞语言文字。这种看法，我以为有不够全面的地方。没有把两种很不相同的思想教育区别开来，是产生这种看法的一个重要原因。

语文课还有另一种思想教育，这就是恰当的思想教育。它的特征也可以分几方面来说：

第一，这种思想教育不排斥培养语文能力的任务，它不与培养语文能力的任务争座位，而是承认培养语文能力是语文课的基本任务。

第二，这种思想教育并不要求以思想教育统帅教材。语文课，自然应按语文教育的要求选取课文和组织教材。思想教育主要体现于选取课文和注解练习这些方面。应该尽多选取思想内容好的文章做课文，给学生以积极的思想影响。

第三，它不要求语文课配合一时一地的政治任务，不要求语文课生硬地联系学生的思想。它的着眼点在于，通过课文的讲解，通过语文基本训练，使学生潜移默化地在思想感情、道德情操这些方面受到感染，而不是对他们直接进行政治理论灌输。在教学中，思想教育要在语文训练的过程中进行，不脱离这个过程单独搞一套。

我以为前一种思想教育是错误的，是应该抛弃的，而后一种思想教育则是恰当的，是应该受到重视的。不问青红皂白来个扫地出门是不公平的。

语文课为什么非要一个思想教育的任务？只要语文教育，不要思想教育，干净利落，岂不更好？这样做，不符合语文教学的实际，对完成语文教育的任务也没有好处。因为，首先，中学语文课毕竟包括很多思想，很多观点。我们既不能像小学低年级识字课那样比较着重于识单个的字，又不能像大学的语言课那样比较着重于讲语言规律。中学语文课的主要部分是三百篇左右课文，每篇文章都是语言形式和思想内容的统一体，多数文章表露了政治的或是道德的观点。这是个事实。所以，语文课对学生是一定要发生思想影响的，不是积极的影响，就是消极的影响，你不叫它发生影响是不可能的。既然这样，我们考虑一下思想教育的问题是完全必要的，语文教学应该抓住这个特点，给学生以正确健康的思想影响，这对青年一代的健康成长，对整个社会和国家都是很有好处的。语言艺术的感染力对于一个人的立场和志趣往往有决定性的影响。过去在某些战役中，在光荣牺牲的战士的日记中，曾发现抄有语文课中的一些名言，作为他们的座右铭。这是我们语文教师应引为光荣的。

其次，进行思想教育并非以牺牲语文教育为代价，恰恰相反，恰当的思想教育也是进行语文教育所必不可少的。它不是外加的，是语文课所固有的。比如我们给学生讲解文章里的词语，凭什么说它使用得好或不好呢？难道可以离开思想内容来谈遣词造句的好或不好吗？恐怕是不行的。鲁迅先生有一首诗，其中一句话“怒向刀丛觅小诗”。第一稿“刀丛”是“刀边”，后来改为“刀丛”。“刀边”和“刀丛”到底哪个用得好？要讲清楚这个问题，这就非讲清楚当时鲁迅在白色恐怖中处境的艰难和对敌斗争的坚忍顽强不可，而这样讲，思想教育就在其中了。所以说，要学生在读的方面充分理解课文，在写的方面运用好语言文字，不是单纯的语言技巧问题，也有思想内容的问题。

总之，我们要把两种思想教育严格区别开来。我们要反对、抛弃“左”的思想教育，而要坚持恰当的思想教育，这就是我对思想教育的看法。

关于文学教育

文学教育，30 年来也有一番曲折，50 年代搞过汉语、文学分科，后来被否定了。接着提出“不要把语文课讲成文学课”。从那以后，大家对文学教育就不再提了，有一点“谈文色变”的味道。

现在应该实事求是地认识文学教育这个问题。中学语文课应不应该有文学教育的任务呢？我们的语文课本多年来还是文学性的课文占多数。如果没有文学教育任务，选那么多文学性的课文，是怎样一回事呢？

有人说，中学语文教学的任务不是培养文学家，所以不必要学文学，我认为这种说法一半是对的。我们语文教育的任务不是培养文学家，这是对的。中学语文教学是要培养学生具有一般的语文能力——听、说、读、写能力。我们的毕业生，升学的，大部分不是学文学的。没有升大学机会的，将来做文学家的可能也很少。确定中学语文教学的任务，要从大多数人着想，要从中学是打基础这点来着想。但是不是因此就不要读文学作品，就不要进行文学教育了呢？不是。文学教育不应成为中学语文教学的全部任务，也不应该成为中学语文教学的主要任务或基本任务，但是文学教育应该在中学语文教学中占有一个适当的地位。

因为第一，这是培养语文能力本身的需要。蒋仲仁同志说过一句话，让学生读文学作品，读的是文学，学的是语言。我很赞成这个看法。文学作品跟其他作品（如一般的议论文、说明文）有差别也有共同点。最明显的共同点就是，都是用语言这个工具表达的。而好的文学作品在运用语言方面更讲究，更富有艺术性，其中包含着大量的运用语言的范例。这些范例可以提供学生来学习借鉴。比如鲁迅先生的小说，学生从中可以学到一般记叙文的写法，可以学到一般的遣词造句的方法。小说同一般的记叙文比较，有一点是不同的，那就是作者在创作小说的过程中是要进行艺术概括的。他要体验生活，在生活中提炼典型，然后进行艺术的概括。而写一般的记叙文则要求写真人真事。艺术创作这一部分可以不让学生去学。文学作品的语言最富有感染力。学生喜欢学，学起来也容易见效。

第二，有思想教育和知识教育的作用。培养学生的思想感情、道德情操和审美观点，中学语文课分担着重要的责任，而在语文课内恐怕主要是通过文学教育起作用。提高学生的欣赏和鉴别能力，使学生的趣味高一点，减少一点低级趣味。我想，我们如果适当地进行文学教育，是会起到这样的作用的。同时，一定的文学知识（文学作品，文学史和文学理论的知识），是一个有文化的青年所不可缺少的。这不是为了增加一点优美的装饰品，而是学习、工作、自我修养和与人交际的需要。在中学阶段，语文课授给学生这种知识是义不容辞的。

那么，在中学语文课里，怎样考虑文学教育呢？应该给一个适当的地位，不统统都搞文学，而是适当加强文学教育的因素。比如在高中可以多讲一点，加强文学的教育，初中就不见得。文学史、文学理论、文学作品，高中多讲一点，特别是将来分科以后那个文科班更要适当多一点。另外，在选材方面，要搞广义的文学，不要搞狭义的文学。文学的狭义的概念，包括小说、诗歌、戏剧、散文等类。中学生讲的文学比这要广泛。从中国文学史的传统上看，文学的概念也是广义的。艺术性很强的论文、书信，甚至一些写得很漂亮的墓志、布告等应用文也算在文学的范围之内。中学应采取广义的概念，选材不仅包括小说、诗歌、戏剧、散文，还要包括一些其他的文体。

以上说的是我个人的一些不成熟的看法。不对的地方希望得到指正。

1981 年 7 月

提高中学语文教学质量*

今天讲讲关于提高中学语文教学质量的问题。

回顾粉碎“四人帮”以来中学语文教学的状况，我们会感觉到，这几年，语文教学有很大的成绩，形势是很好的。这不是套话，是实事求是的。在某种意义上讲，比新中国成立后的17年还要好一些。我想讲以下几个方面。第一，党中央、教育部对语文教学和语文教材的编写是十分重视的。1977年，教育部组织全国的一些教师和专家来编写现行的通用教材，召开教材会议。这是在中央领导同志亲自关怀下做的。接着，在教育部的领导下，召开了几次会。1979年的7月，召开了第一次全国语文教材改革座谈会，这个会确定了在全国范围内有重点、有领导地进行调查研究，进行改革实验。到1980年10月，又召开了第二次语文教材改革座谈会。在这次会上，交流了情况和经验，研究了一些问题。很多同志回忆了从1979年到1980年语文教学改革发展的情况，认为确实扎扎实实地向前迈进了。今年七月间，又召开了语法教学座谈会，这个会主要解决语法的体系问题。大家知道，我们现行课本采用的语法体系，是50年代许多专家在一起研究制定的暂拟体系。粉碎“四人帮”以后，有些同志提出来，这个体系基本上是可以用的，但有些地方需要修改一下。这次座谈会集中了许多专家进行了研究和探讨，制订了一个修改的初步意见。这个初步意见，现在暂时还没有应用到教材里去。什么时候采用这个新体系，我想至少要有两个条件，一个条件就是这个体系要完全定下来，现在还是个征求意见稿，将来完全定下来才能

---

* 本文和下一篇都是作者1982年在贵州省中学语文讲习会上的讲话，根据录音整理。

采用。再一个条件是进行一番学习，一番宣传，使广大老师对这个体系有一个总的了解。到那时我们再采用。修改的内容就不说了，请大家参看《中学语文教学》杂志第九期。教育部领导还反复强调语文教学要坚决贯彻执行“双百”方针。现在看来，“双百”方针好得很，对语文教学的发展大为有益。第二，语文教学的专家和广大语文教师对改进语文教学积极性都很高，许多同志真正是把教改当作一件事业来干。这情况，和粉碎“四人帮”以后，我们党落实知识分子政策大有关系。语文教学专家，如叶圣陶先生、吕叔湘先生等许多老前辈和很有成绩的专家，对语文教学都非常关心。在香山开第二次语文教改座谈会的时候，叶圣陶先生八十多岁了，还亲自到会讲话。我们有什么事情去向他请教，他从来都是很认真地对待的。吕叔湘先生在 1978 年提出一个问题，语文教学少慢差费。我个人认为，这个意见提得很好，符合语文教学的实际。自从吕先生提出这个问题后，语文教学战线就展开了调查研究，进行了理论上的探讨。吕先生的这个意见，起了积极的作用。有的老师听到少、慢、差、费，感到灰溜溜的，完全没有必要。语文教学有问题，其他课就没问题？假如讲问题一面，各科全有些问题。中国的语文教学有问题，外国的有没有呢？也是一样的，语文教学有问题，这可能是许多国家的通病。有一个美国代表团到北京来，都是美国的教师。我们就问他们一个问题，美国学生听说读写能力到哪一个年级就过关了呢？我们提这个问题是想了解一下，外国的拼音文字是不是比汉语好学一点。这几个美国人听了以后哈哈大笑，说可见中国跟美国语文教学有共同的问题。美国的学生，到了高中毕业还有很多字会拼错的，也同样有很多问题。总之，语文教学有问题是不奇怪的。又何况造成这种状况的主要原因，是“四人帮”的干扰破坏。清醒地看到这个问题，并加以改进，语文教学这几年来就大有进步。广大教师对语文教学的积极性也是感动人的。我曾经与北京的一位老教师随便谈心，他讲粉碎“四人帮”以后，本想退休了。这几年看到语文教学大有搞头，他说我不退休了，再干几年。我曾经到四川一个山区去，那里有一所学校的条件是相当艰苦的。但那里老师的干劲很大，有的老师，家离学校并不远，但他星期天不回家，因为学生不回家。学生星期天自动到学校学语文，老师就跟他们一起活动。还有一位老师住医院开刀，稍好一些，就在医院病床上给学生改作业，很感人。我想我们省里这样的例子一定很多。总之，广大专家、教师改革语文的积极性很高，搞好语文的事业心很强，这一点在过去很少见。第三，语文教学研究空气很浓。有许多研究会，比如中学语文教学研究会、中学语文教学法研究会；还有许多学会，语言学会、语文学会，等等。这些群众性研究组织，主要是研究语文教学，或者把语文教学作为一个研究项目。这些研究会的研究成果，对促进语文教学，提高语文教学的研究水平起了很好的作用。第四，全国许多省市的语文教学改革实验工作，在第一次教材会议之前就开始了，在第一次教材会议之后就更广泛地展开了，取得了一定的成果。在香山会议上见到的，有北京景山学校、北大附中、北师大实验中学、上海师大一附中、二附中、建光中学、吉林师大附中、辽宁鞍山十五中、福建福州三中、福建师大附中、永安一中、陕西千阳中学、四川盐亭县黄甸小学初中班、河北省遵化中学，等等。我们省里开始搞语文单科教改试验的有贵阳一中、铜仁五中等。没有写材料的，那些默默无闻搞实验的，一定还有很多很多，这些实验学校大体上可以分成两类，一类是搞了教材改革的实验，另一类是用现行教材略加调整搞实验，主要改革教学方法。从这两类实验来看，都取得了很好的效果。从实验学校来看，学生的语文水平都有比较显著的提高，学习语文的兴趣也有所增强，有些学生具备了一定的自学能力。有的学校开始扭转了重理轻文的不良倾向，像吉林师大附中就有这个感觉，学生从不爱学语文变得爱学语文了。我亲自看到四川黄甸小学初中班，班里的学生自费订文艺杂志几十种，我看了很受感动。学校的条件很差，很多学生是自己背着地瓜干来上学的。一次背够一个星期吃的地瓜干来上学，到下个星期天再回去背。把吃剩的渣背回去喂猪。在这样的条件下，学生自费订了几十种杂志，是很难得的。学生星期天用半天时间在学校里读杂志学语文。学生的学习成绩好的，比如说上海师大二附中实验班，参加了语文学习编辑部举办的听说读写邀请赛，获得了团体总分第一名，个人总分第一名，而且个人第一名的分数比第二名得分多很多。鞍山市十五中高一的实验班，提前一年学完了高中的课程。全班 34 名学生参加高考，有 28 名被录取了。北京师大附属实验中学，初中二年级实验班，参加 1980 年北京市初中升高中的语文统一考试，年级平均分达到 82.3 分。今年的情况还不十分了解，只知道四川黄甸小学，参加专区初中升高中的统考，他们又是第一，可见成绩是好的。总之，这些实验班，对语文教学的研究，理论的探讨，对语文教材的编写，对实际教学，都提供了很宝贵的材料。为什么宝贵？因为是从实践中得来的。我们对语文教学一些问题进行争论，是必要的。这种争论，不应该是空洞的，感想式的，而应该拿出实际的东西来。这些实验学校的宝贵之处，就是拿出一些实际的东西来说明问题。当然，实验时间短，很难总结出成套的东西，有些经验还是不成熟的，是萌芽状态的，但我说是宝贵的。第五，这几年，出版发行了很多语文杂志，这对推动语文教学，有很大好处。最后一点，我们开始介绍了一些国外的情况。回想一下，在“文化大革命”之前，我们知道一些外国的情况，主要是一家的，就是苏联的。“文化大革命”，我们闭关锁国，对于国外语文教学的情况可以说一无所知。这几年，开始研究介绍了国外许多种语文教材。怎样对待外国的资料，还是择善而从。我们中国人学汉语跟外国人学他们的母语有很多共同点，但也有很大的特殊性，我们要以这些材料为参考，来发展我们的语文教学，总结我们自己语文教学的规律。所以说，语文教学形势的发展是很好的，这不是空话、套话，是有根据的，就是以上这些。

但是，在看到成绩的同时，也要看到还有不少问题，有些问题比较大，亟待解决。粉碎“四人帮”后，仅仅搞了三四年时间，时间短，要医治“四人帮”破坏语文教学的严重创伤，时间还不足，何况，我们中国语文教学本身就存在不少问题。叶圣陶先生讲，半个世纪以来，语文教学的问题没有解决。徐特立同志讲，语文教学，近百年没有解决。可见，有些老大难的问题，用短短的几年时间，都解决掉，那是不现实的。所以，要清醒地看到语文教学的不足之处，还需要继续努力，我们才能更好地前进。从长远目标看来，从实现“四化”看来，语文教学的差距相当大。如果我们不解决某些存在的问题，就不能很好地为新时期实现“四化”服务。从当前看，语文教学主要解决什么问题，要抓哪一环呢？问题纷繁复杂，方面很多，中心抓什么呢？我们曾经作过一些调查研究。中学生、在校生、毕业生在语文能力方面的状况到底怎么样。调查主要是看问题，看不足之处。选择四川和福建两个省，都是语文教学搞得很好的，看看在好的情况下，还有什么不足之处。我们大约调查了一个多月，除四川、福建两个地方外，还跑了西安、上海等地。两次调查开座谈会五十多次，参加提意见的有四百六十多人。此外，还在一些学校里，对一些学生进行了两种语文测验：一种测验作文，另一种是语文知识的测验。在四川、福建教育领导部门的同志以及其他省市同志的大力协助下，调查取得了成果。经过调查，我们认识到，粉碎“四人帮”后的短短时间，语文教学确实取得了成绩，有一些学生语文水平有了很大提高，但也有不少学生的语文水平还不能适应升学与就业的需要。我们认为，这是当前应该着重抓住解决的问题。有的高等学校的文、史、理、工、农、医这些系，几年来招收的高中毕业生，语文水平是比较低下的。有的学校，学生入学以后，还要补语文课，这样就影响了教学计划的完成。中专的反映更强烈。有个中专，二年级有 120 名学生，其中部分还是高中毕业生，只有 20％的学生语文程度大约相当于“文革”前同年级的水平。有些初中生，还不如小学生。有个蔬菜公司反映，分配来的中学毕业生几百名，要在几百人中找一个搞文字工作的，都很困难。解放军某部反映，近年来，入伍的战士，80％是高中毕业生，从中找一个文书也很难。我们从测验卷中选了 300 篇作文，还有 300 份卷子进行统计，学生的语文水平相当差。语文水平差在哪里呢？首先是基本功差，这是一个突出的问题。字写得很乱，错别字很多，不会用标点符号，不会记笔记，不懂作文的行款格式，不会拼音，不会说普通话。拿写字来说，相当多的学生，只掌握一千多个汉字。小学毕业生，应该掌握三千左右的字，但是这些学生会写的字只有一千多个。至于书写的混乱，就很严重了，写错别字的相当多，特别是常用字写错的不少。比如，天安门的门，写成“们”，休息写成“体息”，有的学生写的字很难辨认。我们查了几份中专学生的设计说明书，大约有三分之一是这种字。老师向我们诉苦，说看这种字，一个人看是不行的，得“会诊”，几个老师坐在一起来研究是什么字。书法问题，看来也需要重视，是否学校里抓一抓。文字是工具，如果写得不认识，就失掉了工具的意义了。同志们都很关心高考，高考时学生如果字写得不好，是要吃大亏的，老师可能体会到这一点了。要抓一抓，这些属于基本功。如果一个中学生汉字不能掌握到 4 000 以上，那还谈什么呢？谈不到阅读，也谈不到写作，至于写作的高超的艺术技巧，就更谈不到了。基本功，看来是非搞牢靠不可。说普通话，我们调查了一些地方，这个问题还没有解决。老师常常是不大讲普通话的，我们去听课，老师就改用普通话讲课，讲了几句以后，就坚持不下去了，又改成地方话，不习惯呀。在四川，学生不但课外说四川话，课内也说四川话。不但回答说四川话，朗读也是大都用四川话的腔调。我们开了一个座谈会，找了一些学生来谈，都是说四川话，只有一位学生说普通话。我们很感兴趣，问他，你为什么能说这么好的普通话呢？他说我是从北京来的。又问，你们这里为什么不说普通话呢？他说有一个风气问题，你说普通话大家就笑你，说你是“贵州的驴子学马叫”。我听说，你们省说普通话也不怎么盛行。这也有些原因，一个原因就是我们的语言跟普通话比较接近，四川话、云南话、贵州话，都是西南语系，跟普通话是比较接近的。同志们讲贵州话，我们能听得懂，我讲北方话，在座的老师也能听得懂，这就是不急于学普通话的原因。但是，要认识到说普通话的重要性，倒不是仅仅怕在交际中发生障碍，不仅是这个问题。今后，“四个现代化”发展起来，口语的用处会大大地增加。有些搞人工智能的同志跟我讲，将来的机器，很可能是用口语给它以命令，它就可以去活动。这样就有个问题，必须用规范化的、标准的发音，它才听得懂，如果你用地方话讲，它就不懂得。所以，要认识普通话的作用，今后会越来越大，希望同志们注意这个问题，提倡一下说普通话的风气。我们先试着用普通话讲课，要求学生也逐步讲普通话。说普通话的老师和同学要受到鼓励，不要嘲笑他们。文学知识，学生也很差。从调查的情况看，出了一些浅显的文学知识问答题，但答对的不多。比如，中国的第一部诗歌总集是什么，有的学生答成《史记》；西汉的文学家、史学家是谁，有的答是李时珍；近 30 年来的优秀文学作品有哪些，有的学生说是《红楼梦》，有的答是《追鱼》。通过调查，感到语文教学的当务之急，还是要抓好基本功的训练。字、词、句、篇、听、说、读、写，一定要牢牢抓住，扎扎实实地训练。如果学生在这些基本功方面达到了合格的要求，你的语文教学就是成功的；如果这些方面达不到合格要求，语文教学尽管花样很多，看起来很活跃，仍然不能算是成功的。我们需要的是扎扎实实、一步一步地把学生的基本功搞上去，使学生升到高等学校，或是就业，他笔下不要出现很多错别字，不要写很多不通的文字。听人讲话能抓住要点，能记下主要内容，不要听了以后就忘。许多大学的老师跟我讲，一些学生进了大学，我们讲的他记不下来。看他的笔记，不但我不懂，他自己也不懂，不知道记的啥，这就不行了。

产生上述这些问题的原因，我们分析，最重要的是“四人帮”的干扰破坏。这些学生，都是在“四人帮”时期上的中学、小学，这些孩子语文水平的低下，是“四人帮”横行的产物，留下的恶果。四川一个工厂的一位青年工人跟我讲，他们那时没有学过什么作文，作文就是抄报。也没有学文言文，上了几年学，文言文就学过一句，“天下大事，唯此为大，克己复礼”，别的什么都不知道。问题是严重的，最根本的原因是这一条。另外还有些原因，比如说教材编得还不够好，不够理想。老师的水平也不那么整齐，有高有低，还有语文教学本身的问题，即使是很有修养的老师，也感到语文课难教，很难见效果，很难见成绩。

再一个问题，语文教学的目的和任务。这是语文教学长期存在的一个重要问题。

从50年代起，语文教学的目的和任务，就不断有争论。如果再往前说一点，在新中国成立之前，在根据地、国统区，看法也有不同。长时期以来，语文教学的问题没有解决，我想跟目的任务不能一致起来，没有一个符合科学的说法，是有关系的。当前，对目的任务的问题，还在研究，还在探讨，但是在不少方面，大家的看法比较一致了，这也是几年来执行“双百”方针的结果。目的任务中，包含着一个思想教育跟语文教学的关系，习惯的说法，叫“文”“道”关系。50年代末，掀起了一次争论，在《文汇报》《光明日报》《教师报》上，有很多文章参加争论。后来，到了十年“文化大革命”时，看法就很“左”了。粉碎“四人帮”后，这个问题又掀起了争论，这是前次争论的继续。语文教学的目的任务，不仅是个“文”“道”关系的问题，还有一些问题，如培养学生的语文能力，这里也存在着分歧。有的同志认为，主要是写作能力；有的认为，是读写能力；有的认为，是听说读写能力，这是有不同的理解的。还有语文教学的任务里，应不应该包括文学教育的任务，有没有知识教育的任务，都是悬而未决的。这个问题要求得到解决，是相当复杂的，下面谈谈我的认识，供老师们参考。

研究语文教学的目的任务为什么很重要呢？因为它跟编好一套教材有直接关系，跟有效地进行教学，也有直接关系。这是语文教学总的纲领，这个问题很重要。修订的大纲，对目的有个这样的提法：“中学语文教学，必须用马克思主义的观点，指导学生学习课文和必要的语文知识，进行严格的写作训练，使学生能够正确地理解和运用祖国的语言文字，具有现代语文的阅读能力和写作能力，具有阅读浅易文言文的能力。在读写训练的过程中，要注意提高学生的社会主义觉悟，培养无产阶级的情操和共产主义的道德品质。”这段话，反映了制订大纲同志的看法。我这里谈的，是对这段话作些解释、说明，也可能比大纲的提法还多些东西，精神跟大纲是一致的。研究一门课的任务，首先要看这门课在学生中间能够起什么作用。中学语文课，在学生那里发生了什么影响呢？起什么作用呢？不外三方面。第一，学生从语文课里能够获得运用语言文字的能力，虽然学生应用语言文字的能力不仅仅是从语文课中获得的。比如说，他从小在家里从父母那里，学得许多口头语。到他上学的时候，口头表达能力应该说已经有相当水平了。他在社会上，也会获得很多运用语言的能力，包括读和写的能力。在其他课程里也能学到语文。但是，系统地、有效地进行语文能力的培养，这是语文课的任务。如果没有这项任务，语文课就没有存在的必要了。第二，中学语文课，不是语言学课，也不是启蒙的识字课，而是教学生读一篇篇的文章。学生读文章，必然会受到思想影响，受到感染，这是完全不可避免的。所以，语文课对学生来说，总是在进行着思想教育。第三，语文课能丰富学生的知识。中学的各门课程，特别是一些知识性的课程，就是授予学生知识的。语文课是否也有知识教育的任务呢？我想是有的。除掉几百篇课文会给学生以生活的知识、生产的知识、历史的知识外，语文课还要给学生语言知识、文学知识、若干文化知识。长期以来，我们没有把这项任务列入语文课之内，但它是存在的。既然有三方面的教育作用，我们怎么来确定语文教学的任务呢？语文教学任务，不应该是单一的。有的同志认为，语文课只有一个任务，如果有两个任务，就分散注意力了，不利于教学了。这种看法，当然有他的考虑。可是从语文课的实际出发，任务不是单一的。既然不是单一的，就是多样的，多种任务，平列起来怎么样呢？这是不利于教学的，其中必然有一个是基本的。基本任务是什么呢？是培养学生吸收和表达的能力，培养学生正确地运用祖国语言文字的能力。学生运用语言，假如从理解和表达，或者叫作吸收和表达来分，就可这样分：听跟读是吸收，说跟写是表达，就是一个进，一个出。进的方面，是你用眼睛看到的，用耳朵听到的，从外面吸收别人的一些反映。另外就是表达，把你的意见，把你的见闻告诉别人，要借助于说和写。假如从口头和书面来分，一个是听说，一个是读写。说，是自己用口头来表达；听，是听别人的口头表达；读，是读书面文字，接受别人书面的经验；写，是自己用书面来表达。总而言之，这四个项目是相辅相成、互相促进的。听说读写四个方面，才全面地概括了学生的语文能力。但是我说，还是有个重点，有的同志认为重点是读写。前一段，我们比较重视读写，这是应该的，今后还要重视。理由有许多，其中一点，就是口头表达能力训练的机会，远比书面表达训练的机会多，听话跟说话，自学生从母亲口里学语言起，就开始学了。在社会上不论是去问路，去买东西，去争吵，都是训练说话与听话的机会。但是读写就不然。学生假如不上学，不掌握三千多字的话，他是不会写的，也无法阅读。很多没有上学的同志，听说都很有本领，但不能读，不能写。学校里是进行读写训练的主要环境。当然，也不排除在社会上进行学习。我们把读写当作重点，并不是轻视听说，比较起来，听说训练的机会要多一点。也不是说，听说训练，社会上有了，学校就不必要了。这两者还是有不同的。学校的训练，是科学的训练，是规范化的训练。大纲提的是读写训练，点出了重点，在另一个地方也提到听说的训练。今后，可能要提听说读写训练。前一段，对说和听的训练看得轻了一点，这个要加强。听说这两件事越来越重要，录音机一发展，就有点变化。比如我在讲话，大家录下来了，可以不作记录，把录音拿回去听就行了。听说外国写信有的寄录音带了。这样，说与听的重要性就越来越显得重要了。听说读写的训练，都包括哪些方面的能力呢？简略地说，提高学生听的能力，应该包括听别人的讲话，正确地理解他的主要见解；能抓住要点作记录。我希望老师们课堂上作点训练，给学生讲一段话，让他们记下来，看看谁抓住了要点，谁没有抓住。这种训练是非常重要的。学生升入高等学校，如果没有这个能力，就会感到很困难。记忆，不是用笔记，而是用脑子记，这也是要训练的。有的学生，听了别人讲话和老师讲课，转眼就忘了，不得要领。有的学生听老师讲课，能够抓住一、二、三，能知道要点是什么。听一些婉转的话，能揣摩说话人的意向。听一些反面的话，能知道他真正的意思在什么地方。听诡辩的话，能抓住对方的论点，这些都是很重要的，比较高一点的要求。在四川，有个青年对我说，有一次他们厂里班组开会，有个老工人表现很好，他就发言表扬这个老工人。后来这个老工人很有意见，认为是讽刺他。可见好话说得不好，也会引起不好的反应。总之，要训练学生有这个能力。别人说的是相反的话，从正面去理解就不行了。这些能力不光是语言问题，包括内容的问题。读的问题，要包括速度、理解和记忆。要有一定的速度。在现代化的生活中，杂志、报纸的量很大，怎么样读得快，而且能掌握要点，这是个很大的问题，应该训练学生的速度。能够理解并且抓住要点，搞摘要。一张报纸，一本书，是否要从第一个字读到最末一个字呢？不必。要训练学生这种能力，一眼看了标题之后，能确定哪些是重要的，一本书哪些章节是重要的，能在短时间内确定下来。记忆，过眼云烟是不行的。帮助记忆，要学会用笔记、卡片。作卡片、记笔记，用脑子记忆的能力，都要训练。说话的问题，突出谈一点就是礼貌语言的问题。礼貌语言需要很好地训练，社会上已经注意了，学校也应注意。学生说话要有礼貌，有分寸。另外，说话要完整简要，清楚明白。还要训练学生当众讲话的能力，这个是不容易的。训练学生作讲演，起初凭借发言稿讲演，再进一步，有一个提纲就行了，再进一步，是即席讲演，只打腹稿。还要训练学生辩论，辩论这种训练，不仅仅能发展学生的口头表达能力，而且还能发展他们的智力，发展逻辑思维能力。小型的辩论会，专题辩论会，都会是学生很感兴趣的。自然，这种辩论必须有准备，有老师指导。写的训练，不全面谈了，只谈其中的一点，写的训练跟学生生活的关系。训练学生写文章，历来有两种主张，一种主张写实际存在的事情，写真实的事情；另一种认为可以虚构。到底是写真人真事对，还是虚构对，我的看法，两种都可以进行训练，但是要严格地区别开来，不要混在一起。有些题材只能写真人真事，比如写日记、自传，能虚构吗？写新闻报道能虚构吗？训练学生写这类文章的时候，要告诉他，不能虚构。另一类文章是可以虚构的。比如让学生写童话、寓言或者小说，没有虚构行吗？没有虚构，小猫小狗怎么会说话呢？完全取消虚构是讲不通的。何况发展学生的想象对发展学生的写作能力很有好处。作文应该分两种类型，不要混在一起。任何情况都虚构是不对的，完全禁止虚构，也不见得有利。训练学生写作文，跟生活的关系是很密切的。我们仔细地分析一下，学生写好一篇作文，到底需要哪些条件呢？至少需要这几个条件。第一，语言文字的条件。要掌握足够的字和词，掌握一定的语文知识和写作技巧。第二，还要具备一定的生活经验，巧妇难为无米之炊，没有生活经验，就写不出东西来。作家是这样，学生也是这样。再有，还要具备一定的知识。有一类作文，不是反映生活，而是反映一定的知识。基本训练，基本功的培养，具体地说，就是听说读写的训练，跟写作中的字词句篇的训练，不能孤立地进行。一定要把语文基本训练跟丰富学生的生活，培养学生的观察能力，以及丰富学生的知识结合起来。这样的基本训练，才是真正有效的，真正活泼的，不是呆板的、机械的。学生才会感兴趣。过去说“江郎才尽”，是讲江淹的。说他年轻时文章写得很好，后来就不行了。他梦笔生花，做了个梦，梦见笔上开了花，后来又做了个梦，神仙把花收去了，文章就写不出来了。这是个神话。江郎才尽的真正原因，恐怕是生活跟不上了。许多老作家到晚年写的东西不如早期，跟生活大有关系。写文章的来源，就是生活。学生有生活吗？有。讲个例子。有个高中生来找我，问我作文怎么写，我给他出了几道作文题，他作完后，我看看不大行。不是语言太不通顺，而是内容太简单。一个高中生的作文跟小学生差不多。写三四百字，四五百字，平平淡淡，没有什么内容。我说你生活里没有值得写的东西吗？他说，没有可写的了。我问他最喜欢什么，他说最喜欢在农村时跟老乡上山打猎。我说，打猎是怎么回事，要他说说。他说得眉飞色舞。我说，好，你就把它写成篇作文，你试试看。过了几天，他写好了，这篇文章至少有两千多字。我一看题目，叫《打猎之前》，怎么写成打猎之前呢？我从头看到尾，确实写的是打猎之前。2 000 多字，写的是在老乡家里的事。老乡怎么不让他去，怕出危险；老乡家有个小弟弟怎么帮他说话，有很多曲折，到了上山的时候，这篇文章就完了。题目是对的。后来他又写了第二篇文章

《打猎》，写得很长，但很生动。我说孩子们的生活，好像如玉在璞。好像一块石头，里边有玉，老师要帮助他把石头打开，他就会发现很多可以写的东西。有写的内容，再推敲文字，就容易得多了。他写一篇东西，很有内容，很有感情，我们给他调理一下，看哪个句子不通，哪个字写错了，文章的结构有什么毛病，这就容易了。如果根本没有内容，就很难办了。所以，一定要引导学生写自己熟悉的东西，写自己的生活。有一种看法，认为语文课就是管语言文字，其他的事情我就不管了。这个是有很大片面性的。“语文”是什么意思，用叶老的话说：说出来的是语，写下来的是文，也就是说语文课既要进行书面的训练，也要进行口头的训练，要把两者统一起来。这是课本第一次使用时这个词的思想，不是指的语言文字，也不是语言文学。中学语文课和大学的语言学或现代汉语的课程是有所区别的。

1982 年 4 月

课文讲读和作文指导

第一个问题，课文的讲读。在讲之前，先说明一个问题，就是在语文教学中知识跟能力的关系。现在很多地方都在探讨这个问题。关于语文课的性质，有各种不同的提法。如“语文课是工具课”，“语文课是一门思想性很强的工具课”，“语文课是一门工具性很强的文化课”，“语文课是思想性很强的、工具性很强的基础课”，等等。说语文课有很强的工具性，这是大家都同意的。我们的大纲几度修改都是这个提法，叫作“语文课有很强的工具性”。不提“工具课”这个字眼，提“有很强的工具性”比较好。要在语文课中教会学生掌握语文这个工具，这里边就有个知识和能力的关系问题。在这个问题的认识上，有人比较偏重于知识，说“语文课主要是授给学生语文知识”，要以语文知识为纲来编课本；老师进行教学也主要是教给学生一些语文知识。这种主张见过报刊。另外一种主张说语文课就是发展学生能力，听、读、说、写的能力，至于知识并不那么重要。我们进行课堂教学，有许多问题要弄清楚，这个问题必须首先弄清楚。这堂课是干什么的，上课是为了什么，指导思想是什么。课堂教学无非是帮助学生获得听读说写的能力，着眼点在培养能力上。叶圣陶打过一个比喻，说就像小孩子走路，不会走的时候要大人扶一扶，大人扶孩子走路的目的不是要永远地扶下去，而是要帮助他自己学会走路。“教是为了不教”，这个观点是很正确、很重要的。我们的语文教学就是老师帮助学生获得语文能力。知识放在什么地位呢？知识的获得有两个目的，一部分知识，其目的在于提高文化水平，有些文学知识就是这样。还有一大部分知识主要是为培养能力服务的。如学习语法、修辞、逻辑，不在于要学生记住一些名词术语，而在于使他们的听说读写的能力提高得好一些、快一些。语法无用论是不对的，认为学语法就是为了掌握知识，也是不对的。文学知识则略有不同，既能对提高学生的语文能力起一定的辅助作用，又有提高学生文化水平的作用。学生知道司马迁、竹林七贤、建安七子，这些并不能直接提高他们的语文能力，但是多数的文学知识也是为培养能力服务的，如文学作品的欣赏等。有的同志不主张学语法，他们说，曹雪芹没有学过语法，怎么写出《红楼梦》来了呢？鲁迅也没学过语法，鲁迅的文章不是写得很好吗？可见学语法是没用的。但是也有另外的同志提出反驳，说曹雪芹没有学过语法，《红楼梦》写得很好，因为当时没有语法这门学问。假如曹雪芹学了语法，他的《红楼梦》会写得更好一些。至于说鲁迅没学语法，根据最近发现的材料，并不是这样的。鲁迅先生对黎锦熙先生的语法书是很重视的，他不但学习了（黎先生的语法书是采用表解法的），他自己还试着把一些句子进行表解，介绍给一些语文老师，让他们读黎先生的语法书，可见鲁迅先生对语法很重视。关键在于恰当地摆好知识和能力的关系。语文的着眼点是培养能力，知识是为培养能力服务的。

为什么这样提呢？这就要谈到语文课的工具性。语文是一种交际工具，它与其他的工具相比，有特殊的地方，也有共同的地方。我们掌握任何一种工具，都要经过反复的实际操作，都要着眼于培养掌握工具的能力。语言是一种非常复杂的工具，更要如此。所以要掌握语文这个工具，必须把着重点放在培养语文能力上。而培养能力的方法在于实际操作，要学生亲自动脑、动口、动手，这是基本方法。把着眼点放在培养能力上，这样讲不是忽视知识，而是把知识放在一个恰当的地位，讲知识的目的也是在于培养学生正确地理解和运用祖国的语言文字，提高吸收和表达的能力。具体说就是听、说、读、写的能力。这个指导思想必须首先明确。下边谈几个问题。重要的一点是要打破语文课堂教学的程式化，把语文教活。

第一，说说课堂教学的问题。

（一）从实际出发。语文教学这门学问是活的学问，最忌讳机械，最忌讳呆板，最忌讳教条文化，要在“活”字上着手。语文教学既是一门科学，也是一门艺术，既有其确定性的一面，也有其灵活性的一面，只作一些呆板的规定不合适。所谓从实际出发，就是说采取教法要因篇而异，因教学要求而异，因学生而异，甚至要因教师而异。不同的课文要采取不同的教学方法；相同的课文，教学要求不同，教学方法也可以不同；不同的学生对象也要采取不尽相同的方法。因教师而异，就是老师也可以扬长避短。我相信在座的老师语文修养都是很全面的，但是总有你更好一些的方面，要充分发挥你的优势。扬长避短并不是可以随便来，而是在大纲允许的条件之下。

（二）突出重点。讲课文不要面面俱到，要突出一两个重点来进行讲授，钻研教材的功夫就在这个地方。另外一些方面虽然也很重要，但不是重点，要学生一般地知道一下就可以了。弱水三千，我只取一瓢饮。

（三）精讲多练。对这个提法有的同志有不同意见，我换一个说法，就是让学生自己多动脑、动口、动手。这非常重要。语文教学中的无效劳动，有一个重要方面，就是学生已经懂得，或者是学生自己可以做的，却由老师包办了。老师不要当演员，要当导演。就是让学生自己多动脑、动口、动手。我们比较一下。一种情况是，从初一到高二，语文钟点是不少的，这样多的语文钟点假如全部让学生坐在那里当观众，只用耳朵听，或者稍微想一想，不动手写，不动口说，这样度过几百几千个课时。另一种情况是让学生起码有一半的时间自己动手写，自己用口说，这样度过这几百几千个课时。哪一个效果更好一些呢？恐怕谁都清楚，是要学生动口动手的好。教是为了不教，教是为了老师逐步做到不教。当然这不是一下子能做到的。只有让学生自己动口动手，才能逐步做到不教。

（四）着眼于启发学生的积极性，在启发性上作文章，在“兴趣”二字上作文章。大家都在谈语文教学怎么开发智力，这个问题我自己还弄不太清楚，还不能讲，但起码要启发学生的积极性，使学生聪明起来。“兴趣”，大家过去是不大谈的，认为它不怎么严肃，有点“兴趣主义”，但是语文课引起学生的兴趣，是十分重要的。学生只有对语文发生了兴趣，才能真正自觉地学好语文。我们老师也只有对语文有浓厚的兴趣，才能真正地教好语文。我们对待语文是个怎样的态度呢？是拿它当一项工作、当任务来完成，甚至于当一种谋生的手段，还是当一种事业，作为一种很有兴趣的事情呢？是不是达到“不可一日无此君”这样一种境界呢？如果老师对语文达到“不可一日无此君”的境界，那教好语文就有保证了，你可以感染学生，学生对语文也就感兴趣了。所以，很多实验学校都很注意这个问题。当然这个问题跟教材很有关系，有的课文选得不好，对培养学生兴趣没有起到积极的作用，这也是事实，但不少课文是好的。

大体上就是这几个问题：（一）从实际出发；（二）突出教学重点；（三）着重让学生动脑、动口、动手；（四）注意启发，实行启发式。

第二，打破程式化。这个问题 1978 年提得比较多。一些学校都在议论这个问题，什么叫程式化，怎样打破？语文课的教学好像有一个套套，一个程式；介绍时代背景和作者，解词，分段，串讲，布置作业。每一篇课文都要经过这几个程序，或者大体上经过这几个程序，如果缺了哪个程序，好像不那么完美。听课的同志和有些领导同志也这样要求，你这课书还没讲啊，没讲全啊，词还没解啊。篇篇如此，当然要费很多的时间。这是一个程式，它的不好之处就在于固定化，呆板化，变为一个定而不可移的东西，这是不对的。是不是这些项目都不要了呢？当然不是这样。应该因文而异，许多课文完全可以不介绍时代背景，有一些课文需要介绍，如讲高尔基的《海燕》，不介绍时代背景就不懂。作者，绝大部分课文都不必要介绍，有的参考书把我们没有注解的作者都补上去了，那仅供教师参考。当然，有一些课文非介绍作者不行。作为一种文学知识，司马迁、李白、鲁迅就要介绍一下，分别对待。有一些课文没有必要去讲段落大意，但是有一些要着重讲文章的段落。总之不要程式化就是了，这几个方面并不要否定它。打破程式化有哪些做法呢？

第一种方法，就是一篇课文只重点讲解。不从第一句讲到最末句，而是抽其中的一段或一部分来讲，这是一种作法。有些课文比较长，不可能从头讲到尾；有的课文虽然不长，但是没有必要从头到尾去讲，只讲其中一部分，举一反三就可以了。举个例子，《药》比较难讲，我看把这篇小说背景讲一下，把中心思想说一说，生字、生词解释一下，要学生从头到尾读它一遍，默读、朗读都可以，这些功夫是要作的。至于老师讲课文，就不必从头到尾讲，只讲最后一部分就可以了。这篇文章共分四部分，前三部分不讲，只讲第四部分，我想是可以的，留一些余地给学生自己去思考，让学生自己去举一反三。为什么要讲最后一部分呢？因为最后一部分在这篇文章里是关键性的、最重要的一部分。鲁迅先生在这一部分里加了一个花圈，这个问题要老师讲的。结尾部分是个难点，这要讲的。至于第一、二、三部分，没有什么困难，一个中学生是完全可以读懂的。只有一些生字、生词，解释一下就行了。把花圈的问题讲清楚。最后一段，就是有乌鸦的那一段，现在有许多文章在分析，有不同看法，也要讲清楚。这样就省去了大部分教学时间，教学效果也不一定会差的。着重讲的这一段怎么讲法呢？有老师叫我示范讲一下，我愧不敢当。因为我讲起来实在没有老师讲得高明，离开讲坛者30年矣。我试着讲一点我的看法。

先说一种不大好的讲法。老师讲课要抓住难点，抓住重点，讲学生不懂的东西，不要讲学生懂的东西。如果讲那些一目了然的东西，或者简单地作内容的重复，这样讲课是不会有很多收获的，学生也不会感兴趣的。我在很多地方听课，有这么一种不大好的讲法。如讲这一段话："微风早经停息了；枯草支支直立，有如铜丝。"老师问："是什么风早经停息了呢？"学生有的说"大风""小风"。"都不对，是微风。""微风是什么时候停息的呢？"有人说："已经停息很久了。""这不对。"有人说："还没有停息。""这不对，是早经停息了。"就是简单地重复课文，你让学生重复它干什么呢？这种教法我看是应该否定掉的。

现在我把课文最后一部分说一下。夏瑜的母亲发现夏瑜的坟上有花圈，她不知道这是花圈，以为是神仙显灵，所以她看见旁边有一只乌鸦，她就说，假如上天有灵的话，知道儿子是冤屈的，就叫乌鸦飞到我儿子的坟上来吧，然后她就等着，等了半天乌鸦也没有飞。有很多上坟的人都来了。这时候华小栓的母亲就劝她说咱们回去吧，正要走的时候，乌鸦忽然一声大叫飞走了。这里我摘讲两段，第一段夏瑜的母亲说了一番祝愿的话，说是假如上天要是有灵的话，叫乌鸦飞到儿子坟上来。鲁迅先生接着写："微风早经停息了；枯草支支直立，有如铜丝。一丝发抖的声音，在空气中愈颤愈细，细到没有，周围便都是死一般静。两人站在枯草丛里，仰面看那乌鸦；那乌鸦也在笔直的树枝间，缩着头，铁铸一般站着。"这一段描写的目的，在于写一个"静"字，"死一般静"。鲁迅先生怎么写这个"静"字呢？假如这么写"周围一点声音也没有，死一般静"，这显然是很拙劣的。他从各方面来烘托这个“静”。用风来烘托，“微风早经停息了”，一点风不刮；特别这枯草写得好，“枯草支支直立”，每一根枯草，一支支枯草，站得很直，为什么站得直？因为“风早经停息”了，草一点不摆动了，所以直立。“有如铜丝”，这个比喻非常好。它是枯草，不但没有叶子，颜色跟铜丝也相近，它的枯劲，跟铜丝更是相近的。由铜丝就引到下一句话，“一丝发抖的声音，在空气中愈颤愈细，细到没有。”发抖的声音是什么？它“愈颤愈细，细到没有”，说的是什么呢？说的是“静”，是一种人的感觉。这种发抖的声音是指“支支直立”的像铜丝一般的枯草在微微颤抖，枯草颤抖，质感不强，像铜丝一样的枯草在颤抖，质感就很强了。铜丝的颤抖是很微细的，“一丝发抖的声音，在空气里愈颤愈细，细到没有”。实际上这种颤抖是未必存在的，是在非常静的情况下，夏瑜母亲的感觉，正是因为它一丝不动，才感觉到它在颤抖；正是因为它没有颤抖，所以终于细到没有，是这么一种恍惚的感觉。写“静”，只说“这里很静”，这是很笨的写法，要采取各种的方法把这个“静”烘托出来。有一般的烘托，有很高明的烘托。鲁迅的这种烘托是高明的烘托，实际上是写人的心理的感觉。明明风早不吹，草一点不动的，但是人感觉它似乎在颤；又因为它确实没有颤，所以感觉它终于没有颤。在古诗里有“蝉噪林愈静，鸟鸣山更幽”的句子，是用动来衬托静。这里是用心理上感觉的颤抖的声音来衬托静的。为什么要写静？这是很有道理的，因为夏瑜的母亲说过这番话以后，她由于深深知道自己儿子是有冤屈的，她满腹的冤屈，又找不到答案，眼看着这样一个神奇的现象（花圈）没法解释，这时候她是相信有神的，她也相信她的话说过之后，乌鸦会飞来的。这里就要写夏瑜母亲这种迫切的、期待的心情。她以深沉的母爱，以深沉的对儿子冤屈的积郁，以这种感情期待着乌鸦飞过来。这个静就是在写夏瑜母亲的这样一种心情，她越是希望乌鸦动，越会感到周围静得难堪。

最后一段，乌鸦飞走这一段，争论最大。华小栓母亲和夏瑜母亲走了，她们走不上二三十步远，“忽听得背后‘哑——’的一声大叫；两个人都竦然的回过头，只见那乌鸦张开两翅，一挫身，直向着远处的天空，箭也似的飞去了”。这是写什么？争论很多，有人说是写一种阴冷的气氛，这一些都不要给学生讲，懂不了。这里就讲清一个问题，这里写乌鸦飞了，是写

"动"。但是它并没有按夏瑜母亲的祝愿飞到坟上去，而是飞到天上去了，这就说明夏瑜母亲的那种祝愿不过是一场空。这里，鲁迅先生对当时的中国民众的愚昧，是怀着深沉的悲哀的。我说这段话只讲一句，就讲"乌鸦张开两翅，一挫身，直向着远处的天空，箭也似的飞去了"，为什么这样写？换个写法"只见乌鸦飞去了"，不就完了吗？为什么要写"张开两翅，一挫身"，还要"向远处的天空"，还要"直向着远处的天空"，还要"箭也似的飞去了呢"？为什么如此地强调呢？原来在一篇文章里面，哪些地方着力描写，哪些地方不着力描写，这都是有考虑的，不是随便的。这里着力地写乌鸦是飞向"天空"，而不是飞向夏瑜的"坟墓"，所以一再强调又是"张开翅膀"，又是"一挫身"，这是乌鸦飞前的动作；起飞后，不是向近处的天空，而是向"远处"的天空。一点不犹豫，"直向远处的天空"，速度很快，"箭也似的飞去了"。这样用工笔重彩来描写这一"飞"，是有道理的，里面也包含了鲁迅深沉的悲哀，说明夏瑜母亲由于愚昧，那种在梦幻中的追求终于破灭了，一定会破灭的。所以很强调这一"飞"。这样讲行不行，供参考。就是要讲学生不懂的东西，联系作品的内容，联系作者的思想，讲清楚它的遣词造句的妙处。"铁铸一般站着"，"箭也似的飞去了"，这无非是比喻吧。如果仅仅问"这两句是什么修辞方法"，学生讲"是比喻的方法"，这样讲有什么味道呢？

我在上海听一位教师讲《一件小事》，讲得很好，抓住了关键的词语。她讲那老太婆过马路，"伊从马路边上突然向车前横截过来"。就讲"横截"这个词，讲得很生动。她说为什么不说"她从马路边上走过来"，或者"跑过来"而说"横截"过来呢？这个词用得非常准确，"她跑过来"不能说明她跑在车的前头有多远，不能说明这一跑，人力车工人来不及躲闪。"横截过来"，横着截过来，把路给截断了，这就不用多说话，就可以表现人力车工人是来不及躲避，出于意外，猝不及防的。

截取文章的一段，当然要经过分析。哪一段是最重要的就讲，另外一些段就不一一讲了。那么是不是放弃了，不是。至少要读一读的。要通读全篇。一些生字生词给学生要讲清楚，有些要抽查。讲完最后一段了，可请一位同学讲讲第三段里面某几句；或者请一位同学讲讲第二段中的某几个词的用法。他怎么体会，你抽查一下就可以知道。这是第一种方法。

第二种方法，确定训练的重点，进行单一化的训练。我们一般的理解，总是觉得课文里有的，不讲，好像就没有完成任务。其实课文可有多种多样的处理方法，不一定篇篇都全面讲，有一些用不着讲。有一些学生完全可以懂，只要指导一下就行了。比如《一件珍贵的衬衫》，有什么必要从头讲到尾呢？一些课文可以确定一个单一的训练项目，就是用这篇课文作某项训练，不搞其他活动，行不行呢？有很多学校是这样做的。比如可以利用课文作口头表达训练。有一次公开课，一个老师讲《最后一课》这篇课文。他就是训练学生朗诵，反复朗诵，他也来朗诵。这样一次公开课，朗诵了若干遍，课上完了，也没有讲什么，做什么。下来以后，同志们议论纷纷，有人说："这个简直不能算语文课。"有人说："这样好。"有人说："这篇课文很适合朗读，训练读的能力固然是可以的，可这样搞，学生未必能理解，读一读怎么理解呢？"为了解决这个问题，请了另外一个老师，按照通常的讲法，讲了一下，然后举行一次测验，测验学生对课文的理解程度。测验结果，专搞朗读的这一班，反而稍好一点。这说明很多文章，学生实际上是懂了的。懂了为什么要讲？懂了再讲，学生当然不感兴趣。进行一种单一化的训练，如《最后一课》，就是训练口头表达能力，训练说的能力。着重指导朗读，在咱们选文中间至少有一部分课文，是可以这样做的，比如诗歌，是最便于这样做的了。《王贵与李香香》《一月的哀思》《回延安》这些诗有多少可以讲的呢，完全可以在反复吟味中去体会。这样说不是绝对排除讲。《天上的街市》这一首短诗，作者写"天上的街市"，实际上写他对人间的一种美的向往，他之所以没有按民间故事那样写牛郎织女，而把他们写得很自由，是向往着人间也能够出现自由的世界。让学生理解这一点就够了。此外，好好读一读，当堂背诵，用一课时完全可以了。像一些戏剧，我们选的《威尼斯商人》《龙须沟》《日出》，当然是可以多种方法进行讲授，不一定就是朗读，但是这种教材训练学生的口头表达能力，是很有利的。我们选了一篇相声《连升三级》，这篇也是训练口头表达能力很有利的教材。

有些课文还可以专门训练读。长的课文可以训练学生阅读的速度。比如比较长的小说《党员登记表》，是可以训练阅读的速度的，规定在一定的时间内（看篇幅的长短来规定），初读一遍，然后回答几个问题，或者是写出这篇文章的概要、提纲、摘录、读后感等。这样的训练，是非常重要的，不是可有可无的。我们训练学生读的能力，要叫他习惯于作摘录、写概要、写自己的见解，用笔记本写，也要学会用卡片写。还可以训练听。一些语言流畅的课文，篇幅短的，可以搞全篇，篇幅长的，可以摘取某些部分。听的训练有两种，一种是教师按记录速度朗读，学生一字不差地记录下来。再有，教师按中等速度朗读，学生记录要点。还可以作写的训练。缩写、改写、扩写等都可以。上海师大一附中，讲到“一课一得”，所谓“得得派”，就是教学目的单一化。比如高中有篇课文叫作《内蒙访古》，这篇课文选进来的目的，就是要学生学习写科学考察这样一种文章。我们读一般的游记很多了，一般的游记，学生是会喜欢读的，但是严格说，用处是不大的。学生毕业以后，升学或者从事工作，除了他当文学家以外，其他岗位写游记的需要是很少的。但是科学考察，将来会有相当多的学生会碰到的。写科学考察的重要问题，是怎么使用实际考察来的材料或资料说明问题，重要在这一点，所以讲这篇课文，只要解决这个问题就可以了。在这篇课文的后头，有一道练习题：“这篇课文是记访古内容的课文，访古代的史迹，引用了一些考察的文献和资料，有叙有议，在记叙或议论中表明作者的看法，试按照下表所举的例子，再从课文里找出一两例整理一下，简要地写在表里，并说一说这些感想和看法，是怎样跟引用的材料相统一的。”要学生好好做好这道题，教学目的就达到了。如初中选了一篇《澜沧江边蝴蝶会》，这篇文章之所以选进来，是要教给学生如何修改文章，从修改文章中来体会文章的写法。《改造我们的学习》是一篇难教的文章，政论文章怎么讲，特别是毛泽东同志的著作，马恩列斯的著作，怎么讲，有的老师认为是个难题。教学目的也可以单一一点。如通过对比来论证道理，在这篇文章中这一点很突出，充分展开了主观主义态度和实事求是的马列主义态度的对比，要读者在对比中来领会什么是正确的，什么是错误的。这一课怎么讲呢？我想主要是讲文章的逻辑性，就是讲思路，一篇有一篇的思路，一段有一段的思路。这篇文章分四段，它为什么这样分，为什么先说这个后说那个呢？中间是怎么转过来的，一段中间分若干句，一句接着一句说，为什么这样说呢？为什么按照这个顺序说呢？就讲这个。文章里第四段运用对比的方法要着重讲。其次，就是讲一讲词语。比如说“言必称希腊”，为什么说称“希腊”呢？这要讲一讲。

第三种方法，一次多篇。在一次之内不是讲一篇课文，是讲一组课文。第一册《一件珍贵的衬衫》《老山界》《草地晚餐》《红军鞋》四篇文章，可以一篇篇地讲，也可以不一篇篇地讲，怎么讲呢？有两种办法。一种办法，只讲其中一篇，另外几篇不作分析了。还有一种讲法，作综合讲授，在四篇课文里抽出它的共同点讲授。比如这几篇，全是第一人称讲的，就讲第一人称的问题，这四篇全是记事的，就讲记事的几个要素。也可讲这几篇的不同处，加以比较。比如《一件珍贵的衬衫》是以衬衫为线索的，《红军鞋》是以一双鞋为线索的，《老山界》没有明显的线索，《驿路梨花》有个暗中的线索，那么就可以着重讲文章的线索，互相比较着讲。一次处理一个单元的问题，处理几篇的问题，这也是有些学校采取的方法。这样的讲法显然会节省大量的时间。我开头讲了一个“活”字，意思就是要灵活运用。我讲的是一些实验学校使用的方法，并不是都必须这样讲，也不是所有的课文都要这样讲。有一些课文，就是要串讲，从头讲到尾，字字讲，因文而异嘛！叫我看，大部分文言文还是要串讲的，获得阅读浅易文言文能力主要是靠读，主要不在于懂一些古汉语知识。有些白话文，文章的艺术性很高，思想很深，要学生好好读一下，会有很大获益。这样的文章，就可以花一点时间，讲一讲。我可以举一篇《为了忘却的记念》，好文章啊！鲁迅的文章，他的文学作品，从五四到现在的文坛上，还没有超过他的，这个是有十几卷作品在，不是哪个人把他吹起来的。所以我们无论如何，要把鲁迅的文章着力讲好。的确，他的语言不一定适合今天语言的习惯，他的文章内容，牵涉当时的社会政治情况比较多，比较难讲，但是我们还是要把它讲好。谈到语言，叶圣陶早期的语言，朱自清早期的语言，郭沫若早期的语言，也带有五四时期的特色，也并不是今天的口语，咱们不是一样要讲嘛！值得讲的文章，可以用比较多的时间。

第四种方法，充分调动学生积极性。过去我上学时，有一个老师讲《长恨歌》，那简直把全班同学都吸引住了，他自己也化到诗里面去了。这是一种感情的感染，我们说老师需要有这么一点感情，假如你讲的这篇课文，你认为实在没有什么可说的，你也不喜欢它，那么肯定讲不好。咱们课文里，确实有老师们不感兴趣的课文，但是有很多课文，是能引人入胜的。还有方法问题，不是有了感情就行了，有了感情是很好的，还有个方法问题。方法很多。我就讲我亲眼看到的一个方法，很有趣的。那就是上海育才中学采取的方法，叫作“读读议议”。我听的那一课是讲《送瘟神》。老师先把这首诗从头到尾朗读一遍，并请两三位学生分别朗读，然后让学生自己讨论。于是把学生分成若干组，前头的学生一转身跟后面的学生配成一个小组。学生一句一句的在议论，非常认真非常活跃。议论一段，老师说，议论中间有什么问题呢？同学们提问题，老师作答。最后要求学生背诵。这一课确实调动了学生的积极性。比如有一个学生提了个问题：律诗讲对仗，“千村薜荔人遗矢，万户萧疏鬼唱歌”，“薜荔”是名词，“萧疏”是形容词，这两个怎么对呢？问题提得好，这个学生如果没有深入思考，提不出这样的问题来。老师当场没有回答。研究了一下，对仗本来有严宽两类，严的对仗是很讲究的；宽的对仗，是允许这样对的。在杜甫的诗里，也有宽的例子。如“尽日淹留佳客尘，百年粗粝腐儒餐”用“淹留”（动）对“粗粝”（名），就是宽的对法。这有利于调动学生积极性。是否每堂课都这样做，我又说一个“活”字。有些课可以这样做，有些课可以不这样做。方法是多种多样的，运用起来呢，那就是看自己的选择了。清代诗人赵翼有一句诗“只眼须凭自主张”，就是你自己要独具只眼，有自己的主张，不随着别人转。这一点很重要。说了半天，这些方法，无非供大家参考，没有一条是可以照搬的，都要加以分析，看它是否适用、是否合理。有的合理，也要看它在我们这个地区适用不，要把它消化一番活用。有人提出一个问题，把语文教活，那么高考怎样对付？我相信这一点，只要学生能力提高了，对于高考来说，是会无往而不胜的。我们看看今年的高考题，假如学生的基础很好，完全能答上来。我想不必顾虑这个问题，我们按照语文的规律来教学，扎扎实实把它搞好，高考不会成问题。昨天有同志讲，你又要我们按照大纲，又要“活”，两者怎么样一致起来呢？我们广大学校还是应该按大纲、课本办事，“活”有个限度，“活”在大纲范围之内。

第二个问题，谈谈关于作文指导。

讲作文指导之前，先讲一讲对作文的认识。作文是什么呢？可不可以简单地说，作文是一种综合性的训练，如果在语文课里有很多单项训练，分解训练，那么作文是这些训练的综合运用，比如字、词、句、篇，在作文里综合起来了。它最能代表一个学生运用语言能力的水平。作文还是一种创造性的训练。为什么是创造性的训练呢？我们搞的单项训练，着眼点绝大多数在语言文字的运用上，填空、造句、改错、写片段，这些训练，用意在于训练学生驱遣运用文字的功夫，这个词用得不对了，你要换一个词。缺一个词，你要填一个词。至于思想内容，是现成的，不是学生自己的。单项训练不包括学生用语言文字表达自己的所见所闻所思所感。要学生运用语言，运用书面语言表达自己的所思所感，是作文的一个特点，也就是说是创造性的练习。

还要讲一点，阅读跟写作的关系。一个通常的提法叫读写结合。读写结合，有各种理解。一种理解，认为课文应是供同学模仿的范文。这个理解怎么样呢？可以分析一下，“读”对“写”有重大作用，让学生通过读来体会学习前人或别人运用语言的经验，这是非常重要的。杜甫说“读书破万卷，下笔如有神”，强调了读的作用。欧阳修说“勤读书，多为之”，也是说要勤读。学生学作文，大约都是从模仿开始的，越是低年级越是如此。就是成熟的文章家，也不免受到其他作家的这样那样影响。我们不否定学生作文要模仿，那么既然学生作文要模仿，就应该叫学生读一些可以让学生模仿的文章，叫“葫芦文”，比葫芦画瓢。为什么要同学读大量的名家名著呢？（一）在于掌握古代的和当代的一些精华。（二）就拿模仿说，我们有句古话，叫作“取法乎上，始得乎中”。所以要叫学生读一些高水平的。眼高手低是普遍存在的，不仅学生如此，我看在座的老师也是如此，我也是如此，这是个普遍现象。那么学生呢？要读一些高的东西，树一个目标，这样，取法乎上。叫他们从名家名著中受到影响，不是直接的模仿。这样一种影响，看起来似乎不一定立竿见影，但是影响是很深远的，甚至是一生受用不尽的，所以要学生读一些名家名著，尽管有些作品不一定适合学生直接模仿，也要读。当然，也要给学生一些便于模仿的“葫芦文”。“葫芦文”当作课文讲读，是不一定很合适的。三三制课本准备分两种，一种写作课本，一种阅读课本。在写作课本里面，就可以编一些便于学生模仿的文章。模仿的问题，还有读写结合的问题，结合的方法很多，比如读《白杨礼赞》，让学生作文，写“牵牛花”“骏马”“路灯”“花坛”等。这是一种结合。再有一种结合，比如说学了几篇游记，然后叫学生也写游记。还有一种结合，就是写读后感。

还有几个问题说一说，一个是命题不命题。有人主张命题，有人主张不命题。我看作文还是要命题。命题的方式，有的可以由教师直接写一个题目，如“我的家庭”“我的老师”，有的可以由老师指定范围，由学生自己选择适当的词句来命题。比如说，写个通讯报道，你调查一下学校里面有哪些先进事迹，然后选择一个写一篇报道，自己加个题目。这两种命题方法，都是可以的。为什么要命题呢？学生出了学校门以后，在社会上应用写作的时候，我看除了作家以外，大部分是命题文。到工厂里，要你写一个调查报告，写一个总结，为了完成工作任务的写作都是命题的，所以学校的这种训练是必要的。作家是不同的，他也命题，在生活中有一定感受，确定题材，然后来写，自己命题。

再是给予指导不给予指导，这也有争论。有的同志主张作文要严格给予指导，要指定题目，指定写作文提纲，要提出许多要求，要限定时间，等等。也有的同志不主张这么作，叫作写“放胆文”，给你出了题目，指定范围以后，你就充分发挥想象，写就是了，自己愿意怎么写就怎么写。照我看，前一种意见，给学生适当的指导，是必要的，可以这种方式为主。但也不妨每一个学期或每一个学年搞一两次“放胆文”，不提要求，也不限时间，我说不限时间，是不限两个小时以内来完成，可以长一点。限定时间有必要，在学校进行这种训练，作文限定在短时间内完成，与将来从事写作很有关系。将来从事写作，除了作家以外，其他场合往往是有时间限制的。写一个年终总结，总不能拖几个月吧。学校训练写作，包括训练作文的速度，但是也要搞几次不限时间的训练。给学生以指导，要合理。有一些指导值得商量。比如说你写这篇作文，要把下面的一些词用进去。下面开列了二三十个词。再如你写这篇作文，要使用下列句式。疑问句，祈使句，陈述句，感叹句，提了很多很多的句式，要把这些句式用到作文里去。这样一些指导，不见得妥当。我们指导学生写作文，着眼点在于如何应用语言文字来表达清楚他的见闻和感受，而不是单纯地进行文字技巧的训练。这样的要求，显然会限制学生的思想的发展，限制他们表达自己的真实的思想感情。他根本不想提什么问题，为什么叫他写疑问句呢？写文章必须用某些词句，必须用什么句式，这样一种要求，不但学生做不到，一些作家也会感到很困难。指导应该是合理的指导。

再有写真人真事还是写想象。有的同志认为作文不允许写想象的东西，如果不写真人真事，就是说假话。有的则认为作文允许虚构，文学作品允许虚构，为什么不许作文虚构呢？中学生，特别是低年级的中学生，要以写真人真事为主。要把写真人真事跟写想象的东西区别开来。为了两种不同的目的，所采取的两种不同的写法，不能混淆起来。同时也要指导学生写一些发展想象的文章。以写真人真事为主，以写想象为辅。每学期搞一两次，未尝不可。比如写我的家庭、我的同学、我的老师、一个可尊敬的人、使我最感动的一件事、我的童年生活等，这一类的文章必须写真人真事，是不能虚构的。讲个笑话，有个古人写诗，“舍弟江南死，家兄塞北亡”。这么一联诗拿来给朋友看。朋友说：“你实在太不幸了，哥哥弟弟同时都死去了，我很为你悲痛。”他说没有这个事，我弟弟死了，我哥哥没有死，这样写是为了对仗嘛！不能这样子，真事就是真事，是不能含糊的。但是也允许学生写幻想，搞得那么死，不行。童年时代想象的翅膀是飞得很远的，他爱看幻想的东西，自己又何妨写一点幻想的东西呢？比如写简短的童话，写科学幻想的东西，完全可以，就是要区别开来。高年级的学生，写一点虚构的人和事，行不行呢？是可以的。在要求中间，指导中间，把它讲清楚。我们这一次，就是训练写想象的内容，不是写真人真事，还是以真人真事为主，也不妨作一点想象的东西。这是对发展学生的想象力、智力，都有好处的。

再有写生活与运用资料。学生作文，不能离开他的生活，这个是很重要的。但是，作文除取材于生活之外，还可以取材于资料，这也是很重要的。应该训练学生凭资料写文章，光凭生活写文章还不够。比如要学生写一种动植物的生态习性，就要给学生介绍若干篇有关的资料，叫学生看三五遍，再动手写。要学生评价一个历史事件，也要先让他们阅读若干历史资料，看一看，再围绕一定的目的写。总之，政治的、文学的、历史的、地理的、社会的，领域广得很。这样的作文，高年级比较合适。现在好像做得不多，希望同志们注意这个问题。写“读后感”，也是凭资料写的一种形式。作文内容的来源至少应该是两方面的，一方面从生活中来，一方面借助于间接的生活经验，从资料中来。这就要培养学生，教会学生如何使用资料。怎样查找，怎样分类，怎样摘录，怎样分析，怎样运用，这是非常重要的。

下面说说作文的批改问题。昨天会上很多同志反映，有些学校作文的次数很多，怎么批改呢？据我了解，不少学校是一个星期写一次。多于大纲规定的每学期六七次。作文次数多一些好少一些好呢？有不同的看法。梁启超先生就是主张少作文的。他说一个学期做一两次就可以了。据我看，这个意见比较适合高的年级。按目前水平，还是多一点好。我们大纲规定的六七次作文，这是个起码数，在这个基础上多一点也可以。但是怎么批改呢？一种是篇篇精批细改，学生做的次数就少了，一种是不那么精批细改，增加作文次数。哪一种做法有利呢？我看还是后一种有利。上海师大一附中，是个实验学校，他们改进写作指导，做了一些考虑。初一、初二、初三作文的要求都不同。初中一年级的要求是严格的，叫“严”；初中二年级的要求是灵活的，叫作“活”；初中三年级的要求是放手的，叫作“放”。由此，初一年级改作文倾向于“详”，初二年级倾向于“简”，初三年级倾向于指点。至于改作文，他们归纳出七种方式。第一种叫选择式，就是教师抽改部分作文，不改全部作文，比如抽改三分之一，将改了的这三分之一的情况，给全班作讲评，教师没有改的作文，让学生根据老师讲的，自己修改。第二种叫启发式。教师并不精批细改，而是提出一些问题，使用一些符号，然后发给学生，叫学生自己改。第三种叫谈话式，就是面批。面批太费时间，可以有计划地安排一下，一个学年，同学们的作文争取基本上都面批一次。面批对学生的促进很大。第四种叫交换式。就是把学生分成若干小组，小组同学互相修改。第五种叫调查式。由两个小组交换着改，互相了解另一组是怎么写的，怎么考虑的，所以叫调查式。第六种叫议论式。老师从这一次作文中选出一两篇，用大字抄写出来，贴在班上，要全班同学共同来改，通过大家的议论修改，共同得到启发，自己再去修改自己的作文。第七种叫重复式。就是一篇作文，反复修改几次。第一次指出不恰当的地方，回去再写一篇送来，再修改，直到改好。

上海师大一附中，借助于这些批改方法，作文的次数就增加了，教师就没有用每一篇作文都精批细改的方法。还有的学校采取修改三分之一的办法，轮流修改，三次作文全班同学可以轮流一遍。这种修改三分之一的办法，是应该有很好的评讲作为辅助，没有评讲是不行的。他们这些办法我们这里适用不适用，还是我那句话，认为适用就采纳，认为不适用就不采纳。

如果采取这种修改办法，就可以增加作文的次数。当然也不排斥有那么几次从头到尾地精批细改。也要着眼于一个“活”字，就好像我讲了那么多教学方法，也不排斥对一些课文进行串讲。

许多实验学校，不仅在课内增加作文的次数，课外也大力提倡学生搞一些写作。在课外他们搞什么活动呢？譬如办墙报，这是一项很好的作文训练。办全校的墙报，还不妨在班里办一个小小的墙报。出一个小墙报，要指定一个同学当主编。墙报上不断地发表一些学生写的东西。这件事我当年教书试验过，这种活动对提高学生语文能力很有效。不需要老师做很多事情，但要学生自己办。再譬如编文集，这是一位特级教师的经验。他那个班有两本作文本，一本是课上的，一本是课下的。课下是自己命题，随时有感受就写下来，一篇一篇的文章都存起来。过了一段时间，要学生把自己写的文章编成一个集子，还要给集子取个名，写上自己的姓名，清抄一份，装订起来，挂在教室里让大家看，这样做对于提高学生作文的积极性大有好处。他认为自己的作文居然成了集子，很有兴趣。再有，不妨把好文章给报纸杂志作推荐，发表一两篇也好。在报纸上发表一篇文章，处女作用铅字排出来，往往对一个人一生的道路有很大的影响。丹麦作家安徒生的回忆录这样写道：看到我的童话第一次用铅字排出来，简直高兴得不得了。《中学语文教学》发表了一些学生写的文章。有个学生写信来说，这件事简直在学校里都轰动了，同学们向他祝贺，老师向他祝贺，高兴得不得了。老师给学生推荐推荐，发表发表，是有很大促进作用的。在作文中，我们要有表扬。不但有批评，而且要有表扬。批评是指出一些不足之处，这是必要的。好的作文一定要表扬，要在全班当众朗读他的作品，指出他的好处，还不妨有一些小小的奖励。在一个学期或一个学年搞一次比赛。再就是写日记，写日记实在好，要培养学生写日记的习惯。最初可能要说的话不多，慢慢地习惯起来就会说得多一点了。日记要不要批改呢，我说最好不批改。有的学校把学生的日记收来，老师看过加以批改，这样学生的心里话就不敢写了。学生愿意给老师看一看的话，自然是可以的。要同学自觉送来看，不要强制收日记。假如课内把课文讲好了，作文搞好了，再辅之以这种生动活泼的兴趣很浓的课外活动，我想写作的问题是不成问题的。写作的问题讲这么几点。

最后，回答几个问题。有老师提出现在语法怎么教，意见分歧。如合成谓语的问题，有些专家的著作不采用这个提法，这怎么办呢？我们教材中的语法体系，是按照50年代定下来的暂拟系统来编的，当时确定这个暂拟系统就是为了中学教学使用的。所以我们教材没有采取其他的体系。老师进行教学就按照课本的体系教。哈尔滨会议对这个系统提出了修改的初步意见，将来确定下来之后，我们按修订的体系讲。中学语文的语法教学是不适合几种说法并列的，要学生学一点，无非是为了运用，还涉及不到各种理论的探讨，所以不要在中学语文教学上搞百家争鸣。有的老师、家长在大学里学的另外一套，这要说明一下。有的同志提出浅易文言文的能力的标准问题。这个问题没有作通盘的研究，按我个人意见说，就是借助工具书或者注解能够看懂《资治通鉴》的选本，《梦溪笔谈》的选本，《聊斋志异》的选本。一个是历史著作，一个是科学著作，一个是文学著作。要说明一下，这是不成熟的，将来怎么定还不知道。

最后讲一点，希望老师们注意语文教学业务的学习，加强进修，这关系很大。提高语文教学质量，一个是教材，一个是教师。教师起很大的作用。让我们在各自岗位上共同努力。

1982年4月

语文教学和语文教师*

既然中学语文课要训练学生的语文能力，培养学生的好思想、好情操，还要丰富学生的知识，那么，当一个语文教师应该怎样？一个中学语文教师首先要有高尚的思想品德，这一点就不用说了。我想谈谈，单从业务上看，语文教师应该具备哪些条件。

第一条，应该能写一手好文章。语文课要教会学生写文章，当老师的当然不能“君子动口不动手”，也应该会写文章。起码也要能把文章写得合乎规范；能写得好一点，就更好。有些语文教师笔下还来不得。许多高等学校的中文系，主要是传授知识，对写文章似乎不大重视。所以，即使是中文系出来的学生，有很多写文章也不大行。一般中文系倒也罢了，将来要为人师表的师范院校的中文系的学生，必须好好练练笔，应成为写文章的内行，最好是成为能手。光知道一些写作知识还不行，还得动手写。写什么呢？什么都可以写。写议论文啦，写通讯报道啦，也可以写些文学作品，如散文、杂文、小说、诗歌等。上学的几年，应是不断练笔的几年。以后到了岗位上，还要不断地练笔。要始终不脱离笔墨生涯。上海的《语文学习》曾经搞了一次教师的写作竞赛，我是很支持的。叶老也提倡“教师下水”。语文老师能把文章写得好一些，指导学生就方便了，指导才能指在点子上。诸位要利用一切可能抓到的时间写些东西，养成勤于写作的好习惯。我有时写点东西，就是因为已经成了习惯了，一时不写就觉得别扭。所以，就把别人打扑克、聊天甚至看电影的时间用到写作上去了。有时写出满意的东西来，真是最大

* 本文是作者在烟台师范学院讲话的节录。

的享受。经常练笔，可以写读书笔记，写日记。日记是练笔的好形式。

第二条，应该能说一口普通话。所有老师都应该说普通话，语文老师就更应该说，不仅自己说普通话，还应该要求学生说普通话。有的地方，学生读书时用普通话，回答问题时就用地方话；或者课堂内说普通话，课堂外说地方话；或者学校里用普通话，出了校门还是说地方话。这样下去，普及普通话要到哪一年才行？所以，要搞好普通话教学，语文老师要从我做起，做出样子来。千万不能小看这个问题。

第三条，要能写一笔好字。当老师的能写一笔整齐、规范、好看的钢笔字、铅笔字、粉笔字，对学生的影响很大。有的同学如果对书法有兴趣，还可以练练毛笔字。现在中学里虽然提倡写毛笔字，但还没有具体安排。日本是很注意写毛笔字的，书法家也不少。我们国家的毛笔字，这几年有点抬头了，还成立了书法家协会。书法是我们中国的一种独特的艺术，源远流长，书体多样。楷书和行书大体上分为两个大的流派，一个流派是以王羲之为代表的，另一个是以北魏的碑志为代表的。我们可以选择一下，你喜欢哪一派就学哪一派。要看得宽一些，不要只看到颜柳欧赵。诸位走出校门要当老师，应该学一学。

第四条，应该积累比较广博的知识。语文老师如果说是个什么家的话，我说应该是个“杂家”；应该上知天文，下知地理，三教九流，无所不晓。文学知识、语言知识、教育学和心理学知识，以及某些科学知识，都应该具备。教语文课是会经常碰到科学知识的。比如，电子计算机是几进位的？卫星上天，第一宇宙速度是多少？第二宇宙速度又是多少？遗传工程学是什么呢？地球物理学是什么呢？这种种的科学知识，我们应该知道一点。我们是在山东，这个地方很古老，文化传统很悠久，出现过不少著名的思想家、文学家。这是我们山东人的骄傲。同学们对山东的这些情况是不是都了解呢？从头说，《论语》《孟子》这两部著作，同学们是不是都读过了？我看是应该读一读的。孟子的文章在中国文学史上的地位很高，后来的古文家许多是师法孟子的。读一读《孟子》，也不太难，没有多少字嘛！即使开始读不大懂，也不要紧。读书，大约总会有不懂的地方，全都懂了的情况很少。如果只有都能读懂的书才读，否则就不读，那就把自己限制住了。学习写文章，不读

《孟子》恐怕是不行的。再有，唐代的诗人，宋代的词人，有很多与山东有关系。比如杜甫、李白，都曾来过山东，写下许多著名的诗篇。你们知道杜甫、李白在山东写过哪几首诗吗？杜甫的《望岳》就很有名："会当凌绝顶，一览众山小。"他在壮年时写的诗就很有气魄。他还曾写过关于济南的诗。这些中国文学史上伟大的诗人曾在我们山东留下了很好的作品，我们应该知道。山东还出了个女词人李清照，济南有她的祠堂。她的《漱玉词》（新出了《李清照集》）应该读一读。她的词缠绵悱恻，自然如话，在南宋词人中独树一帜，很多词人都佩服她。辛弃疾，他的词风与李清照很不一样，他还写过一首学李易安的词，学得真有点像。辛弃疾也生在济南，济南也有他的祠堂。他是个爱国者，主战派。他的词豪放悲壮，跟婉约派不同，更应该大读特读。山东还有个蒲松龄老先生，他写的《聊斋志异》的确很高明，有世界声誉，翻译成许多国家的文字。郭老说他"说鬼说狐，高人一等；刺贪刺虐，入骨三分"，说得十分中肯。这部小说集应该读，最好是读全集。既然搞语文这一行，就应该成为"语文迷"。大家对语文是不是都入迷了呢？我看应该迷，要废寝忘餐地学习语文，研究语文，对它产生浓厚的兴趣。这样就大有希望了。除上面说的，还有很多。现代的作家，有臧克家、吴伯箫、贺敬之、杨朔、峻青等。单单山东，应该了解和学习的就这么多，全国就更多了。可见，我们需要学习的东西很多。三年肯定是不够的，要用一生的精力去学习。总之，我的意思是希望大家将来成为一个高水平的语文教师，不做中水平，更不做低水平的。我们在上学的时候，就应该立这么一个大志。

最后，我还要讲一点，也是最重要的一点，就是应该热爱语文教学这一行，立志为祖国的语文教学有所建树，干出一番事业。当语文老师到底有没有出息？有的同学上师范后，心并没有完全在师范，以为当教师没有出息。就我看，不一定。有人说，我的志愿是当一个作家，当语文教师就达不到目的了。其实，从语文教师里产生的作家是不少的。鲁迅先生、叶圣陶先生都当过教师，为什么说当教师就不能当作家了呢？当教师和当作家并不矛盾，学校生活也大有东西可写。成为一个教育文学作家，不是很好吗！有一个"家"，大家似乎很少谈到，却是国家很缺的，就是语文教育家。语文教学作为一门科学，我们国家还刚刚开始研究，远远没有成熟。总结语文教学的经验，把它提到规律性的高度，从理论上加以概括，需要丰富的实践，很高的才华，花很大的精力。如果我们国家能成长起几个、十几个、几十个很高水平的语文教育家，我们国家的语文教学就会得到很好的指导，取得很大的进步。语文教育家，大家愿不愿意当呢？我们搞语文这一行的，头一条应该成为语文教育家。有人感到教育界待遇低，社会上有点看不起。这只是暂时的现象。将来总有一天，有人想到教育界来还不容易呢。现在世界上有的国家就是这样。大学毕业，那个不算数，还得再考一次，取得教师证书，才能到学校教书。可见，大家进了师范门，是进对了。

1982 年 10 月

语言·思想·知识*

——再谈中学语文教学的目的任务

中学语文教学有一些长期未能圆满解决的问题，目的任务问题就是其中的一个。

在这个问题上，过去的不同意见大都集中在“文道关系”上。50年代末60年代初就有过“文道之争”，报刊发表了几百篇文章，时间长达三四年之久。到1963年，教育部公布了全日制中学语文教学大纲草案。这个草案对争论表示了下述看法：“关于语文教学的目的，曾经有过争论，争论的焦点在政治思想教育和语文教育的关系上，借用传统的说法，就是在‘文’和‘道’的关系上，有人认为应以‘道’为主，有人认为应以‘文’为主，有人认为‘文’和‘道’应该并重。这个争论反映了在语文教学中‘道’与‘文’不可分割的道理，大家的认识还不一致。”最后说：“无论说‘以道为主’，‘以文为主’或者说‘文道并重’，都是把‘文’‘道’割裂开来，既不符合思想内容和语言文字不可分割的实际，也不符合培养阅读能力和写作能力的实际。”这段话所表述的主张是“文道不可分割”。就我理解，跟“文道统一”是相同的意思。十年“文化大革命”不去说它了。粉碎“四人帮”后，对于“文道关系”又作了探讨。经过这几年的探讨，许多同志的看法逐渐趋于一致了，认为“文道统一”的提法比较恰当。

其实，“文”和“道”只是语文教学的一部分内容，“文道关系”只是语

* 原载《人民教育》1983年第1期。

文教学内容之间诸多关系中的一种关系。对于语文教学的目的任务还需要进一步作比较全面的探讨。我以为，语言、思想、知识，是中学语文教学的主要内容；提高学生运用语言的能力，提高他们的思想觉悟和丰富他们的知识，是中学语文教学应有的目的任务。

语文教学自然应该向学生进行语言教育。使学生获得运用语言的能力，是语文教学的基本任务。在这个问题里又包含着许多值得探讨的问题。这里着重谈谈知识与能力的关系，以及听说读写之间的关系。语文课有很强的工具性，它的任务主要是以训练学生学会运用语言工具；传授语言知识（语法、修辞、逻辑等）为着眼点的。对语言知识教学的作用，应该做恰如其分的估计。全盘否定它的作用，认为学习语言就是要靠在读写中去揣摩，学习语言知识非但无益反而有害，这是不恰当的。语言知识反映运用语言的规律性。学习语言有了科学的指导，较之在不自觉的状态中去摸索，会快一些，也会好一些，这是没有疑问的。可是，过高地估计它的作用，认为学了语言知识，无须下苦功去练读练写，就可以学会语言的运用，也是不恰当的。语言既然是一种工具，它同所有工具一样，只有通过实际操作才能获得熟练运用的能力。何况语言这种工具，要用来反映变化万端的大千世界和人的复杂微妙的思想感情，运用起来需要高超的技艺，就更需要多次反复的、艰苦的实际训练了。语文教学应以训练为主，知识是辅助的。

运用语言的能力，无非一个是吸收，一个是表达。吸收，听别人讲话，读别人的书面语言，即听和读；表达，讲给别人听，写给别人看，即说和写。四种能力的培养，都很重要，是互相促进的。当然这不等于说在教学中要平均使用力量。学习母语跟学外国语不同。学外国语，四种能力都是从零开始，而且由于缺乏语言环境，训练听和说的能力要花很大气力。学母语不是这种情况。一个孩子降生后，从母亲和其他亲人的嘴里就开始学习听和说，进小学的时候，已经具备相当水平的听说能力；而读写能力（如果学前没有识字），却还是从零开始的。到他进入中学的时候，通过家庭、学校和社会的训练，听说能力已有很大提高，而读写能力相比之下还是很有限的。当然，这并不是说，进入中学就不需要进行听说训练了。因为在生活中获得的听说能力往往不合规范，方言区在日常生活中不说普通话就是一例。所以，在语文教学中进行听说训练，以求合乎规范，提高效率，在说的方面要求文明和优美，是完全必要的。但这并不意味着要占用很多的时间。在安排上要以读写为重点，读写多些，听说少些。思想教育也是语文教学一项不可忽视的任务。对这个问题有些同志持有不同意见。有人主张不要把它列为语文教学的任务，否则会分散学生精力，束缚教学思想，妨碍提高学生的语文能力。有人认为思想教育是各科共有的，对语文课来说是外加的，所以不要为好。这些意见都值得商榷。研究这个问题要回顾一下三十多年来的历史经验。从历史来看，原来存在着两种不同的思想教育。一种是“左”的思想教育，一种是恰当的、合理的思想教育。这里不妨将这两种思想教育作一个对比：前者认为语文教学要以思想教育为主，甚至只要思想教育，不要语文教育；后者则承认语文教学应以语文教育为基本任务，思想教育只是任务之一，“文”与“道”是统一的，不可分割和互相促进的。前者认为编写语文教材要“突出政治”，按进行思想教育的要求组成体系；后者则认为编写教材要充分反映教学语文的规律，要按语文训练的要求组成体系。前者认为语文的课堂教学主要是灌输政治道理，转变学生的思想，课文不过是进行政治说教的引子；后者则认为思想教育要在语文训练的过程中进行，收到潜移默化、熏陶渐染的效果。前者认为语文课思想教育的内容应该与政治课相配合，并且强调为一时一地的政治任务服务；后者则认为语文课的思想教育应着重于思想感情、道德情操的陶冶，应从根本着眼，不需要也不可能配合一时一地的政治任务。

从这个对比中可以看出：“左”的思想教育违反语文教学规律，它的确会分散学生精力，束缚教学思想，对语文课来说的确是一种外加的东西，也不能达到真正提高学生觉悟的目的。这种“左”的思想教育在“文革”期间发展到荒唐的地步，大家深受其害，记忆犹新，如今大家憎恶它、厌弃它，主张把它从语文课里清除出去，是理所当然的，完全正确的。我们已经并且正在继续这样做。但是，清除“左”的错误，并不意味着要从语文课中取消一切思想教育，如同人们常说的，不要把婴儿同洗澡水一起泼掉。那种恰当的、合理的思想教育不但不应抛弃，而且还应使它日趋完善，以求实现“教书育人”的目的。

恰当的、合理的思想教育是语文课所固有的，不是外加的。它只会促进而不会妨碍学生语文能力的提高。打个比方，“文”和“道”，在语文教学中如胶之在漆，水之在乳，两者无法分离，又如鸟之两翼，车之两轮，两者不可偏废。中学语文教学要指导学生学习几百篇课文，写上百篇作文。这些课文和作文都是“文”与“道”的统一体。只管语言文字，不管思想内容，那么某些词语运用得好不好，某些话说得恰当不恰当，就无从谈起。鲁迅先生的诗句“忍看朋辈成新鬼，怒向刀丛觅小诗”，第一稿“忍看”曾作“眼看”，“刀丛”曾作“刀边”。将“眼”改为“忍”，“边”改为“丛”，究竟好处何在，离开诗的思想内容怎么能说得清楚呢？给学生讲清楚这两句诗，“文”和“道”都在其中了。无论读的训练还是写的训练，不讲思想内容只讲语言文字，都只能变成单纯的文字游戏，是不可能真正提高学生读写能力的。古代有个笑话，说是有个将军受了箭伤，一支箭横穿头颅，两头露在外面。他找一位医生求医，这医生只锯掉了箭的两头外露的部分，里头的就不管了。将军问他留在头里的怎么办，他摆手说：“我是外科医生，内科的事不管。”这样，将军的箭伤自然医不好。我们语文教学如果只管“文”不管“道”，就成了那个可笑的外科医生，语文教学自然也是搞不好的。

说明了上面的意思，再说说进一层的意思。教育是不可能、也不应该脱离政治的。进行各科教学都应该同全面贯彻党的教育方针联系起来，不仅在传授知识方面，而且在提高思想水平方面担负起自身应有的任务。语文教学历来是进行思想教育的有力手段。青年最易接受形象和感情的感染。许多青年由于受到语文课的影响确立了正确的生活态度，走上了革命的道路，这种例子是屡见不鲜的。那么，思想教育既为提高语文能力所必需，又对培养革命接班人具有如此重要的作用，我们岂能加以偏废呢！

语文教学还有一个知识教育的任务。这方面的任务人们很少提到，其实也非常重要。

广泛地说，一切知识的积累对于提高运用语言的能力都非常有益。“言之有物”，物指的就是知识，包括从自身实践中获得的直接知识和从书本以及各种视听工具获得的间接知识。听说读写都不是单纯的语言文字问题，都是语言能力、思想水平和知识积累的综合表现。因此，语文教学有很大的综合性，不但要管语言、管思想，还要管知识。管的分寸自然有所不同。

语文教学主要应该讲授适当分量的语言知识和文学知识。讲授语言知识的必要，上文说过了。讲授文学知识的必要，还要说几句。文学知识，包括文学史和文学理论的知识。配合讲读文学名著，讲授一点文学史和文学理论的知识，虽然对于提高运用语言的能力未必能够产生立竿见影的效果，但是这些知识能够给学生打开阅读的眼界和指明修习的门径，能够提高他们的欣赏能力。同时，使学生对祖国文学的光辉成就有所了解，会增强他们的民族自豪感和爱国主义思想。这些知识是一个有文化的青年所必须具备的。因此，文学知识在语文教学中也应该占一个适当的地位。

贯彻党的十二大精神，努力开创语文教学的新局面，进一步弄清楚语文教学的目的任务十分重要。以上是我的一些粗浅看法，聊抛引玉之砖而已。愚者之虑，所失必多，恳切希望得到指正。

1983 年 1 月

实和活*

——谈中学语文课的基本功训练

语文教学需要探讨的问题很多。这里着重谈一个问题，就是加强基本功的问题。

什么叫基本功呢？叶老在《认真学习语文》里把语文的基本功概括为四个方面：一是识字写字，二是用字用词，三是辨析句子，四是文章结构。这四个方面就是字、词、句、篇。这主要是就读写来说的。就培养学生能力来说，应该包括听说读写。字词句篇，听说读写，这就是学生学语文的基本功。字、词、句、篇，最基本的是字。一个中学毕业生，假如能够掌握三四千字，会写，会念，会讲，会用，那他就可以凭借这些字，去阅读，去写作，就会有很大的发展余地；如果没有这三四千字，那么读写都会感到很困难，发展是有限的。

怎样加强基本功的训练呢？我想在这里谈两个字，一是“实”，一是“活”。

语言是一种工具。这种工具的特点，在于它是用来反映气象万千的客观世界和纷繁复杂的人的主观世界的（所见、所闻、所思、所感）。这就决定了运用语言这种工具的复杂性。它既是一种科学，又是一种艺术。说它是科学，因为它要表达得准确；说它是艺术，又因为它还要表达得生动。首先要求准确，准确地反映客观世界和由客观世界决定的人的思想感情。但客观的

* 原载《江苏教育》1983年第9期。

和主观的东西都是很生动、很活泼的。要是不能生动地予以反映，也就不会准确。因此，语言的训练既要实，又要活。只有实没有活，运用语言的能力会偏于呆板；反过来说，只有活而没有实，活就失掉了基础。

先讲“实”。语言的训练，硬是要严格要求，督促学生下苦功夫，受艰苦的磨炼，没有这种磨炼，语言是学不好的。语文教学，一方面要讲究方法，力求收到事半功倍的效果，另一方面，要提倡勤学苦练，要叫学生懂得：学习语文没有多少捷径好走，就是要花一点笨功夫。识字，字要一个一个地识，一个一个地写，词语要一个一个地积累，文章要一篇一篇地熟读背诵。这个功夫是省不得的。过去那些做学问的人，不但要背四书五经，有的还要背《说文》，背《尔雅》。苏东坡，文章、诗词都写得很洒脱，嬉笑怒骂皆成文章，似乎不是从苦功中出来的。但据说，他抄《汉书》就抄了许多遍。当然，不是要今天的学生也这样去做，只是借以说明，学习语言要下笨功夫。有人认为，提倡下苦功夫，下笨功夫，是一种落后的观念，或者认为在科学发达的今天，提倡下苦功夫、下笨功夫已无济于事。我则认为，在还不能以切实有效的新办法取而代之之前，这下苦功夫、下笨功夫是万万不可忽视的。语文教学，要指导学生扎扎实实地练好基本功，字、词、句、篇，听、说、读、写，样样都不能马虎。这好比学绘画时练习素描，要先掌握准确地摹写物象的本领，有了这个基础才谈得到创作。这个基础不牢，则搞创作如同在沙上建塔，是很不可靠的。

求实的同时，还要求活。练基本功，要引导学生生动活泼地、主动地进行，不能搞机械的被动的训练。怎样才能做到活呢？这方面我想多说几句。

第一，打破程式，因文设法。

要打破千篇 律的教学的程式，根据文章的特点来设计教学方法。时代背景不要篇篇都讲，但是有的文章就一定要讲。譬如《同志的信任》，如果不讲一讲当时方志敏同志的情况，鲁迅先生的情况，这篇文章就不好讲了。作者介绍也是这样，有的不必介绍，有些就要介绍。像鲁迅这样的作者，就得介绍一下。中心思想，有的文章不必讲，但是像《从百草园到三味书屋》这样的文章，中心思想不明显，就要讲一讲。

所谓因文设法，就是教学方法要灵活。有的课文，像《天上的街市》适合朗诵，就可以指导学生朗诵。文言文的教学要多采用串讲方法，有位老师讲李白的《梦游天姥吟留别》，两堂课从头到尾都是串讲，最后把全诗吟唱了一番，讲完课学生热烈鼓掌，可见学生很感兴趣。有的课文，其中不免有一些东西是学生自己知道的，老师就可以不讲。有的课文，像《人类的出现》，篇幅比较长，内容比较深，可以作特殊处理。如老师先把它看一遍，熟悉一下课文内容，然后作"人类的出现"的讲演，让学生记录，并根据记录整理成一篇记录稿，再跟课文比一比，看看是不是把课文的主要内容都包括进去了。这样可以训练学生的听写能力、组织材料的能力。我认为，课本里有少数像《人类的出现》这样长一点、深一点的课文，让学生自己阅读也不是坏事，可以使学生感觉到有个高度，就像爬山一样，知道自己原来还有爬不过去的"山"。这比只叫他读一些短的、浅的东西更有好处。其中有一些内容，学生的确不容易一下子搞懂，那就讲到一定程度，学生能懂多少就懂多少。

第二，减少浪费，精讲多练。

为了多练，就要讲得精一些，减少课堂上教师的无效劳动，把有限的时间用在最需要的地方。

学生在课堂上练，有哪些形式呢？常用的形式很多，这里不来讲，只讲一点。我认为，学生开口动手都是练，凡属运用语言的地方全都是练。我们语文教师应该有这样的观念：教师提问，学生回答，这就是说的训练；要学生到黑板上来写字，那就是写的训练，也是写字的训练；教师讲话，让学生听讲，那就是听的训练；学生朗读课文，这就是读的训练。这样就把整个课堂变成了学生练的场所。不能认为只有给学生布置练习题才叫练。我曾经听一位老师讲《奔向海陆丰》，要学生自己分段，归纳段意。多数同学是一种分法，有一个同学提出不同的意见。老师问他："你到底是怎样分的?"他站起来说了，可是没能说清楚。老师就叫他坐下了。我觉得很可惜，这是一个让学生练说的好机会，如果抓住这个机会，先叫他说一遍，哪怕说得比较零乱，也不要紧，然后帮他整理一下，让他把自己的意见比较有条理地说出来，该有多好呢。有一位教师讲《天上的街市》，训练学生朗诵，学生有的地方朗诵错了，"远远的街灯明了，好像是闪着无数的明星。天上的明星现了，好像是点着无数的街灯。”把最后一句中的“街灯”念成“明灯”了。老师只是简单地纠正了一下。我又觉得很可惜。因为这里用“街灯”跟“明灯”不大一样。写的是天上的街市嘛，用一个“街”字，就点明了这首诗的主题。而且上一句说了“明星”，这句再用“明灯”，在辞色上也是重复的。像这种地方，应该给学生指点一下。学生到黑板上来写字，既然写字，就要加以指导。譬如，叫他不要写得太挤了，不要写得大小不一样，写错了的字，要给他纠正。总之，学生一动口一动笔，教师就得注意，看他是不是合乎语文教学的要求。假如整个课堂上凡是运用语言的地方，我们都不轻易放过，随时注意鼓励学生的优点，纠正他们的毛病，那么学生练的机会就增加了，训练的方式也就活了。

第三，即文解词，体会运用。

语文课上进行词汇教学，应该做到字不离词，词不离句，句不离文。这样说，并不是反对单独的解词，单独的解词有时是必要的，但是多数情况下应该结合课文，要学生体会运用语言的微妙之处，体会许多同义词，为什么在这里只能用这个词而不能用那个词，用这个就好，用那个就不好。譬如《济南的冬天》里有几句话：“古老的济南，城内那么狭窄，城外又那么宽敞，山坡上卧着些小村庄，小村庄的房顶上卧着点雪。”这一段话里用了这两个“卧”字，就很有特色，很富于表现力，显示了作者运用语言的才华。这个雪呀，不是很多，而是一点，它下在房顶上就像趴在那儿一样。这样讲就生动了。《荷塘月色》里有一段话：“像今晚上，一个人在这苍茫的月下，什么都可以想，什么都可以不想，便觉得是个自由的人。白天里一定要做的事，一定要说的话，现在都可不理。这是独处的妙处；我且受用这无边的荷香月色好了。”这里边的“什么都可以想，什么都可以不想”这句话有丰富的含义：作者对当时的社会现实是不满的，只有到了晚间，在月色笼罩下的荷塘旁边，才什么都可以想，又什么都可以不想。这样写妙得很，用的是很平常的语句，里边却蕴含着很丰富的感情。应该结合课文叫学生领会这种表达手法。鲁迅先生的《为了忘却的记念》里有这么一段话：“忽然得到一个可靠的消息，说柔石和其他 23 人，已于 2 月 7 日夜或 8 日晨，在龙华警备司令部被枪毙了，他的身上中了 10 弹。原来如此！……”这“原来如此”

四个字，看来很平常，却是一字千钧重，它包含着鲁迅先生在《记念刘和珍君》中说的“我向来是不惮以最坏的恶意来推测中国人的。但这回却很有几点出于我的意外”那个意思。如果离开一定的语言环境，单独地讲“原来如此”四个字，怎么讲得清楚呢？又如杜甫的《羌村三首》中有一句“妻孥怪我在”，为什么用“怪”字呢？应该是“喜我在”嘛，“我”还活着嘛，家里应该很高兴嘛。仔细体会一下，这里还是用“怪”字好。因为杜甫是经过战乱，偶然活下来的。在妻孥的心目中他该是早已死了的，活着倒有点奇怪。语言的真正成功的运用，不在于堆砌很多华丽的辞藻，而在于用语似乎很平常，然而在一定的语言环境下，它具有很强的表现力。按理说，学生学习语文应该是很有兴趣、很有滋味的。但是，如果让学生孤立地背诵词语的定义，如同背词典，便会使他们感到味如嚼蜡，收不到好的效果。

第四，方法灵活，多式多样。

基本功的教学要经过多次反复，不是一次完成的。因此，应该采取多式多样的方式，这样可以避免机械重复，可以引起学生的兴趣。课堂教学的方法应该是多式多样的，这里不说了，单说说课外指导的问题。这里谈几个例子，有的学校办墙报，还出些学生自编的小刊物。苏州十中的老师帮助学生出了一本小刊物，学生自己办，老师指导。我看到几份，觉得很好。还有的学校由学生自办小图书馆。这件事情我是有点体会的。我上小学四年级的时候，学校有个小阅览室，大约有几百本书，我被分配去管这个小阅览室，我就利用这个机会在小阅览室里看了不少的书，像《爱的教育》，就是在那时候看的，获益很多。这些事情不要小看，有些学生往往可能由此就走向了搞文字工作的道路。再如，有些学校指导学生写日记，要求每天都写，不一定写很多，没有什么可写，就写一句：“今天没什么可写的。”这对锻炼学生的毅力和恒心，很有好处。坚持年年写日记，写作能力的提高会是很快的。还有些学校举行各种语文课外活动：书法比赛，作文比赛，讲演比赛，朗诵比赛，讲故事比赛，读书心得交流会，这些都是很好的形式，搞这一类活动，教师不一定要花很多时间，有的活动可以让学生自己搞，有的只要教师出个主意，指点一下，引导一下，让学生自己负责去搞。还有的教师指导学生自编文集，学生兴趣很高，说：“我的作文居然可以编集子了。”也可以鼓励学生投稿。学生的文章，假如能在杂志上或报纸上发表一下，对他的鼓励是很大的。确实有这种情况：一个青年，他的文章得到称赞了，发表了，他从此就走到文学的道路上去了。还有的学校成立一些小的团体，如读书小组，创作小组，等等。把课内课外结合起来，搞一点活动，学生的语文学习就生动活泼了。

第五，文道统一，寓道于文。

这个问题，我在许多地方讲过，这里就不来多说了。只讲一点，就是在语文课中，“文”和“道”的统一是“实”和“活”的基础。“文”“道”分割，既不能“实”，也不能“活”。只有统一，才能做到“实”和“活”。

以上所讲的是语文教学中加强基本功训练的两个方面：一个是“实”，一个是“活”。那么，究竟是在“实”的基础上求“活”，还是在“活”的基础上求“实”呢？有些老师在研究这个问题，认为应该走“实中求活，活以致用”的道路。我看这样的研究很有好处。但是不管怎么样，应该把这两方面统一起来。当然，每篇课文的情况不同，有的课文可以偏“实”一点，有的课文可以偏“活”一点。既“实”又“活”，“活”“实”相济，那我们的语文教学的效果肯定会有所提高。

1983 年 9 月

争取语文教学改革大面积丰收

一

几年来，中学语文教学的情况很好。教学研究空前活跃；改革试验初见成效；教材建设正在向百花齐放的新局面发展。特别是，在党的双百方针和知识分子政策的鼓舞下，许多老专家十分关心语文教学的改革，随时予以指导，一大批有志之士在第一线辛勤地耕耘，不断取得新的成果，广大语文教师精神振奋，努力向前。这种好的情况是新中国成立三十多年来所没有的，它预示着语文教学将有一个较大的发展。

但是，教学改革的发展是不平衡的，总的来说，中学毕业生的语文能力还不能普遍地达到合格的程度，对于他们升学或就业都不足用。从一些调查材料来看，识字量达不到要求，写错别字很多；听报告，抓不住重点，不能做准确的记录；讲话词不达意；写作文理不通顺，这种状况不是个别的。现在的中学在校生是 12 岁到 18 岁，到 20 世纪末，他们是 28 岁到 34 岁，正是为国家建设担负重任的时候。他们中间，将要涌现出国家的栋梁，各行各业现代化建设的专家。大多数学生将会成为掌握现代科技的劳动者。教育是未来的事业，我们今天就是为我国几十年后的现代化建设而工作。现代化的建设越发展，建设者越需要具备较高的说话、阅读和写作的能力。如果目前的在校生语文学得好，他们在未来的工作中会如虎添翼；反之，他们会处处遇到“拦路虎”。因此，改革中学语文教学，大面积提高教学效果是刻不容缓的事，要有紧迫感。不改似乎也过得去，还是等一等、看一看再说，这种想法会贻误几十年后的国家建设，是要不得的。

在大面积上进行语文教学改革是可能的吗?

回顾七八年来的历程，语文教学改革首先是在城市的少数重点学校开始的。那时候，非重点中学，广大的农村特别是边远地区的中学还不具备改革的条件。后来，情况不同了，条件变化了。（一）各地学校的工作条件有所改善，教师的积极性高涨；（二）教育战线拨乱反正已完成，教育科学的研究蓬勃发展，深入到教学的各个领域；（三）先行的一批学校已经积累了许多好经验，国外的教学经验也陆续介绍到国内，有丰富的改革资料足为借鉴。在这种情况下城市许多非重点中学、农村中学进行了教学改革，取得了实效。这生动地说明，教学改革，不仅重点中学可以搞，非重点中学也可以搞；不仅城市中学可以搞，农村中学乃至边远地区的中学也可以搞。只不过条件不同，搞法也有所不同罢了。教学改革在大面积上获得丰收是完全可能的。辽宁省盘山三中魏书生老师的事例给人以很大启发。这个学校地处辽宁的“南大荒”，入学的学生都是重点学校选拔剩下来的。老师呢？魏老师是六六届的初中毕业生。可以说，学校、学生和老师的基础都不是很好。但是魏老师以艰苦卓绝的精神进行教学改革，取得了好成绩。他所教的两个班120多人都被批准加入了共青团，升学率为全县第一，超过重点中学。魏老师能做到的，其他学校的老师也应能做到。

二

进行语文教学改革，是一项科学研究工作，需要花很长时间和很大力气，需要坚持不懈、扎扎实实的工作。首要的是要有明确的指导思想，在我看来，至少要注意以下两点。

（一）正方向，明目的。

语文教学改革的目的在于有效地提高广大中学生的语文水平，使他们听说读写的能力达到中学合格的程度，并且在学习语文的过程中提高社会主义思想觉悟，以利于他们学习科学文化知识，迅速成长为从事两个文明建设的人才。这一点必须十分明确。

改革不是为了片面追求升学率。改革搞好了，升学率提高了，是自然的结果，不是改革的目的。如果抱着片面追求升学率的目的搞改革，改革必然会偏离正确的方向。

片面追求升学率，就要对升学考试的口径，看考题的风向，摸考官的脾气，猜题押题，搞题海战术，把生动活泼的语文课变成死记硬背的知识堆积，违反语文教学的规律。这样做，事倍功半，即使升学率暂时有些提高，也会是高分低能，甚至以损害学生的健康为代价，是有百害而无一利的。教学改革则是要按语文教学的规律办事。两者是完全不能相容的，取冰则舍炭，取炭则舍冰，两者都取，势必把事情弄糟，越改越违背语文教学的规律。

单就升学率而论，不对升学考试的口径，不片面追求升学率，一心一意搞改革，升学率会降低吗？不会，而且往往会大幅度提高。北京的景山学校、实验中学，上海的育才中学都是实证。条件差些的，除前面说过的盘山三中之外，还有不少例子。像徐州二十四中，80%的学生来自农村，录取分比市重点学校低得多，比一般学校低 10 至 20 分。他们经过三轮改革试验，取得显著而稳定的效果。高中、中专的升学考试，第一轮语文平均 73.6 分，超出全市平均分 22 分。第三轮语文平均 85 分，超出全市平均分 27 分，高出两所省重点学校。这些都是有力的证明。反之，因锐意改革反而降低升学率的例子是没有的。

日思夜想去追求，反而得不到。从“片面追求”的狭隘境界超脱出来，反而得到了。你说怪吗？其实一点也不怪。正如一位老师所说，升学考试千变万化，万变不离其宗，就是考学生的基础知识和能力。教学改革的目的也在于使学生牢固地掌握基础知识，提高他们的基本能力。要讲对口径，两者的口径本来对得纹丝不差。这样，岂有搞教学改革反而降低升学率的道理？

要决心搞语文教学改革，思想上就要松绑，从片面追求升学率的思想状态中解脱出来，跳出三江外，不在五湖中，老老实实按语文教学的规律办事。

（二）重实际，讲效益。

从实际出发，实事求是，讲求实效，应该是搞语文教学改革的一个重要的指导思想。

搞语文教学改革，不能随风转，赶浪头，图热闹，求花俏。搞教学改革要讲求科学。科学是什么？是从客观事物中引出其固有的规律。规律是固有的，不以人的意志为转移的。我们要去发现它，然后据以把不符合规律的做法改过来，求得完全地按规律办事。语文教学有它固有的规律。我们经过多年的研究和实践，有些发现了，有些还若明若暗，这是我们语文教学存在各种问题的根本所在。因此语文教学改革要着重进一步研究和发现语文教学的规律。它的研究基地应该是自己的学校和自己任课的班级，研究对象应该是所教的学生和自己的活的教学实践，可以说每上一堂课都是搞一次科学试验。

但是，搞改革不能闭关锁国，抱残守缺。要东张西望，要像海绵一样吸收各地的好经验。目前语文教学改革的信息是很多的。有语文教学专家各种不同的议论，有城乡许多学校各种不同的改革经验，还有国外搞教学改革的各种不同的资料，真是五光十色，令人眼花缭乱。有人说这有点乱，我则认为这是一种学术繁荣的现象，搞改革，就要注意了解多方面的信息，加以分析研究，从中汲取营养。“只眼须凭自主张，休随众口说雌黄。”信息的花样虽多，只是有一条，是否采纳由我做主。凡是认为符合实际需要的，会有效益的，就采纳；反之，不管是谁的话谁的经验，都不采纳，至多是试试看。采纳，也不原样照搬，要根据实际情况灵活运用。不管黑猫白猫，拿住耗子才是好猫；拿不住耗子，就是白玉猫、黄金猫也不要。河北省三河县文教局教研室，搞语文教学改革很注意学习各地的先进经验，他们的指导思想是：兼收并蓄，熔于一炉，结合实际，化为己有。这个指导思想是完全正确的。

三

从我了解的不多的情况来看，大面积上的中学搞语文教学的改革，一般采取了以下一些具体措施。

（一）调查摸底，做到心中有数。调查授课班级学生的情况，了解他们的语文知识和听说读写的能力已经达到什么程度和存在什么问题，据以考虑教学改革的方案，做到有的放矢。如哈尔滨六十九中，曾对初一入学的新生比较系统地进行了调查，在听说读写几个主要方面进行了测试，他们发现学生的基本功很差，例如识字，识字在 1 500 个左右的占 30%，最少的不足 1 000 个。

（二）培养学生学习语文的兴趣和习惯。采取多种方法增进学生学习语文的兴趣，如设难质疑，引起学生积极思考；明确每课的具体要求，使学生学有所得；难度适当，使学生总是由不知到知，看到自己的进步；奖励优秀，激发学生的竞赛心理；设计多式多样的活动，使学生学而不倦，等等。最主要的则在于教师有爱生之心，爱文之心。要想使学生对语文有兴趣，教师必须先对语文有浓厚的兴趣。语文课本来应该是生动活泼的，富于形象性，富有感染力的。要发挥语文课这个特点，要把课教活。语文课有“死”的一面，也有“活”的一面，要把两者结合起来。

（三）适当多读多写，加强基本功的训练。就大面积上的学生来说，提高运用语言的能力，最需要的是加强基本功的训练。比如上文所讲，新入学的初一学生，识字只在 1 500 个左右的占 30%。识字这么少，听说读写都会遇到严重障碍。因此，首要的工作是雪中送炭，扎扎实实地搞好字词句篇的基本功训练。初中生识字，应该牢固地掌握小学的 3 000 多字，进而达到 4 000 多字。这 4 000 多字，应全部会读，大部分（常用的）会写；由这 4 000 多字构成的几万个词，大部分（常用的）应理解并能运用。并不是说只抓这一方面就够了，而是识字是练好基本功的基础，抓好这一项，其他才能够比较顺利地解决。练基本功既要扎扎实实，又要生动活泼，既要加多训练量，又要注意不过多加重学生的课外负担。（一）要注意听说训练，把听说和读写结合起来。（二）要教好阅读课文或自读课文，适当选教补充教材，还要提倡鼓励和指导学生的课外阅读（有的地方叫第二课堂）。（三）要注意写作教学的综合性（思想、生活、知识、语言、兴趣），进行全过程的指导；要将作文同学生的生活联系起来，要将课内作文和课外练笔联系起来；要训练学生自己命题，自己构思，自己属文，自己修改的能力。

（四）改变程式化、满堂灌的教学方法，实行启发式，着眼于培养学生的自学能力，启迪他们的聪明才智。这一项改革很重要，有了这一项的改革，其他各项才能活起来。教师要相信，经过教师的指导，学生是可以逐步获得自学能力的。教学的过程应该是使学生具备基本的自学条件的过程，应该是指导学生自己动脑动口动手，逐步获得自学能力的过程，教师只在必要的关节上（即学生通过自己的思考仍不能弄懂的地方）予以讲解。这样做，不仅可以提高教学的效益，而且可以节省大量的教学时间，——须知教师所讲，有很多是不用讲学生已经知道的。程式化，就是每一篇课文的教学都是那么几个步骤（时代背景、作者介绍、解词、段落大意、中心思想等），一成不变，千篇一律。满堂灌，就是教师把一切都嚼烂了，喂给学生，一堂课，教师由头讲到尾，不注意指导学生自己活动。这两种教学方法，可以说是语文教学的痼疾，沿用这两种方法，语文教学只能枯燥呆板，死气沉沉，事倍功半，劳而无效，是必须加以改革的。反对满堂灌，是反对那种闭塞学生聪明的“填鸭式”的教学方法，并非一概反对教师的讲解，这是不说自明的。

（五）把语文的教学与思想品德的教育结合起来，把语文教学与学生的生活结合起来，把课内与课外结合起来，把学校与社会结合起来，把学习与实用结合起来，使语文教学生动活泼，使学生学习语文如走在山阴道上，应接不暇。

以上讲了五项措施，当然只是浅见所及，实际上不只这五项。这五项也没有什么新奇深奥的道理，都是些平平之论，但是有一条：施行起来会见到效果。请同志们比一比，想一想，还是那句话，合乎实际需要，认为会有效益的就采用，采用也可以根据实际情况加以变化，反之，就不采用。在大面积上进行语文教学的改革，不宜强调自编试验教材，但以现行通用教材为基础略做变通是可行的，事实上许多学校也是这样做的。

四

最后，还有一个最重要的问题要讲，就是搞改革要有一点志气，有一点精神。什么志气？为了实现“四化”在语文教育战线建功立业的志气。什么精神？为培养建设人才的献身精神。改革要在前人不曾涉足的领域开拓出新的路来。开拓是很艰苦的，在困难的条件下开拓更艰苦，要准备吃苦，准备流汗，确实需要一点“下地狱”的精神。

目前，我们的国家正在振兴，取得的成绩是很大的，令人兴奋的，锦绣般的前途是令人鼓舞的。但是我们还有困难，特别是大面积上的学校，困难更大更多，一下子还不可能根本改变。在这种情况下，是消极等待，甚至坐在那里发牢骚，还是抖擞精神干一番事业呢？在这个问题上，辽宁省盘山三中的魏书生老师的抉择是正确的，他做出了好榜样。他没有消极等待，而是以极大的热情搞起改革来。一改，果然见了效。他原本只初中毕业，但是几年来他利用业余时间勤奋学习，读了大量的书，获得了丰富学识，已有六门课通过高等学校自学考试。他热爱学生，热爱语文教学事业，一心扑在事业上，许多事迹生动感人。我们大家搞改革，首先要具备魏老师的这点志气，这点精神，这是搞好改革的保证。当然，还有必不可少的是各级有关领导的支持。有关教育部门要加强领导，使语文教学的改革有步骤、有准备、有计划地进行，一步一个脚印，避免一哄而起，一哄而散。

我们语文教学战线的同志，包括教师和各级领导同志，许多人是有志气、有献身精神的，语文教学的改革在大面积上获得丰收是大有希望的。

1984 年 10 月

为什么要培养阅读浅易文言文的能力

中学语文教学大纲规定，要培养学生阅读浅易文言文的能力。我想就这个问题谈一点个人看法，供大家进行文言文教学的参考。目前，关于文言文教学有许多不同的看法。我的讲话只是谈我对大纲精神的体会，不涉及目前的争论。

把培养阅读浅易文言文的能力（或初步阅读文言文的能力）列为中学语文教学的一项任务，由来已久了。50 年代文学、汉语分科的教学大纲中已有规定；60 年代的教学大纲又做了规定；1977 年编写的教学大纲也做了规定。回顾新中国成立三十多年来，培养阅读文言文的能力，可以说是一直列为中学语文教学的任务的。但文言文教学的问题一直没有很好地解决，首先是目的任务问题，还有其他问题。

培养学生阅读浅易文言文的能力，所谓“浅易文言文”是个什么样子的文言文呢？培养这样的阅读能力，在中学阶段能够办得到吗？

我反复考虑过这个问题，感到要拿出个样子来很难，姑妄言之，看看是否妥当。我举出四部书，一是《孟子》，一是《史记》，一是《梦溪笔谈》，一是《聊斋志异》，要求学生能够读懂这四部书的新的选注本。“读懂”指的是能够理解文章的主要意思。

文言文的深奥或浅易，一要看是否使用许多生僻的词句和难解的句法，二要看是否含有许多今人已陌生的名物制度，三要看是否运用了许多典故。这三个方面比较少的，应该算是比较浅易的。用这个标准来衡量，这四部书（有政论，有历史传记，有科技笔记，有小说），可以说是不算艰深的。自然，这四部书，乃至每一部书里的文章，深浅程度也有不同，其中也有不少比较深的文字。借助今人的白话注解读选本（不是全部），应该说，这个要求不是过高的。中学阶段不可能完全解决阅读文言文的问题，只能打一个基础。中学是打基础的阶段，许多课程都是打基础的。

目前，中学语文课本选入的文言文约相当全部选文的三分之一，如果教材编选和教学得法，上述要求是可以达到的。

为什么要培养学生阅读浅易文言文的能力呢？目前和今后，大家搞的是现代化，搞现代化，学文言文还需要吗？

我看还是有一点需要。

搞现代化，不能数典忘祖，不能割断历史。我们要搞有中国特色的社会主义，要搞有中国特色的现代化。这个“中国特色”从何而来？来自对我国悠久传统的系统的深湛的研究，是推陈出新的结果。说是要现代化了，就把自己的传统看得一钱不值，把它当作废品抛到垃圾堆去，这种片面的看法只能引导现代化走上歧路，是要不得的。研究我们的传统，是一项很艰巨的任务，是一代又一代人的事，不是几个专门家搞一搞就可以奏效的。

谢天谢地，我们的祖先给我们留下了一大笔历史文化遗产，留下了大量的文献资料，其中有许多珍品。要研究继承我们自己的传统，离开这些文献资料，就是一句空话。这包括上下几千年的文献资料。究竟有多大的量呢？浩如烟海是个比喻。《四库全书总目提要》列入一万多种，十万多卷，但这是很不全的。加上《四库全书未收书目》《丛书总录》所著录，以及清人的著作，大约有八万种或十万种，册数就无法统计了。这真是一个大海。这海里的水，自然不是都有用，但其中一大部分是很有价值的。这么大量的文献资料，可惜绝大多数是用文言写下来的。如果不懂得文言文，没有文言文的阅读能力，就等于没有掌握打开这座资料宝库的钥匙。有的同志主张把其中有用的部分翻译成白话，这个办法势在必行。只是光是有用部分的量也是很大很大的。我们标点一部二十四史就用了二十多年的时间，翻译这么大量的文献资料，恐怕要好几代人才能见出成效，何况这有用的部分之中，有许多是不能翻译的，赋、诗、词、曲都是，翻译再好，也会失掉原作的韵味。眼下的这一代青年，不仅难以享受到翻译的效益，而且自身也只能为翻译的工作添砖加瓦，只能开个头罢了。在中学阶段为青年一代打下一点阅读文言文的基础，以便他们进一步深造，掌握阅读古代文献资料的能力，是十分必要的。可以说，这是我们教育工作者的一项历史的责任。否则，一两代人以后，我们数以亿计的青年会普遍地成为“文盲”，文化遗产对他们会变成不可知的迷。那时候再来补救就迟了。那时候会发现，我们的失误会造成难以弥补的损失。

为阅读古代文献资料打下基础，这是培养阅读文言文能力的第一个理由。

再说从清末下来怎么样呢？从清末到中华人民共和国成立，也还有不少价值很高的文献是用文言文写下来的。如康有为、梁启超、谭嗣同的著作，孙中山、章太炎的著作，李大钊乃至鲁迅的著作，其中有或多或少文章是用文言或者半文言写成的。这个时期的一部分报章、杂志以及政治、经济、科技、文史著作都有很浓厚的文言成分。新中国成立以来，在我们大陆上，文言著述诚然不多了（不是没有），但在大陆以外的汉语著作，有许多还是用文言或半文言写成的。我们的青年一代，如果不具备一点阅读文言的能力，不仅不能阅读古代的文献，也难以阅读近代的乃至现代的文献中的文言部分，那么阅读的范围会受到很大的限制，这对于他们的发展是不利的。

为阅读近代和现代的一部分文献资料打下基础，这是培养文言文阅读能力的又一个理由。

培养学生阅读浅易文言文的能力，是中学文言文教学的基本目的，此外也还有其他的目的。

一是从文言文中学习表达技巧。白话文和文言文，语言有差异，但表达技巧是共同的。文言文大都是从几千年大量的文章中筛选出来的、脍炙人口的好文章，有许多很高明的表达技巧足供学习。加以文言文大多篇幅短小，学起来方便。像韩愈的《马说》只有150多个字，译成白话也不过500字左右，文笔回环曲折，错落有致，意在言外，余味无穷。好比苏州的园林，于方丈之地能够造出多种景观，令人目不暇接。再如《过秦论》列举大量事实，然后一言为断，力举千钧；《赤壁之战》《鸿门宴》记叙复杂的事件和许多人之间的关系，条理分明，井然不紊。这样的例子是很多的。凡此种种，不仅是学生学习表达技巧的好教材，而且是至今仍足为文章家师法的典范。

无怪有许多老师说，学生学习文言文，对于提高他们的表达技巧大有好处。从好的白话文中也能学到表达技巧，但凝结在古代的好文章中的技巧精华是白话文不能代替的。

再是进行思想教育，特别是爱国主义教育。

目前，中学加强文学教育的呼声越来越高，这是很好的。文学教育（包括文学作品、文学理论和文学史等内容），不仅是为着提高学生运用语文的能力，而且是为着加强思想教育，特别是爱国主义教育。古典文学的教育是文学教育的重要组成部分，通过古典文学的教育，学生可以形象地认识古代的社会生活；可以了解在我国悠久的历史上曾产生过许多伟大的作家和伟大的作品，足以为世界古典文学的殿堂增加瑰丽的色彩；可以体会祖国语言的优异的表现力和魅力；这些都是爱国主义教育的极为重要的因素。许多伟大的爱国者都是热爱祖国的文学和语言的。我在上面谈到的浩如烟海的古代文献，其中一大部分应属于文学作品。这一部分，基本上是用文言文写成的，就是比较通俗的元曲以及明清白话小说，也有许多带着浓厚的文言成分。学生如果不具备一点阅读文言文的能力，学习古典文学就成了一句空话。

这样看来，在中学阶段让学生读一点文言文是很必要的。但是，还有一个问题令人担心，学习文言文会不会干扰白话文的学习，影响学生运用现代语文能力的提高呢？

诚然，中学语文教学的基础任务是提高学生正确理解和熟练运用祖国语言的能力，这里主要指的是现代汉语。中学阶段，要求学生在现代汉语的听说读写几个方面都达到合格的程度。这个任务是很艰巨的。但是，学点文言文，如果教学得法，是可以同学习白话文相辅相成的。

第一，两者要有一个合适的比例。中学语文课，应以指导学生学习白话文为主。就多年来的经验来看，白话文大体上占70%，文言文占30%，这个比例比较合适。也就是说，如果课文的总数为300篇，文言文宜于选100篇左右。文言文可以分散学习，也可以集中学习。初中分散学习，高中集中学习，比较适宜。

第二，目的要求要加以区别。学生学习现代汉语，要求在听说读写几方面都得到发展，具备多方面的能力。而学习文言，则只要求发展阅读能力，不要求具备全面的能力。由于文言是一种古代的书面语，听和说历来不作为教学的目的；但是写，却是历来作为教学目的的。这种传统的习惯，至今仍有影响，我想多说几句话。

我们培养学生阅读文言文的能力，不是因为文言特别可爱，而是因为有那么一大堆用文言写成的古代文献在，这一点，上面已经说清楚了。但是写作能力则是另一回事。现代的人一般没有用文言写作的需要，而且如果用文言写作，反而会减损语言的功能，带来许多不便，真叫作费力不讨好，在中学阶段是绝对不应提倡的。写作，把要告诉别人的话用书面写下来，是为了什么？为的是你不在场的情况下——例如异时异地或者同时让很多人了解，你的意思能够通过书面语传达给他人，有些意思则了解的人越多越好。为的是让别人不仅看了能懂，而且听起来也能懂，以便借助诉诸听觉的传递信息的工具更广泛地传播开来。在这两方面，文言都是跛足的：一是能读懂的始终只能有少数人，二是只中看不中听。文言这种古代的书面语同口语分离，已是很久远的事了。再加上一条，文言的固有的词汇远远不能适应表现现代生活的需要，用它来表现现代生活是很难办到的，在某些领域简直是不可能的。这样看来，文言作为一种书面表达工具，是不适合现代人写作的需要的，在中学阶段，不要求学生用文言写作是完全合理的。自然，学习白话文和学习文言文不是对立而是相辅相成的。从古语中吸取营养以丰富现代语文的表现力，要通过长久的潜移默化，自然而然地获得，勉强去做，效果必差。因此，在这方面，中学阶段不宜提出要求。

与此相连的一个问题是，在语文教学中怎样看待学生作文所使用的文言。文言写得再好，也不是我们所提倡的好的书面语言，文白夹杂，半文不白，更是糟得很。好的书面语言，应该是明白晓畅的，读起来上口、听起来悦耳的普通话。好的作文自然是用这种语言成就的文章。叶老说："作文就是用笔来说话。"这句话讲得很精辟。教师要向学生讲清学习文言文的目的，要积极提倡用现代的普通话写作，不提倡用文言写作（其实只能是文白夹杂），要以实际的措施（例如评分、表扬等）向学生表明，什么样的语言是好的语言，用什么样的语言写成的文章是好文章。

为了具体地说明问题，我想拿两篇文章来比较一下。

文一：

暮游北海闻琵琶

周末傍晚，游北海公园。见一文静少女，怀抱琵琶，摇指拂弦，凄凄然，如泣如诉。清风徐来，裙带轻扬，青丝如云；潇洒、端庄。瞬间，围观人众，少女遂含羞背向于人。已尔，琴声大作，马嘶人呼，刀枪搏鸣之声不绝于耳，烈烈不似前声。忽觉四弦裂帛，戛然而止，始悟“十面埋伏”终矣。众人交头接耳，久久围观不散；知音悄然。

波兴风动琼岛朦，磨璞见玉伴弦声；

独对芳丛信葱指，俄顷如临楚汉争。

文二：

自我介绍

知道我名字的人，都会试探地说：“哦，你是广东人吧!”

对了，我爸爸是广东人，我当然也是啦!

爸爸的同事们称我“小广东”，也有的叫我“亚非拉”，那是因为我皮肤黑的缘故。不过，现在我长大了，12 岁了，叔叔阿姨也就一本正经地叫我“陈粤秀”了。

可爸爸、妈妈却说我像个娃娃。其实根本不对，只不过因为我爱哭呗!我遇到什么不高兴的事情都要哭，用妈妈的口气说，就是眼泪不值钱。

现在进了中学，我向妈妈保证：今后一定不哭了。(其实昨天在车站丢了块手绢，我还哭过哩!)

爱哭的人就爱笑。我可爱笑了，以前在小学，我和同学们一下课就说笑话，说到高兴的地方，笑得东倒西歪，肚子要疼好一会呢!

妈妈说我是“疯丫头”，其实在陌生人面前我还是挺“文雅”的。叔叔阿姨们都说我像个“小大人”，说话办事都蛮稳重的。

我不爱到楼下去玩，只爱在家里看小说。嘿，有趣的小说可把我迷住了，我看了不知多少书，什么外国小说啦，中国小说啦，还有科学幻想故事和美丽的童话。我看书还爱动感情。在看《园丁》时，我看到为了党的事业，为了孩子们献出自己的一切的方老师被“四人帮”迫害惨死，眼泪就“噗噗”地往下掉，把书弄湿了一大块；在看《大板筋和铜豌豆》时，我看到结巴子“大板筋”被伶俐的“铜豌豆”逗得面红耳赤，我憋不住一个人“嘿嘿”地笑起来，惹得爸爸妈妈莫名其妙地看着我，调皮的弟弟拉着我刨根问底……我一本接着一本看，反正不用担心借不着书，爸爸在南京师范学院中文系教书，那儿图书馆的书架长得一眼望不到头呢！

妈妈也是老师，是教数学的，工作可忙呢。有人说：“秀秀，你又有语文老师教，又有数学老师辅导，学习成绩一定好。”可爸爸妈妈叫我别信这个，学习成绩来自勤奋，哪能靠别人呢！

你别看我平时对爸爸、妈妈的批评不服气，可离开了爸爸、妈妈，我可难受哩。上小学时，每天三顿饭都在家吃。现在，到了南京师院附中，离家很远，中午只好在学校搭伙。说起来真不好意思，开学才四天，而且天天回家，我中午就想家了。

每当我学习马虎时，想起天还未亮，爸爸就为我去买菜，妈妈早早起身，在厨房的烟雾中为我们忙碌不停，我就感到非常羞愧。

……

我除了爱看书，还爱交朋友。你愿意做我的朋友吗？

这两篇，前一篇虽然是报纸上发表过的，但我以为非常不好，简直不及格；后一篇虽然是一位中学生写的作文，却非常好，应该给高分。语文教学以及社会上各种读物，提倡什么不提倡什么，对于学生以及广大青年的影响是很大的。

文言文的教学目的，是文言文教学首先要明确的问题，但并不是唯一的问题。目的明确了，教什么和怎么教，这些问题都有进一步探讨和改革的必要。本文主要谈文言文的教学目的，其他问题就不多谈了。

1985 年 4 月据讲稿改写。

有关中学语文教学改革的几个问题

近年来，中学语文教学改革的形势很好，空前的好。在党的“双百”方针的指引下，语文教学战线上思想非常活跃，研究组织相继建立，多种研究活动不断举行，多种改革试验正在开展，教材建设正出现百花齐放的新局面。广大教育工作者，特别是语文老师积极从事语文教学的改革，许多专家热情支持。我们语文教学的改革已经取得成绩，正在稳步前进，回顾过去，我们是乐观的，是满怀信心的。

但是问题还不少。中学毕业生运用语言的能力还不能说已经普遍地达到合格的程度，研究和改革的发展还很不平衡，改革见出显著成效的暂时还只是少数，要把语文教学的改革进一步推向前进，还要花很大气力。小平同志“三个面向”的重要指示，打开了我们的眼界，加深了我们对于语文教学改革的重要性和迫切性的认识。一定的语文能力和语文素养，是现代化建设所需要的人才的必备的条件。我们今天的中学在校生，十几年乃至几十年后，他们将成为各级各类的建设人才。他们之中，将产生数以亿计的有文化、懂技术的劳动者，数以千万计的具有现代文化科技知识、具有高度思想水平、领导才能和开拓能力的专家和领导人。我们今天的语文教学如果搞得好，那就是交给了他们一把打开各种知识宝库的金钥匙，反之，语文能力差这个弱点会跟影子一样到处跟着他们，给他们设置“拦路虎”。这样看来，把语文教学的改革进一步推向前进，是刻不容缓的事，稍一徘徊，就会对未来的建设事业起消极的作用。

进一步改革，主要是抓好两件事。（一）紧紧抓住改革的目的，把注意力集中在有效地提高学生运用语文能力上，使学生学得既扎扎实实，又生动活泼；越学越有知识，越学越有能力，越学越聪明；（二）在继续抓好少数学校改革试验的同时，大力抓好广大学校的教学改革，争取语文教学在大面积上获得丰收。这里包含着两个内容，一是总结少数学校已有的改革经验，结合广大学校的实际，加以推广；再是注意培植、扶助、发展、总结广大学校的改革经验，特别是农村的、边远的、条件困难的地区的经验。

在语文教学改革中，特别是在大面积上推进教学改革，必然遇到很多问题，首先是一系列的理论问题、认识问题。这里，我想就几个问题谈一谈个人的看法，供大家参考。

语文教育与思想教育

这是一个老问题，60 年代就曾有过“文”“道”之争。“文”“道”是古人论文时使用的两个词，“文”指“词章”，“道”指“道统”，也就是孔孟之道。这里讲的“文”“道”，是借用，含义同古代不同，“文”指语文教育，“道”指思想政治教育。当时的争论有三种意见，一是以“道”为主，一是以“文”为主，一是两者并重。在中宣部领导下制定的 1963 年的教学大纲的前言，算是给这次争论作了一个总结，大纲认为“文”与“道”，不论体现在一篇文章里还是体现在教学过程里，都是“不可分割”的，都是统一的。这个结论是正确的。

粉碎“四人帮”以后，“文”“道”之争又一度活跃起来，这是可以理解的。本来已经摆正了的关系被“文革”搞乱了，在拨乱反正中，两者的关系如何规定急待解决。一方面“四人帮”刚刚被粉碎，他们在教育战线上搞的那一套“左”的东西还来不及彻底肃清；另一方面许多对“左”的一套表示厌恶的同志也还来不及仔细地加以分析。这样，就反映出了一些不同的看法。经过争论和探讨，特别是经过教学改革的实践，大多数同志的认识趋于一致了，重新确认 1963 年的结论：“文”“道”统一。如果说得具体一点，可以归结为以下几点：

（一）语文课有很强的工具性，也有很强的思想性。就其思想性一个方面来说，由于选入语文课的课文，大都是优秀的文学作品以及艺术性很强的文章，是形象的东西，是浸透着感情的东西，它对青年一代的思想道德观点的形成有强大的影响，这是任何课程所不能代替的。因此，任何国家都很重视语文课在思想教育方面的作用，只是有的直接说出来，有的不直接说出来罢了。我们是社会主义国家，自然更应该重视其思想教育的作用。

（二）必须坚决摒弃“左”的一套思想教育。但这并不意味着要取消语文课中的任何思想教育。在彻底否定“左”的一套的同时，又必须坚持语文课中应有的思想教育。剔除了“左”的污染，思想教育应有的面目是怎样的呢？第一，它承认语文课的基本目的是培养运用语文的能力，它自己只是目的之一，不是压倒一切的、唯一的目的。第二，它承认要按照培养学生语文能力的规律编写教材和组织教学，不是以思想为纲，以思想观点为统率。第三，从语文课的特点出发，语文课的思想教育有其特定的内容，那就是偏重于思想感情的陶冶，道德情操的培养，不是包揽一切，等同于政治课，更不是要配合一时一地的时事政策。第四，方法是紧密结合语文训练，在听说读写训练的过程中进行，充分发挥语文的感染力，熏陶渐染，潜移默化，不是离开语文训练，进行架空的说教。

（三）这样的思想教育是语文课所固有的，不是外加的。不仅是进行思想教育的需要，也是进行语文教育的需要。许多语文，不进行思想内容的阐释，学生就无法理解它的文字技巧，而阐释思想内容，思想教育就在其中了。

（四）文道统一是一个总的原则。并不排斥在某种情况下着重解“文”或者着重讲“道”。教学是应该有充分的灵活性的。

获得知识与获得能力

使学生获得有关文学的、语言的乃至文化的知识，是中学语文教学的任务之一。这里讲的限于使学生获得语言知识同获得语文能力的关系。

关于这个问题，存在着两种不同的主张。一种是强调传授知识的重要性，认为语文课所以不能令人满意，主要是对语文知识的教学还不够重视，语文课应以传授语文知识为主体，应该把传统的“文章教尔曹”变为“知识教尔曹”。再一种是强调培养能力的重要性，认为使学生获得语文能力主要是通过实际训练，至于语文知识，学一点就可以了，甚至可以不学，以免束缚学生的想象力。“曹雪芹也没学过语法，文章不是写得很好吗?”我以为这两种看法都不免有一点偏颇。

中学阶段，本着“精要、好懂、有用”的精神，指导学生学一些语文知识（主要是语法、修辞、逻辑），是十分必要的。学习比较系统的语文知识，有助于学生自觉地掌握语文的运用，因而会学得快一些，好一些，能够较快较好地获得语文能力的人也可能多一些，普遍一些。曹雪芹虽然没有学过语法也能写出好文章，我们却不能由此得出结论说，学习语法是无益的。也有许多大文章家是很重视语法的学习的。

但是，语文知识的教学，在语文教学中应占一个什么位置，很值得研究。研究这个问题，要考虑到下述一些情况。

一般说来，获得能力是以获得知识为前提的，学生的学习过程是由知识转化为能力的过程。而语文课，在这共性之中，又有它的特殊性。

（一）语文是一种工具，工具的掌握，不但要有知识，而且要有技能和熟练技巧。知识在其中所起的作用是有一定限度的。两者不是如响应声、如影随形那样一种完全对应的关系。有时能力小于知识，有时知识小于能力，有时有知识却没有获得能力，有时获得了能力却不是来自知识，等等。从知识到能力，这之间存在一个艰苦磨炼的过程。如使用锄头、使用斧锯、开汽车、开拖拉机都是如此，学习语言也是如此。

（二）语文又是用来反映纷繁复杂的客观事物，论证精深严密的科学道理，表达千差万别的思想感情，借以达到彼此交流的目的，这样一种极其复杂的交际工具。简言之，掌握语言，既是一种科学，也是一种艺术。越是涉及艺术的东西，知识所起的作用越比较小，而艰苦磨炼，直接的揣摩体味所起的作用越比较大。如绘画、书法，以至于习武术、打排球都是如此。学习语言也是如此。在这方面，古人有许多宝贵的经验，杜甫说的“读书破万卷，下笔如有神”，欧阳修说的“勤读书而多为之”，鲁迅说的“多看和练习”，都强调了实际训练。陆机的《文赋》里说“非知之难，能之难也”，他已经知道了从“知”到“能”需要一段艰难的跋涉。

因此，我们可以这样说：要使学生获得运用语文的能力，主要途径是实际训练，即从听说的实践中学习听说，从读写实践中学习读写。这个实际训练要讲究科学方法，不是完全沿用旧的一套，这是不待言的。教给语文知识是培养语文能力的必要的辅助手段。两者不是矛盾的，而是相辅相成的。严格的训练需要以知识为向导和检验的标尺；知识又只有在训练中才能得到应用。学生能掌握一定的语文知识，又经过严格的训练，其语文能力的提高会是很有成效的。

加强基础训练与发展智力

改革，就要首先了解当前语文教学的弊端。了解弊端，莫过于检查成品。我们的成品是学生，了解学生在校期间和出校以后语文能力有哪些不足，是探明弊端的主要依据。我们在 1979 年进行过一次比较系统的调查，召开了五十多个座谈会，向四百六十多人次作了调查，还研究了一大批学生的作文和测验卷，详情见《现状和设想》一书，这里不多说了。大量的事例说明，学生的语文基本功差，是许多问题中一个最突出的问题。

改革，不是要削弱基本训练，而是要加强基本训练，即听读说写的训练，字词句篇的训练。

加强基本训练，有两种不同的方式。

（一）灌输式、填鸭式、注入式。不注意学生的兴趣和爱好，不注意学生的年龄特征和接受能力（包括负荷能力），不启发学生独立思考，不强调学生自己动脑动手动口，只是一味地把知识嚼烂了往学生的嘴里填。施用教师的尊严和考试的压力，让学生被动地、勉强地学习。这种教学方式由来已久（私塾即如此），至今仍有很大的影响。

（二）扶步式、导游式、启发式。“夫子循循然善诱人”，注意学生的兴趣和爱好，注意学生的年龄特征和接受能力，启发学生独立思考，引导学生自己动脑动手动口。在教学中教师的主导作用，表现为演剧中导演的作用，体育训练中教练的作用，婴儿学步时妈妈的作用。这里引叶老的《语文教学二十二韵》（1977）中的几句：“学步导幼儿，人人有经验。或则扶其肩，或则携其腕，惟令自举足，不虞颠仆患。既而去扶携，犹恐足未健，则复翼护之，不肯离身畔。继之更有进，步步能稳践，翼护亦无须，独行颇利便。他日行千里，始基于焉奠。假此寻常事，为教倘可鉴。”这一段话给启发式作了形象的、深入浅出的说明。

两种方式有两种不同的结果。前者越学越愚蠢，闭塞聪明，封闭思考，使头脑变成堆积知识的库房，而不是利用原料创造新产品的现代化车间，甚至影响发育，损害健康，特别是不利于培养青年一代开拓性的素质，是要不得的。后者越学越聪明。我们不是说开发智力吗？智力是以丰富的知识为基础的，并非不要知识。要紧的是能够学会举一反三，能够掌握获得知识的方法，独立地去获得知识，能够运用所学知识创造性地发现问题，分析问题，解决问题。这些，是做一个新时代的开拓者所需要的。

实行启发式，不是简单的方法问题，而是一整套教学思想和教学设计问题。这里只着重说明一点，就是要实行几个结合：把语文教学同学生的生活结合起来，同学生的知识结合起来，同学生的爱好和特长结合起来，同学生在一定情况下思考的兴奋点结合起来。要做到这几个结合，还要把课内和课外结合起来，组成一个教学的整体。

课内课外相结合，我以为还是应以课内为主。但是，就多数学校来说，课外活动还没有充分开展起来，还没有充分发挥它的作用。课外活动是应该大大提倡的，应该提倡学生自己去搞，但不应该脱离教师的指导。语文课的课外活动是多式多样的。已有的方式有选修、专题讲座、参观访问、社会调查、课外阅读、课外写作（练笔、办报、投稿）、演剧、朗诵、讲演、收集资料、学习书法，等等。这里，讲一讲武汉市十五中学的一个例子。他们在《中学语文教学》上发表了一篇短文《结合社会调查进行作文教学》，介绍了他们进行社会调查的情况。这个学校的高中语文、政治课教师，以“三个面向”为指导，组织学生走出学校，进行了两次综合性社会调查。第一次是在1984年4月28日，由教师带领学生到洪山区青菱乡红霞村调查；第二次是1984年十月间，放手让学生自己利用假日和课余时间走向街头、集市、农贸市场进行调查。通过调查，学生目睹了十一届三中全会以来，农村实行联产承包责任制带来的巨大变化和城市市场经济繁荣的景象，加深了对党的方针政策的认识，同时，对课堂上所学的政治经济学理论理解更深刻，体会更具体。紧密结合两次社会调查，语文课进行调查报告写作训练，使课内和课外、理论和实际环环相扣。在此基础上，学生写出了大量的调查报告，编写了社会调查报告选集，学校组织了一次报告、答辩现场会。这些活动充分体现了大胆改革课堂教学和积极开辟第二教学渠道的精神，活跃了学生的思想，发展了学生的智力，提高了学生分析问题和处理问题的实际能力，这样的社会调查是有成效的。这里有一个怎样看待“文革”中搞的“开门办学”的问题。那时候的所谓“开门办学”，是以否定知识、否定课堂教学、否定教师的作用为前提的，是“左”的产物，必须彻底否定。但否定那个“开门办学”，并不意味着我们要把学校的大门紧闭起来，让学生来个达摩面壁。学校与生活相结合这个卓越的教育思想，是古今中外许多教育家都表述过的，同“文革”中“左”的那一套是不沾边的。

文言文教学和白话文教学

教学大纲规定，要培养学生阅读浅易文言文的能力。我想就这个规定谈一点自己的认识。

在中学阶段，为什么要培养学生的阅读浅易文言文的能力呢?

一是为了阅读古代文献资料的需要。

我们的祖先给我们留下了一大笔历史文化遗产，留下了大量的文献资料，其中有许多珍品，要研究继承我们自己的传统，离开这些文献资料，就是一句空话。这包括上下几千年的文献资料，究竟有多大的量呢? 浩如烟海，是个比喻。《四库全书总目提要》列入一万多种，十万多卷，但这是很不全的。加上《四库全书未收书目》《丛书总录》所著录，以及清人的著作，大约有八万种或十万种，册数就无法统计了。这真是一个大海。这海里的水，自然不是都有用，但其中一大部分是很有价值的。搞现代化不能割断历史。这大量的古代文献资料中，在政治、历史、文学、艺术、哲学、伦理学、自然科学和技术等方面都有许多珍宝要我们一代一代的去研究吸取。这么大量的文献资料，可惜绝大多数是用文言写下来的。如果不懂得文言文，没有文言文的阅读能力，就等于没有掌握打开这座资料宝库的钥匙。

二是为了阅读近代的乃至现代的一部分文献资料的需要。

从清末到中华人民共和国成立，也还有不少价值很高的文献是用文言或者半文言写下来的。如康有为、梁启超、谭嗣同的著作，孙中山、章太炎的著作，李大钊乃至鲁迅的著作都是这样。这个时期的一部分报章、杂志以及政治、经济、科技、历史著作都有很浓厚的文言成分。新中国成立以来，在我们大陆上，文言著述诚然不多了（不是没有），但在大陆以外的汉语著作，有许多还是用文言或者半文言写成的。我们的青年一代，如果不具备一点阅读文言的能力，不仅不能阅读古代的文献，也难以阅读近代的乃至现代的文献中的文言部分，那么阅读的范围会受到很大的限制，这对于他们才能的发展显然是不利的。

培养阅读浅易文言文的能力，是中学学习文言文的主要目的，此外也还有其他的目的，为进行爱国主义教育，学习和借鉴古人的表达技巧等，这里就不多说了。

课本里选入文言文一百多篇，近乎于全数的三分之一。读这一百多篇，如果选材得当和教授得法，这个教学目的是可以达到的。自然，具备了阅读浅易文言文的能力，并不是就具备阅读古代文献资料的能力了，只是给进一步深造打下一点基础。中学是打基础阶段，是不宜要求过高的。

有一个问题必须讲清楚，就是文言和现代汉语的教学目的是有区别的。学生学习现代汉语要求在读写听说几方面都得到发展，具备多方面的能力。而学习文言，则只要求发展阅读能力，不要求具备全面的能力。由于文言是一种古代的书面语，听和说历来不作为教学的目的；但是写，在过去却是作为教学目的的。这种传统的习惯，至今仍有影响。

我们培养学生阅读文言文的能力，不是因为文言特别可爱，而是因为有那么一大堆用文言写成的古代文献在，这一点，上文已经说清楚了。但是写作能力则是另一回事。现代的人一般没有用文言写作的需要，而且如果用文言写作，反而会减损语言的功能，带来许多不便，真叫作费力不讨好，在中学阶段是绝对不应提倡的。写作，把要告诉别人的话用书面写下来，是为了什么？为的是在你不在场的情况下——例如异时异地或者同时让很多人了解，你的意思能够通过书面语传达给他人，有些意思则了解的人越多越好。为的是让别人不仅看了能懂，而且听起来也能懂，以便借助诉诸听觉的传递信息的工具更广泛地传播开来。在这两方面，文言都是跛足的：一是能读懂的始终只能有少数人，二是中看不中听。文言这种古代的书面语同口语分离，已是很久远的事了。再加上一条，文言的固有的词汇远远不能适应表现现代生活的需要，用它来表现现代生活是很难办到的，在某些领域简直是不可能的。这样看来，文言作为一种书面表达工具，是不适合现代人写作的需要的，在中学阶段，不要求学生用文言写作是完全合理的。自然，学习白话文和学习文言文不是对立而是相辅相成的。从古语中吸取营养以丰富现代语文的表现力，要通过长久的潜移默化，自然而然地获得，勉强去做，效果必差。因此，在这方面，中学阶段不宜提出要求。

以上讲的是几点基本的东西。我想，语文教学的改革离不开这几点基本的东西，不是要摒弃和推翻这些东西，而是要坚持这些东西，改革是要改掉那些与此不适应的东西；改革是要将这些基本的东西发扬起来。自然，就是我以为是基本的这几点，也要在改革中经受考验。不仅教师要积极从事改革，教育部门和学校领导也要积极领导、大力支持和推动语文教学的改革。

1985 年 6 月

提倡五个结合

实行启发式教学，牵涉一整套教学思想和方法。要言之，就是要实行五个结合：（一）要把语文教学同学生的生活和思想结合起来；（二）要把语文教学同学生已获得的知识和求知欲结合起来；（三）要把语文教学同学生的爱好和特长结合起来；（四）要把语文教学同学生在一定条件下思考问题的兴奋点结合起来；（五）为了实现上述四个结合，还要把课堂教学同课外活动结合起来。这样的语文教学才是活的语文教学，这样的语文基本训练才是活的语文基本训练。

语文基本训练，一是吸收（读和听），一是表达（写和说），都需要这五个结合，侧重点自然有所不同。

同成人比较起来，学生的生活经验和知识积累都是很不足的，但是应该承认，中学生并非一张白纸，他们已有了一定的生活经验和知识积累，而且这种经验和积累在急剧地增加着。这是进行语文教学极为宝贵的凭借，抓住这一点，就可以使全局活跃起来。就表达训练而论，学生说话和作文，常苦于无话可说，无文可写。巧妇难为无米之炊，真的没有米下锅吗？不是。他们身边就有两个宝库，一个是生活的宝库，一个是知识的宝库，只是因为他们不得其门而入，或者没认识到原来那些就是宝贝。老师的任务，是帮助他们打开他们自己的宝库，指导他们认识这些宝贝的价值。学生一旦找到了这些宝贝，他们运用语言的能力是会突飞猛进的。

青少年的生活天地里有幼稚的幻想也有大胆的追求，有笑声也有眼泪，同样是丰富多彩的，取来作为表达材料的东西是很多很多的。华师一附中初中学生谢晖，课外练笔写了一部自传，叫作《我小时候的故事》，已经写了一万多字了，才写了一半。我看过已写出的部分，文从字顺，活泼有趣。这是一个突出的例子。我曾亲自辅导过一个学生，为他打开生活的宝库之后，他拿起笔来不再感到无话可说，而是说起来欲罢不能了。为学生打开生活的宝库，首先是端正学生的写作态度。不少学生总是认为，说话是一回事，作文是另一回事；生活是一回事，可以写入作文的材料是另一回事。作文是要端起架子来用堂皇的或者华丽的辞藻写一些高深的或者新奇的东西，日常生活中的见闻是不能登“大雅之堂”的。如果引导学生改变了这种看法，认识到作文不过是用普通话写日常生活中有意义的东西，那么，他们马上会发现，堆积身边的瓦砾原来都是晶光四射的宝石，作文的材料并不须升天入地去搜求，而是唾手可得的。再是教给学生观察生活和从生活中提取材料的方法。在这方面，刘朏朏和高原两位同志已经积累了很好的教学经验，可供参考。

表达，要求学生运用自己生活中的材料；吸收（即读和听）则不同。既要指导学生阅读一些与他们生活切近的东西，以便于他们接受，又要指导他们阅读一些他们陌生的东西，比如古代的、外国的，以扩大他们的生活视野。

青少年的心田里已经有了一个知识的小仓库，这是他们表达材料的另一个重要源泉。中学生已经有了社会科学和自然科学的一些基础知识，而且他们的求知欲很强，像海绵一样不断地吸收着新的知识。怎样用语言来表达他们已经和正在获得的知识，他们是非常感兴趣的。从他们进一步从事学习和工作的需要来说，从生活中汲取材料从事写作的机会是比较少的，运用知识资料从事写作的机会倒是多的。因此，训练这方面的表达能力是十分重要的。比如，有的学校组织学生进行社会调查，学生在调查中积累了大量的新的见闻，也就是新的知识，然后指导他们按照一定要求把这些新的知识表达出来，或做讲演，或写调查报告。再如，有的学校就某一专题（某种植物的栽培，某种动物的生态，某种机器的性能等）指定学生阅读一批书面资料，然后指导他们按照一定的要求写成说明文。这都是很好的方法。

指导学生运用知识进行表达训练，同阅读训练有密切关系。在阅读中要训练学生具有下列能力：（一）运用工具书的能力；（二）按照一定的要求查找有关资料的能力；（三）在阅读中采取一定的方式记录有关资料的能力；（四）对有关资料进行分析和综合的能力。有了这几种能力，才能够正确地和顺利地运用有关的知识进行表达。

结合学生的爱好和特长，是一件复杂的事情。中学是打基础的阶段，一方面要求学生在各方面都达到合格的水平，另一方面又要适当满足学生发展特长和爱好的条件。就语文课说，一方面要普遍地进行语文基本训练，另一方面又要因材施教，结合学生的爱好和特长。应该承认，中学阶段，青少年资质上的差异已经开始显露出来了。有的爱好理科，有的爱好文科。而且同样爱好语文，也还不尽相同，有的爱好小说，有的爱好诗歌，等等。特长往往由爱好而来，但有时爱好不等于特长。应该怎样对待学生不同的爱好和特长呢？这里有两种不同的态度，一是劝阻，告诉他们中学是打基础阶段，用心上好语文课就够了，什么小说，什么诗歌，应该暂时放下，等以后再说。一是因势利导，给他们吃一点小灶。我是赞成后一种态度的。开小灶，在课外活动中有广阔的天地，下边还要讲到。文学领域也跟科学领域一样，有些大有成就的人小时候就显露出特异的才华和确定了专攻的方向。我们不仅要着力于培养通才，还要注意发展少数学生的特异才能。我国大有成就的文学家不是太多了，而是太少了。

结合学生在一定条件下思考问题的兴奋点，是又一个值得注意的问题。在一个时期内，在一定的条件下，往往出现青年人最关心的事情，这些事情使他们思考，使他们激动，吸引他们全部的注意力。一次重大的事件，一个扣人心弦的电影，乃至一些日常生活的变化，都可能引起学生的关注。教师要摸到学生的脉搏，及时掌握这方面的信息，使语文基本训练尽可能同学生的兴奋点结合起来，这样做，能充分调动学生的积极性，事半功倍。例如有一阵子可否穿时髦服装的问题曾经引起学生的关注，有的老师抓住这个问题，让学生展开辩论，进而指导他们写驳论性的评论，收到很好的效果。语文教学是有一定的顺序和计划的。但不要把顺序和计划看得过死，应该灵活运用，以结合多变的实际。

为着很好地实现以上几个结合，还要把课内和课外结合起来。就当前情况看，进行语文教学仍然要以课堂教学为主。但是只有这一种方式是很不够的，还要大力提倡课外活动，使课内外结合起来。开展课外活动要注意以下几点：（一）要在教师的指导下由学生自己比较独立地活动；（二）不加重学生的负担；（三）要允许学生自由选择参加。迄今为止，行之有效的活动方式至少有以下一些：课外阅读，课外练笔（日记、周记、投稿、办报），演剧，朗诵，讲演，辩论，收集资料，学习书法，参观访问，社会调查，等等。有的学校结合社会调查进行作文教学，取得了好的效果。这里，我想着重谈谈课外练笔的问题。几年来，我看过一些学生的练笔作业本，都是干净整齐，书写工整，有的还自配插图，说明学生对于这项作业是很喜爱的，教师也反映，练笔的效果很好。我以为，练笔至少有这么几条好处：（一）初步解决了学生要多写与教师要少改这个长期存在的矛盾；（二）学生写自己的所思所感所见所闻，易于调动积极性，可以补充命题作文的不足；（三）有利于养成学生良好的写作习惯；（四）可多可少，可长可短，灵活多样，不至于加重学生的负担。课内作文和课外练笔相配合，组成一个完整的写作训练体系。这种做法值得大提倡。

这五个结合的精髓是教学结合学生的实际。只有这样，语文基本训练才能搞活，而不至于囿于八股式的老套。只有这样，教学才是真正的启发式，否则，“满堂灌”不好，把“满堂灌”改成“满堂问”，也不会有多少启发性，也不能算是启发式。

实行这五个结合，教师有个深入地了解学生的问题，比之单纯地抓语言文字要多花费许多气力，但在这方面花费气力是非常值得的。如果有兴趣，不妨试一试。

1986 年 1 月

从美国语文教学见闻谈培养学生的自学能力*

这篇文章包括两个部分。第一部分，谈谈我在访美期间对于美国语文教学的一些观感。第二部分，谈谈由访美观感中引发出来的一个问题，即在我国语文教学的改革中如何进一步考虑更有效地培养学生的自学能力。

一

我们一行三人，从1987年5月3日至6月1日，跑了华盛顿、纽约、芝加哥、奥斯汀、旧金山、檀香山等六个城市。每到一处都访问中小学，注意了解他们的教学情况，尤其是语文教学的情况。所以虽然不是对语文教学进行专项考察，倒也有了一些见闻。

多式多样，是美国教育的一个显著特点。在那里，中小学是由各州，以及州下面的学区分管的，全国没有统一的教学计划、教学大纲和统编的教材。学校又有公立和私立之分，凫短鹤长，各具特色。我到过的得克萨斯州、纽约州和加利福尼亚州是美国的三个较大的州，在教育上很有影响。他们的教育部门对语文教学是非常重视的。从上课时数来看，大都是从小学到高中每天一课时，此外，还有其他的语文活动。从教学内容来看，大都是增长知识和培养能力并重；增强艺术修养与培养实用本领并重。从教学指导思想看，非常重视学生自己动脑动口动手解决问题的能力，这一点给我留下了

* 原载《天津教育》1988年第11期。

深刻的印象。

访美之前，关于美国中小学语文教学的情况不甚明了。例如，语文教学是否教语法，是否教文学，如何处理知识与能力的关系以及听说读写之间的关系，等等。这次访美，留心了这几方面的情况。

关于语法教学。在芝加哥的一所八年制学校（爱因斯坦学校，The Albert Einstein School），我看到了几种语文教材（英语，作为母语），其中都编有语法知识。词、句、段乃至字母的大写、专用名词的缩写，标点的使用等，都做了有计划的安排。语法的讲授，非常注意将知识转化为能力，重视实际运用。有的单元的题目就是《语法·技巧·应用》，有的单元把语法知识同写作训练结合在一起，如《名词和写信》《动词和写诗》《代名词和写读书报告》。在《名词和写信》这个单元里包括三个小节，这三个小节是“名词”“专有名词的运用”“写信”。每个小节下面又分若干教学要点。仔细想来，“名词”和“写信”结合起来讲是有道理的，写信往往要应用人名、地名、单位名等许多名词，而且学生是容易发生错误的。

关于文学教育。访美前似乎有这样的印象：美国的语文教学是着重实用的，对文学未必重视。亲自看一看才知道不是这样。他们的确很重视实用，诸如写信、写报告等都列入教材，但他们并不忽视文学教育。文学教育的一个重要目的，我在芝加哥见到的一本书里说得很精彩：“文学教学要帮助学生进入文学领域，沉浸其中并掉臂而出，从而对自身和周围的世界获得新的理解。”在初中的语文课里，已经指导学生阅读小说、诗歌等文学作品。到高中，语文课有两个内容：一是“语言艺术”，一是“文学”，两者都是必修。在一个学年里，一学期教“语言艺术”，一学期教“文学”，全国大都如此。我见过教育领导部门向教师推荐的两种“文学”课本，都是从“希腊的黄金时代”讲起，依文学史体系讲到英国文学和美国文学。在旧金山还听到过一堂文学课。学生上课是很随便的，座位不成行列，服装五光十色，二十多名学生围着老师就座，如同谈心。教法却与我们差不多，教师引导学生对一篇小说进行分析。先由教师提出问题，让学生记下来，然后由教师提问，在问答的过程中归纳出作品的中心思想。课堂秩序虽不井然，却不紊乱。

对于听说读写的训练，就我所见，他们是四者并重的，其中更着重于阅读和写作的训练，越高年级越是如此。例如说话，有的教材甚至把“怎样打电话”也列为教学内容。在美国，往全国各地打电话都很方便，因此，通过电话口述已成为一种同远方人进行交际的普遍方式，写信倒有些相形见绌了。但通观全局，写作和阅读的训练仍然占有大部分教学内容和教学时间。在低年级，写作、谛听、说话的训练反复出现。到了高年级，阅读和写作的训练比较突出。以适用于六年级的一册语文课本为例，其中写作训练的项目有写学习日志、写读书报告、写信、写故事和诗歌等，听说训练很少。

语文教学重视阅读和写作的训练，也许是有其原因的。美国学生的写作能力不能令人满意，引起了社会和教育界的关注，有人著书尖锐地提出这个问题。除在学校所见之外，我在出版公司也见过几种写作教材，其中有些很有新意，如《活的写作》（Lively Writing，国家教科书出版公司出版）。这说明学者们在认真研究如何提高学生的写作能力问题。美国是一个现代化程度很高的国家，在他们那里，写作能力的培养仍受到高度重视。可见，在现代化社会里，人们具备合格的写作能力仍然是十分重要的，这对我们很有启发。

强调学生自己动脑动手动口，通过自己的努力获得知识和能力，这一点在语文教学中有鲜明的体现。正如《语言艺术课结构》一书所说：“语文教师必须指导学生寻求打开语言之门，并发现人类所想、所写、所说的最佳成果。”使用图表、使用目录、使用字典、使用百科全书、使用图书馆，乃至介绍自学技巧，都是语文课重要的教学内容。语文课之外，还相当普遍地设立了图书馆课和新闻课。这两门课显然与培养语文能力有密切关系。图书馆课的教学目的有三：一是向学生介绍新书；二是指导学生学会运用图书馆；三是指导学生学会运用工具书和图书资料。我们参观过一堂图书馆课。课堂就是一所小图书馆，里面陈列着图书目录、字典和各种图书。学生都在埋头查找和阅读。教图书馆课的老师不是由语文教师兼任，而是由大专学校图书馆专业毕业的人担任的。

在奥斯汀市的迈卡兰高中（McCallum High School），我们参观了新闻课。学生自编的小报引起了我浓厚的兴趣，手头保留了一份。报名叫《盾》，是 1988 年 2 月 13 日出版的，共 12 页。包括“指导”“评论”“新闻”“奥妙”“未来”“娱乐”“体育”等栏目，除文字外，还有照片和漫画，图文并茂。该校毕业生每年还编大大的厚厚的一本纪念专刊，由出版商承印，向社会发行。这个专刊承办广告业务。通过办报练习写作，比之课堂作文有更大的优越性。第一，作文只是模拟训练，办报却是实际应用；第二，作文不易引发学生的兴趣，办报由于可以看到写作产生的效果，易于引发学生的兴趣；第三，办报除练习写作外，还可以练习从编辑、排版、插图到付印、发行等一套本领。

引导学生自己去发现知识和学会运用知识，这一教育思想的影响广泛而深远。我们参观过几处科学博物馆和自然博物馆，那里绝无“不准动手”的禁标，相反，大都是自己动手才能得出结果的。一处博物馆有一个养着海星、海胆、海参等水生动物的水池，有趣的是，这些动物是准许孩子们随意捞取和抚玩的。

以上所谈，是我所见到的美国语文教学中足资借鉴的东西。自然，他们那里存在的问题也不少。在同美国朋友谈到我国语文教学的效果不理想时，他们总是坦率地说：“我们同病相怜。”联邦教育部的一位官员说，在美国，中学生的语文能力不能令人满意的问题是存在的。美国有两千万“功能文盲”（看不懂路标，看不懂寻找职业的广告等），其中就有一部分是上过中学的。至于产生这个问题的原因，他们认为有家庭的原因，有学校和教师的原因，也有社会的原因，还有学生自身的原因。有些学生是移民，英语不是他们的母语。为了提高学生的作文水平，教育领导部门采取了措施。如芝加哥市普通学校管理和服务中心（其职能同我们的教育学院类似）采取了三项措施：一是对各年级的语文教学提出具体要求。从幼稚园到小学、初中共九个年级，每个学年都分为四个学段，每个学段都提出若干项具体要求。二是加强测试，一般一个学年测试四次。三是争取家长的帮助，编写专门的书册，向家长全面介绍学校的语文课，要求家长与学校合作共同对学生进行教育。据介绍，他们的措施是有效的。

二

借鉴美国中小学语文教学的经验，我想着重谈谈如何培养学生的自学能力问题。

语文教学要着眼于培养学生的自学能力，我国老一辈语文教育家早已提出并一直坚持这个主张。人民教育家陶行知先生说："先生的责任不在教，而在教学，而在教学生学。"不久前逝世的我国语文教坛一代宗师叶圣陶先生曾经指出"教是为了达到不需要教"，即通过引导启发，使学生加强自力锻炼，达到疑难能自决，是非能自辨，斗争能自奋，攻关能自勉的主动境界。

近年来，培养自学能力已经引起普遍重视，这一教育思想已经写进语文教学大纲里去，并且在教改实践中已经积累了许多宝贵经验，有些同志还作了理论的探讨。但是，所涉及的大都还限于课堂教学的范围。如果从家庭、学校、社会这个大的系统看问题，还大有文章可做。我认为，培养自学能力必须做好两件事。所谓"必须"就是说这两件事是基本的、必备的，缺了哪一件，就难以收到理想的效果。

（一）要通过教学，使学生具备自学的基本条件。

语文教学要授予学生许多种知识，培养学生许多种能力，这里不一一来讲，只讲三个基本条件。

其一是识字。汉语的特点之一，是字的功能十分活跃。一个字，一般说来，既是一个语素也是一个单音词。凭借数千个单字的排列组合，构成汉语的数以万计的庞大的词汇。由单字组成的双音或多音词，除一部分须待讲解才能明义之外，大部分是可以望文生义、无师自通的。因此，学生掌握了足够数量的字，就能自行阅读、自行写作。如果学生没有过好识字这一关，则不论阅读还是写作，到处会碰上"拦路虎"，他们会感到学语文如踏荆天棘地，步履艰难。老师指导起来，也会感到十分吃力。到头来还是要补识字这一课。目前，小学语文教学对识字教学十分重视，中学却没有引起足够的重视。

九年制义务教育语文教学大纲（初稿）规定小学识字 2 500 个，中学累计增至 3 500 个。识字 3 500 个，覆盖率为 99.48%，看上去似乎是可以的，其实是不足的，这覆盖率意味着学生每读 200 字，就会遇到一个生字。参照其他一些数字，例如国家语委整理的《现代语通用字表》收入 7 000 字，

《标准电码本》收入 7 292 字，《信息交换用汉字编码字符集·基本集》收入 6 763 字。由此看来，小学初中阶段识字 3 500 个，是个起码的要求，还要尽可能多一些，高中还有识字的任务。

其二是学会使用工具书。语文教学大纲把培养学生使用工具书的能力作为要求之一，这是很重要的。工具书，对中学生来说，主要指一般的字典或词典。使用字典同请教老师有所不同。字典是学生随身带的。不论是在家中还是在学校，遇到问题可以随时使用。字典又是一部缺乏能动性的资料，向字典请教，学生属于主动地位。字典不会告诉学生如何如何，学生所需，要自己去找、去选择、去判断。再说，查字典的本领，不仅学生时代需要，可以一生受用不尽。

要使学生自备一本较好的字典，还要让他们熟悉几种通用的较大型的字典、词典，如《辞海》《辞源》等。还要向他们介绍图表、年表、年鉴、手册、索引等资料性工具书使用法。

要使学生掌握检字法。常用的几种，如音序检字法、部首检字法、笔画检字法、四角号码检字法等，都应该让学生了解，熟练运用其中一两种，熟悉其他几种。

其三是学会使用图书馆。从国外的经验看来，学会使用图书馆十分重要。图书馆是一个庞大的万有文库，不仅在学校学习时需要使用，而且离开学校后终生都要使用。许多有成就的科学家、作家获益于图书馆是很多很多的。

目前，像国外那样开设图书馆课，我们还不具备条件。但是，在语文教学中，利用图书馆的设备，进行使用图书馆的教育，是完全必要和可能的。这方面的教育要达到下述目的：1. 使学生了解书的分类以及各类书籍中通常的主要著作，使他们迈进书的世界，并且开始漫游，开始同书籍交朋友；2. 使学生熟悉图书馆的书籍目录卡片，学会查找和借阅书籍的方法；3. 借书有一定的借阅期限，在期限之内阅读完毕，并摘录所需资料，培养速读、跳读、摘读的能力，学会做读书笔记和摘录卡片的方法；4. 遵守图书馆的制度，培养爱护公物、爱护书籍的优良品德。

在教学中，可以鼓励和指导学生经常向图书馆借阅图书，可以有计划地带领学生进入图书馆（包括校外大图书馆），指导他们参观并实地借阅书籍。还可以与课堂教学相结合进行这方面的教育。

既过了识字关，又学会了使用工具书和图书馆，自学的基本条件就具备了。如果比作孩子学走路，此时可以脱离母亲的扶掖独立行进了。

（二）要通过教学培养学生学习语文的良好习惯和兴趣。

学习语文，要下苦功，但如果学生发生了兴趣，苦就会变成乐。兴趣又是同习惯相辅相成的。没有兴趣，很难想象能养成习惯，养成习惯才能使兴趣得到巩固和加深。从语文学习中获得莫大的乐趣，也就变得朝夕于斯、胶漆难分了。自学是在没有老师督促下进行的，不难想象，习惯和兴趣有多么重要。

为达到上述目的，要使语文教学活起来，要把课堂教学同课外活动乃至家庭、社会联系起来，大略说来，要做好以下几件事。

1. 在课堂教学中采用启发式。要通过教学，促使学生主动地积极地开动脑筋，自己提出问题并解决问题，这样会是生动活泼、兴趣盎然的。（关于启发式教学，我已有许多文章论述，这里从略。）

2. 叶老说，“课文不过是个例子”，此语大有深意。指导学生阅读课文是十分必要的，但远非阅读教学的全部，还要指导学生开展生动有趣的课外阅读。课外阅读可分两类：一是与课堂配合的有计划的阅读，这类阅读有布置有检查；一是以兴趣为先导的自由阅读，阅读内容广泛，方法自由。第一类不可少；第二类更会引起学生兴趣，应予提倡。教师应加强指导：一是介绍书目；二是举行读书心得交流座谈会或报告会；三是进行讲解辅导必要的知识。目前，淫秽书刊在少数学生中暗中流传，开展指导阅读也是抵制阅读坏书的一个好办法。

3. 于搞好课堂作文的同时，要大力提倡课外练笔。目前，课外练笔训练已编入教材。有不少学校试行课外练笔，取得了显著效果。不少学生通过课外练笔对语文课发生了兴趣，有些学生写出了几万字的小说，写出了漂亮的文章在报刊上发表。课外练笔的优点至少有以下三条：一是信马由缰地写自己的所见、所闻、所思、所感，使写作真正同生活密切结合起来；二是有话则长，无话则短，灵活多样，细水长流，可以使学生在陶然的乐趣中养成勤于动笔的良好习惯；第三，尤其重要的是，可以解决作文次数较多，而教师难以承受批改的重压这个长期不得妥善处理的矛盾。

4. 开展多式多样的课外语文活动。如办文学社团、小报社、剧团或朗诵团，举办各种有关语文的比赛，如阅读比赛、作文比赛、说普通话比赛、讲演比赛、辩论比赛、朗诵比赛、书法比赛等。课外时间有限，有些活动，可以占用课堂时间进行。

5. 走向家庭和社会。指定学生读报和收看、收听电视或广播中有意义的节目，组织学生旅行和进行社会调查，组织学生参观图书馆和作家故居。组织学生走向街头，去检查各种张贴文字中的错别字和不通的句子。特别要重视提倡和组织学生向报刊投稿，学生的文章发表出来，会引起学生对学习语文的极大兴趣。

这么多事情，自然不可能样样都做，每个学期重点做哪一项，要有个通盘计划。

学生具备了自学的基本条件，又有了自学的兴趣和良好习惯，这才算达到了“不需要教”的境地。他们不仅会尝到“为学日进”的甜头，而且会引发出“欲罢不能”的积极性，其发展是不可限量的。

1988 年 7 月

十年辛苦不寻常*

遵化一中胡中柱老师搞的中学语文教学改革实验已经走过十年的艰苦历程，经验是丰富的，成绩是显著的。胡老师已做了很好的总结。我只谈一点观感。

一中的经验，至少有以下几点值得重视，有普遍意义。

第一点，适度地扩大了读写量。

阅读，他们分为三个层次，一是讲读，二是阅读，三是课外阅读。三个层次，认真地区别对待，扎扎实实、一丝不苟地做，收到很好的效果。比如初中生在三年内自读了四部明清小说《水浒传》《西游记》《三国演义》《红楼梦》，真了不起！

我们问学生们喜欢哪一部，有的孩子说喜欢《三国演义》，很出乎我的意料，《三国演义》比较难读，所写的事情并不都是孩子们大感兴趣的。还有一个孩子说喜欢《红楼梦》。一中把读四大名著放在学生的寒暑假中，并规定什么时间读哪一部，这样阅读就分出层次来了，阅读量就增加了。

他们的课外练笔，扩大了他们的写作训练。有的写日记，有的写间隔日记，有的写周记。他们还办黑板报，办手抄报，许多同学还给报刊写稿子。这样，写作也就分出了层次，量也增加了。

老师们深感苦恼的是作文训练。从训练的角度来看写作要多一些，从批改来看又应付不了，一个老师教两个班，有的班学生多到六七十人。一个班的作文还没批改完，另一个班的作文又来了。一中的经验是，“多写、

* 本文是作者在河北遵化一中语文教改研讨会上讲话的节录。

少批、重讲评”，“课内写作与课外练笔相结合”，就解决了这一问题。课外练笔可以多一些。它是非常自由的，所见、所闻、所感，可以随时记下来。学生对“课外练笔”非常珍爱，而对课内作文就没有这种感情，这是可以理解的。作文在一定的要求下进行比较划一的训练很难适应全班同学的情况，练笔就不同了，可以随时随地写自己想说的话。作文一学期八次十次，也还是不够的，课外练笔作了必要的补充。还能培养他们的写作兴趣和写作的习惯。

第二点，重视培养学习兴趣，而且找到了培养学习兴趣的具体途径。

以前我跟一位对语文学习不感兴趣的学生谈过话，问他为什么，他说：“老师讲的我都知道。”这句很简单的话是值得深思的。老师讲的他“都知道”，还怎能发生兴趣？当然还有其他好多原因，如教学的程式化问题。

语文课艺术性很强，学生应该是很感兴趣的，但由于诸种原因，并非完全如此。一中的情况不同，我跟同学们谈到这个问题，他们表示对语文学习很感兴趣。一中不仅仅认识到兴趣的作用，而且具体地提出了培养兴趣的办法，就是通过五种意识的培养来增进学生的兴趣。这五种意识学校的总结里已讲清楚，不重述。提出来不难，切实地做就难了。一中不仅写在了书面上，而且在教学过程中做到了，这是很难得的。

这五种意识我看最重要的是“审美意识”。“审美意识”是语文课所固有的、内在的，教师应该引导学生充分领受文章的语言艺术的美。语文教学应该是“咬文嚼字”，应该引导学生品味文章运用语文的好处，把学生引入佳境，使学生感受到我们中国语言美好的所在。语文教学往往对遣词造句的妙处重视不足。胡中柱老师的教学在这方面是注意的。昨天我们听的胡老师的欣赏课，让学生给那篇小小说定题目，是“变”字好呢？还是“失误”好呢？还是“戏”好呢？这就嚼出了味道。再如小说的结局，是原文好呢？还是学生写的结尾好呢？提出来比较品味，味道就品出来了，兴趣也就产生了。要在教学中引导学生把语文学习当成一种享受。通过这两天听课、看录像片和与孩子们接触，我认为胡老师做到了。

第三点，为打破教学的程式化，提供了行之有效的措施。

就目前来说，大部分学校程式化教学没有打破，把本来很有感情的课文僵化了。分段、段落大意、中心、写作特点，篇篇如此，这种训练当然是必要的，但不可千篇一律。一中的六种课型，对于打破程式化教学来讲是行之有效的。六种课型是“活”的，是互相渗透的，最重要的是讲读课。讲读课也应该是多种多样的，可以因文、因班、因学生而异。六种课型的精髓在于着眼于培养学生思辨能力，培养学生自学能力，有了这个基本精神，课型才能灵活运用。

一中的孩子们确实在思考问题。如学生对方志敏的一段话的质疑，说明孩子们在深入文章中，在独立思考、辨别问题。孩子们的质疑是不是都需要由老师作答呢？不一定，答上来固好，答不上来也不要紧。

第四点，突破了课堂教学的狭隘的圈子，使教学延伸到课外和校外，使学生的语文学习和学生的生活结合起来了。

语言文字的运用，如果脱离了生活，便成了文字游戏，便成了空洞的东西。要引导学生深入生活，指导他们学习语言的全过程，胡老师做到了这一点。如他们的作文选编《小荷》就反映了学生的生活。这本小书里有很多生动的例子。比如，孩子们写了观察小虾吃东西的情景，有的孩子写“昆虫是用肚子来呼吸的”，他们经过反复观察试验，写成了文章，很有意思。

写作训练包括说话训练，要密切结合学生的生活。一中的六个结合里，起码有两个结合包含这个意思，这是很好的，所以我又把它强调了一下。

还有一个结合，就是要结合学生中的“热门话题”，过去我叫它“兴奋点”。昨天一个学生叫“热门话题”，如某种服装能不能穿，某种发式能不能留等。遇到这样的热门话题，语文老师可以把计划先放一放，抓住它，议论它，写它，机不可失，时不再来。有的同学不是感到无话可说吗，遇到这些问题，他们就有话可说了。

下面再讲两点建议：

第一，要更多地强调，进一步加强语文因素，语文因素不是不强，我希望进一步加强。把语文因素纳入各个环节之中去，比如，学生回答问题，就是说的训练，既要看他回答得对不对，又要看他语言表达如何，等等。

第二，语文教学要做到“活中有序”，一中有一个初步的序，还要更具体一些，语文知识可以分解成若干个点，根据教学要求，把它安排得由浅入深，编成一个网络，“活中求实”，增强语文教学的计划性、科学性。

1989 年 8 月

阅读教学管窥

——学习叶圣陶先生语文教育思想一得

近年来，人们在致力于作文教学改革的同时，已经开始从事阅读教学的改革。我一边研读叶圣陶先生关于阅读教学的论述，一边学习阅读教学的改革经验，偶有所得，就随手记下来，略加整理，形成这些文字。虽然只不过是管窥蠡测，不足以反映长天大海于万一，但是愚者一得，或不无参考价值，发表出来，谨就正于同道。

阅读能力简析

一、叶老说："阅读是吸收，写作是倾吐。"(《国文教学的两个基本观念》)广义的阅读，既包括用口读、用眼看，也包括用耳听。广义的写作，既包括用手写，也包括用口讲。这样看来，吸收和倾吐（现在多称作表达）是语言的两个基本功能。叶老又说，"阅读是写作的基础"，他指出："单说写作程度如何如何是没有根的，要有根，就得追问那比较难捉摸的阅读程度。"（同上）由此可见，阅读和写作，吸收和表达，是紧密相关的。人们在吸收中学得前人或他人的表达技巧，从而增进自身的表达能力，是学习表达的重要途径。

二、但是，中学语文课中的阅读训练的目的不是仅仅为着提高写作能力。叶老说："有人以为学习语文课之目的唯在作文，而读书为作文之预备，故讲读之际，喋喋言作法，言技巧。我则语之以读书亦为目的。老师能引导学生俾善于读书，则其功至伟。"（书简）又说："语文教学之一个目的为使学生练成读书之本领。”（书简）这些话非常重要，给我们开拓了研究阅读教学的思路。

阅读为什么应列为语文教学的一个单独的目的呢？因为阅读教学的教学要求不只借以提高写作能力这一端；阅读能力的培养有自身单独的要求；阅读能力的训练方法也有自身的独特性。有人建议要建立一门“阅读学”，是不无道理的。

三、阅读教学的要求有三。（一）指导学生从阅读中吸取知识，充实知识积累。广义地说，中学的各门课程都在向学生进行阅读教学，都在指导学生从阅读中汲取知识，但只有语文课着重教给学生汲取知识的方法。知识的积累是渐进的，由少到多，由简及繁，由浅入深。知识的构成应是精与博的结合。知识，包括自然科学和社会科学知识，也包括哲学知识，内容十分广阔，既要善于择取其中对自己有用的东西，又要广泛涉猎，以收触类旁通、连类感悟之效。（二）指导学生通过阅读提高思想认识，陶冶情操，增强辨别是非美丑能力。许多优秀的社会科学读物和文学读物具有塑造人格的伟大力量，一部作品往往决定一个人的生活道路，对青年来说尤其是这样。这方面的修养多是在潜移默化、熏陶渐染中获得的，比之知识的获得更乞灵于情感的共鸣。（三）指导学生通过阅读学习语言表达技巧。这一项同写作密切相关。前人或他人（包括许多语言大师）的语言表达技巧都凝结在他们的著述里，而且书面语言有很强的稳定性，不受时间空间的限制，允许人们反复推敲和玩味：通过阅读学习语言的运用，是学习语言的最重要的途径，也是阅读教学的一项重要任务。一些实用文字的写作，也是要通过阅读来学习的。

四、为着达到阅读教学的要求，需要培养下述各项阅读能力：概知、理解、记忆、贮存、效率、运用。概知是起点，是基础；运用是终点，是目的。下面依次说明这六项能力。

概知。初读一遍，了解读物的大概。主要是弄懂生疏的字、词、语、句，扫除“拦路虎”，粗通大意。总的看，人们随着文化程度的提高，“拦路虎”是逐步减少的，但由于读物的水平也随之提高，就是阅读能力很高的成年人，也不能说不再可能遇到“拦路虎”了。这就是为什么成年人也往往需要翻检工具书的缘故。帮助学生扫除阅读的“拦路虎”，不仅低年级需要，而且应贯串中学的整个教学过程。要逐步教会他们独立地解决生字问题，以利他们今后乃至终生阅读能力的发展。

教会学生运用工具书，并帮助他们养成查阅工具书的良好习惯，是十分重要的。叶老曾把“能查看《国语辞典》《辞源》《辞海》一类的工具书”列为高中毕业生应具备的六项读写能力之一，他还详细论述了查字典或词典应该留心的事情。例如查字典要善于从某字的几个义项中选择与自己所求相对应的解释；查词典有时还要顺藤摸瓜，找原书来看看，不容含糊了事。(《中学国文学习法》) 学生看课文的注解和听教师的讲解，固然可以解决“拦路虎”的问题，但这些都是在受教育的场合才能获得的条件，离开了这个场合，例如到校外或者将来从事工作，就要靠自己解决问题，只有工具书才是他们终生相伴的教师。由此可见，教会学生使用工具书，就等于授给他们点金的指头。

首先，要让学生熟悉工具书这个大家族里的一部分成员，着重向学生介绍适合他们的程度的字典、词典之类。其次，要使他们了解多种检字法，并且能够比较熟练地运用其中几种通用的检字法，例如拼音检字法，笔画检字法，部首检字法。再次，要引导他们养成查字典、词典的习惯。遇到生字、生词，不囫囵了事，一定要打破砂锅问到底弄个明白；弄明白，不去东问西问，首先是查字典、词典。每个学生都应该自备一本字典或词典。宁可其他方面节省些，也要尽力购置，这是终生受用不尽的。我想，语文课本，不妨把课文的注解集中编排在课本的后面，学生看注解，让他们费一番查找的工夫，也是查字典的一种训练。

五、理解。了解读物的主旨，并且能够加以分析，提出自己的见解；了解读物的语言运用，并且能够加以品评，从中汲取营养。概知，已有所理解，但理解往往是无止境的，不是一次完成的。一些内涵深邃的作品，青年时读有所领会，老年时读又会有新的领会。当代人读有所领会，后代人读可能有差异很大的领会。真是“江山含变态，一看一回新”。因此，要求中学生对读物的理解，要有灵活性，特别是不要只允许学生遵循指定的思路去理解，要允许他们独立思考。允许独立思考，并非不分是非。是非也是要在思考研讨中才能辨明的。

分开来说，理解可以区分为以下几类。（一）完整理解和局部理解。凝结在一篇文章里的思想、知识和艺术往往是多方面的，要求学生理解，可以是全面的、完整的，也可以是局部的，着重理解文章的某一个方面。比如，根据课文的特点和教学要求，有时可以着重理解课文的语言表达技巧，而不着重于理解其思想内容，有时则反是。而理解表达技巧也可以不做全面的要求。但，于突出重点的同时，不要完全忽视其他方面。局部理解与完整理解不是截然分开的。（二）表层理解和深层理解。好文章往往如同深邃的大海，可以在表面游泳，也可以潜入深层去探索。深，又往往是无止境的。不仅思想内容如此，表达技巧也是如此。以表达技巧而论，表层的，略指语法、修辞、逻辑以及文章作法，初学者比较容易学习掌握的那一部分；深层的，略指不易解释和理解，深蕴于文字之中又放逸于文字之外，体现作品风骨、神韵的那一部分。学生需要学习和掌握的大都是表层的东西，但引起学生兴趣的却往往是深层的东西。因此，引导学生于表层“游泳”的同时，要鼓励并帮助学生（也许不是全体学生）试着向深层去“探险”。（三）应用理解和欣赏理解。理解为着应用的目的，是应用理解，如为着掌握一种实用的知识，为着了解一种有价值的信息，为着掌握一种实用的写作技巧等。理解为着欣赏的目的，是欣赏理解，阅读文学作品多属于这一类。前者宜于采取科学的步骤和方法；后者则宜于强调自由地阅读，于兴味盎然中潜移默化地获得高尚情操的陶冶。

六、记忆。这里指运用脑力的记忆。虽然帮助记忆的现代化手段的发展已经减少了脑力记忆的必要，但脑力记忆仍然是不可代替的；对于中学生进行脑力记忆的训练更是十分重要。记忆可以区分为以下几类。（一）非理解记忆和理解记忆。提倡在理解的基础上记忆，这是对的，但不能排除非理解记忆。非理解记忆是一种不借助领悟的机械记忆。如识字教学中关于字形的记忆，大多属于非理解记忆。如“文”字为什么这样写，文字学上自然可以讲出许多道理，却不宜讲给学生（何况有些字，文字学也讲不清楚），只能要他们机械地记忆。理解记忆，如名篇的学习，史料的检索，要求学生在理解的基础上牢固记忆，终身不忘。（二）精确记忆和非精确记忆。精确记忆指比照原文一字不差的记忆，如背诵。精确地记忆一些名篇，使之烂熟于心，对于积累文化素养和增进写作技巧都十分重要。目前教学中，对于这方面的训练是注意的。非精确的记忆指比照原文大致不差的记忆，或记忆文章的梗概，或记忆文章的主旨，或记忆文章中精辟句段。两类相比，在人们的头脑中，非精确记忆所占比例要大得多，而且也更有用。随着年龄的增长和学习的前进，知识的积累会越来越多，要求过多地精确记忆，是不可能的也是不必要的。而非精确记忆则是必不可少的。人们应用获得的知识，在大部分场合，并不要求十分精确。至于必要的引用，借助非精确记忆为线索，查一查资料也就可以了。目前教学中这方面的训练还没有引起足够的重视。（三）完整记忆和局部记忆。过去的学者治学多是下过非凡的苦功夫，如背诵四书五经，背诵《说文》《尔雅》乃至《文心雕龙》等，中学生自然不需要如此。但就短篇的全文或长篇的局部进行精确记忆是必要的。记忆训练要讲究方法，以求做到迅速、准确、牢固。

七、贮存。指借助工具把阅读所得贮存起来。工具是脑的扩大或延伸。有贮存才能积累，有积累才能赡富。常见一些学者，其学识之渊博，令人惊叹，其实也是通过阅读一点一滴长期贮存的结果。人脑不仅是接收器、加工器，也是贮存器。但脑的贮存能力虽然很大，把知识贮存在头脑里却要花很大气力，有时还不免遗忘或发生差误，因此还有必要借助于工具。最理想的贮存工具是电子计算机。虽然暂时还不能广泛应用，但有条件的学校应进行使用计算机的训练。语文课应该充分重视写读书笔记和做学习卡片的训练。这是两种普遍的、经常使用的积累方法，不但今天有用，就是在将来电子计算机普及的时候还是不可弃置的。从贮存的角度来说，读书笔记和卡片主要包括两方面的内容。一是内容摘要，摘录原文或概述要点；二是资料索引。

八、效率。阅读既要有切实的获益，又要有较快的速度。一方面，只讲快，一目十行，过眼云烟，是不可取的；另一方面，只讲切实，十载寒窗只啃那么几本书，已不合乎时代的要求。当代出版物极多，知识激增，社会生活节奏加快，阅读讲求效率是时代的需要。训练速读的技巧，已引起世界语文教学界的注意，我国也已开始试验。希望尽快总结出可供广泛推广的，切实可行的经验。

九、运用。阅读的目的在于运用，运用也应是阅读能力的一项重要内容。运用，如用于提高文化素质和审美能力，用于丰富知识积累和推进认识的发展，用于增进待人接物中谈吐的雅健，用于促进写作能力的发展。这里着重说一说用于促进写作能力的发展。在这方面的运用，大体上可分为两类。一是直接运用和间接运用。通常说的读写结合，读了某篇课文，随即要求学生仿写，如读了《白杨礼赞》，要求学生写《红烛赞》，属于直接运用。有时候不是仿写，而是所读文章的语言艺术乃至行文风格，在或一时机（可能近也可能远），不期而然地对学生的写作发生了影响，属于间接运用。直接运用，除在校期间作文以外，其他场合很少应用；间接运用则是大量的，经常的。（二）近期运用和远期运用。某些课文，可以立即影响及学生的语言表达，立竿见影，属于近期运用。但也有某些课文（往往是名篇）不能立即对学生的语言表达起作用，却会对他们的写作产生长期的深远的影响，甚至终身受用不尽，属于远期运用。

所谓“范文”应有两层意思，一是文章的典范，一是模仿的范本。有的课文，两者兼而有之，有的课文侧重一个方面，不可一概而论。有的同志只强调课文应是仿写的范本，主张大量选取便于学生仿写的文章，甚至选入学生的作文，而以不便仿写为理由，不主张选入名家名篇。这个认识是不全面的。便于仿写的文章固然要选（安排在适当的位置），名家名篇尤其要着重选，选取名家名篇自然需要考虑到学生的接受能力，但不能仅以是否便于仿写为取舍的标准。须知这些文章虽然不足以近期运用，却是远期运用的理想教材。何况取法乎上，始得乎中，虽不便于学生直接模仿，但对于提高他们的语言表达，也并非不能近期生效的。此外，读名家名篇，还有提高学生文化素养的作用。如诸葛亮的《出师表》虽然不便仿写，但一个中等文化程度的中国青年，不知道《出师表》，不能不说是一个缺憾。

十、概知、理解、记忆、贮存、效率、运用，是中学语文教学中应该培养的六项阅读能力。这六项能力的培养，既有确定的目标，又应有较大的弹性；既要有明确的区分，又要发挥它们之间相辅相成的作用。安排阅读能力训练的序列，要充分考虑这些特点。而且，阅读能力的训练，一般说来，不宜于直线上升，而宜于螺旋式前进。

培养阅读能力的一个起点和基点

十一、识字是阅读的起点，也是基点。阅读教学要把识字放在非常重要的地位，中学要在小学的基础上继续抓好识字教学。汉字不是拼音字，是按六书组成的方块字，是一种独特的文字。大多数汉字是形音义的结合体，是语素也是单音词。汉字是汉语文的最小单位，是汉语文的细胞，也是汉语文中最重要、最活跃的因素。汉字的有规律的组合，产生大量的词汇（收入《现代汉语词表》的约10万个）。词的量虽然庞大，学习者只要掌握一定数量的字，词的学习即可以一驭万，左右逢源，有很大的方便。大量的词是可以望文解义、无师自通的。甚至有些词语出自古典或来自海外，也不必索本寻源，就可一望可解。如理解“夫妻反目”，不必知其出于《易》；理解“推出”“爆满”，也不必问其来自何方。这是汉语文教学的一个很大的优势。

对初学者来说，识字是个难点，但掌握一定量的字，发挥其优势，发展阅读却又由难趋易。比如英美的中学生字典，大约收字（相当于汉语的词）六万左右；中学生需要掌握的大约两三万。我国中学生需要掌握的词虽也不下两三万，但需要掌握的字却有限，据统计，常用字为2 500个，次常用字为1 000个，合计3 500个。从小学到中学，只要掌握3 500个字，进而增至4 000多个字，由此生发开去，就不难掌握几万个词。阅读和写作可以在很大程度上获得自由，若非从事专门研究，从事一般的工作足够一生受用了。在学习中，渡过了识字的难关，语文学习如胁下生翅，很快就会自由翱翔起来，否则就只能艰难地爬行。

说识字是阅读的起点，因为不识字阅读就无法起步；又说是基点，因为识字是阅读乃至全部语文能力的根基，根基打好了，才能盖起万丈高楼，否则如同在沙上建塔，即使精心制造也是不牢固的。

十二、回顾这十几年来，识字教学的状况如何呢？总的说来是有进步的。《1987年全国初中三年级语文教学抽样调查》（华东师大语文学科调研组）指出：“1979年冬天，人民教育出版社语文编辑室曾对四川和福建的有代表性的中学进行语文教学调查，并挑选了300篇高、初中的作文做详细分析（作文题是《我最喜爱的一部电影》）。把他们的分析报告与我们这次测试抽取的 3 324 篇作文的分析结果相比较，可以看到八年来中学语文课在字、词、句的教学方面确有很大进步。例如当时初中生的 200 篇作文，每篇平均错别字 9.76 个，高中 100 篇作文，每篇平均错别字 6.89 个。初中学生每篇作文都有错别字，没有错别字的仅高中 4 篇。病句方面，初中每篇平均 5.18 句，高中每篇平均 5.02 句，没有病句的也只有 4 篇。我们这次抽查的作文，每篇平均错别字仅 2.1 个，没有错别字的有 683 篇，占 20.5%；每篇平均病句 1.15 句，没有病句的 1184 篇，占 35.6%。”

但是已取得的进步仍是很不够的。前文谈到初中规定在小学的基础上累计识字 3 500 个，其覆盖率为 99.48%。这就是说，一个初中毕业生，即使完全掌握了这 3 500 个字，每读 200 个字，还会碰到一个生字，何况多数学生达不到完全掌握，在阅读中遇到的“拦路虎”会更多。这种状况说明中学的识字教学急待加强。有些数字可供参考。国家语委编定的《现代汉语通用字表》收字 7 000 个，《标准电码本》收字 7 292 个，《信息交换用汉定编码字符号基本集》收字 6 763 字。中小学生的识字量自然不需要这么多。初中的语文教学应把识字教学列为主要教学任务之一，初中毕业生应确保掌握 3 500 字，并大力提倡超过这个数字的自然积累。高中的语文教学仍然有识字任务，高中毕业生应确保掌握四千多字（累计）并大力提倡自然积累。

还要采取实际措施，加强写字训练。要求中学毕业生写字能够做到正确，工整。随意涂抹，难以辨认，或书法低劣，不堪入目的状况再也不应当存在下去了。

启发学生阅读的内在动力

十三、搞好阅读教学，最重要之点在于启发学生的内在动力，也就是培养学生关于阅读的兴趣、爱好和习惯，使他们感到读书是一生的需要和乐事。书，是一个光彩绚丽的神奇的海洋，在其中游泳本来不是苦差事。但是，许多学生对语文课不感兴趣，或者只对课外阅读感兴趣。从教学方面追究原因，大约有二：（一）把语文课看成单纯的工具课；过分强调机械记忆和技术性的训练，忽略了感情因素和语文与生活的联系；（二）没有帮助学生打开书苑的大门，没有教会学生入门之后怎样去游览。但是，阅读主要依靠学生自身的积极性。自身的马达没有开动，只靠外力推动（包括教师的严格要求和考试的压力），就是费尽气力也不会有满意的结果的。

十四、这里有必要进一步探讨一下语文教学的目的任务。这是个老问题，但是看来还没有获得完满的解决。回顾 1977 年以来，我们抛弃了以思想政治教育为纲的“左”的观念，鲜明地提出了语文教学的工具性，拨乱反正，是完全必要的，在教学改革的实践中起了积极的作用。但是，教学改革的深化，要求进一步论证语文作为一种工具的特殊性，以期进一步揭示语文教学工具性的深层的内涵。初步看来，语文工具的特殊性至少有以下几点：（一）语文是一种反映客观事物的工具，负载知识和信息的工具，表情达意的工具，是一种借以实现人与人之间互相交际的工具，突破时空限制实现彼此沟通的工具。（二）语文同人们的思维有密不可分的联系，同人们的生活有密不可分的联系。脱离了思想和生活，语文就成了毫无意义的空壳，所谓交际和沟通均无从实现。（三）语文的运用是科学与艺术的融合，既要求准确无误，又要求生动活泼、自然，在不同的场合应有所侧重。（四）语文继承本民族的传统，是长期稳定的，其发展变化是渐进的、缓慢的。（五）科学技术越发展，远距离的交往越频繁，越要求语文遵守一种公认的规范。这样看来，语文教学的工具性，仅仅理解为进行语文的技术训练是不够的，这种技术训练，关涉到学生的思想和生活，关涉到向古今中外多方面汲取营养。在这里，教育与生活相联系是关键。叶老在谈写作教学时说：“这源头很密迩，很广大，不用外求，操持由己，就是我们的充实的生活。”（《作文论》）叶老关于写作的重要论述，其精神完全适用于整个语文教学。生活也是整个语文教学的源头。只有这样完整地理解并据以指导教学，语文教学才能搞得既扎扎实实，又生动活泼，才能激发学生的兴趣和爱好，引发他们的内在动力，也才能真正搞好语文的技术训练。

十五、课堂上阅读教学的改革，已经取得许多经验，一言以蔽之，改变枯燥乏味的程式化倾向，采取灵活多样的方法，施行启发式。启发，不只是方法问题，首先，是教学思想问题，要承认语文教学不是单纯的技术训练，这种训练是同学生的思想和生活紧密地联系在一起的。因此，正如叶老所说，语文教学应该“不再像以往和现在一样，死读死记，死模仿程式和腔调，而是将在参考，分析，比较，演绎，归纳，涵泳，体味，整饰思想语言，获得表达技巧种种事项上下功夫”（《认识语文教学》）。叶老这段话讲的是一种活的阅读教学，是与学生的思想和生活相结合的。再看近年来，所有的成功的课堂教学范例，无不是紧密地结合学生的思想和生活才拨动了学生的心弦，激发了学生思考的热点，才引起生动的、热烈的反映。

十六、现存的程式化倾向主要表现在不问学生的思想和生活，每讲一篇课文，大都按照解词，分段，概括段意，概括中心思想，做练习这几个步骤进行教学。这样的教学枯燥乏味，弊多利少，会失去语文教学的感染力，有害无益。

否定程式化教学，不是说要取消这些教学内容，而是要把这些内容放在适当的位置，教起来要灵活，要适当。考察一下人们日常的阅读活动，如学习和工作中的阅读活动，也是每读一文都进行分段，概括段意和中心思想吗？否，因无此必要。那么在课堂上为什么进行这种训练呢，是为了追本溯源，理清作者著文的思路，以便揣摩他的行文，学习他的笔法。进行这种训练主要是为着以课文为例学习写作。上文所述，阅读要达到许多目的，学习写作只是其中之一，现在是以这种训练淹没一切，显然是不妥当的。所谓放在适当的位置，就是使它恰如其分地仅居教学内容的一部分。不需要讲授每篇课文都进行这种训练，也不是每篇课文都适于进行这种训练。每学期进行几次，在那些课文的讲授中进行这种训练，要有所安排。再说，一篇课文应分为几段，段意和中心思想应怎样理解和用怎样的语言概括，往往不尽相同。即或理解相同，表述也可能有异。不要只肯定一种理解，只允许一种表述方法（教学参考书所述仅供参考，并非唯一正确的法定范本），要允许存在差异。对于不同的理解，只要言之成理而并非误谬，就应予以肯定，有高明见解的还要予以鼓励。错误的也不要简单地否定，要引导学生和老师一起共同分析，借以提高认识。

十七、课堂教学是培养阅读能力起主导作用的主要形式，但不是唯一的形式。启发学生的内在动力，还必须看到课外，把课内外联系起来做总体的考虑。课内是狭小的，课外是广阔的，课内是教育的环境，课外是生活的环境。课内外结合起来，教育与生活结合起来，形成学生学习语文的广阔天地。只有使阅读成为生活的不可缺少的内容，阅读才是生动的、活跃的、有趣的，才会使学生感到是不可缺的。考虑之一是如何引导学生同书交朋友。

要交朋友，必先相识。要使学生了解并熟悉图书这个可爱的家族，于课内外有计划地向学生介绍古今中外的重要著作（文学的、语言的、文化的及其他），讲授一些目录学的常识，及时介绍影响较大的优秀新作。引导学生养成逛书店的习惯，提倡自己买书。培养他们爱书的好习惯。对于自己的书，要勤于整理，保持整洁。时下提倡一种在书上画符号，批字的读书方法，我以为偶一为之则可，一般说来是不可取的。学生这样做惯了，就会把书当成练习本，而不是看成衣着美好的朋友。

十八、考虑之二是如何指导学生学会使用图书馆。图书馆是知识的宝库，是知识最渊博的老师。学生向老师讨教，只能在学习期间，在同老师接触之时，而向图书馆请教，可以终身受用不尽。而且向图书馆请教，请教者要自己去选、去借、去读、去思、去记，要经过一番努力才能得到一点东西，这样经过一番劳动会比较巩固。语文课要充分利用学校的、本地的图书馆和阅览室，教会学生使用图书馆，培养经常跑图书馆的好习惯。在国外，有的国家的中学设有图书馆课，我们虽然不单独设课但也要对此十分重视，作为语文教学的一项内容。图书设备很差的学校，可以由师生、家长及社会捐赠一些图书，由学生自办小图书室。

十九、考虑之三是如何实行多层次的阅读指导。阅读可分以下几个层次：（一）课内阅读，包括阅读课文及指定课内阅读其他文章；（二）与课堂教学相配合的课外阅读；（三）课外自由阅读。教师的指导着重于第一和第二类，第三类可由学生自选自读，教师只要加以指点就可以了。选择读物的范围，要宽一些，但不能同意学生阅读那些对青少年有不良影响的读物。由于种种条件的限制，开展课外阅读，一直是语文教学的薄弱环节。除图书设备缺乏之外，教师时间和精力有限也是课外阅读难以开展的原因之一。这样分为若干层次，也许可以减轻教师的一些负荷。

二十、考虑之四是如何开展多式多样的阅读活动。课内分为教读和自读两类，自读主要由学生独立阅读，教师可以提出要求，如查阅工具书、做摘录等。课外，可以组织读书小组，以阅读为主要活动的社团，读书报告会、读书心得交流会、读书讨论会、读书比赛、读书讲座、假期读书活动等。讲座，或由教师主讲，或请校外人士主讲。

二十一、考虑之五是如何与社会相联系，取得社会的支持。要随时注意社会上读书的动向，了解社会上青少年中阅读方面的一时兴起的新潮和集中争论的热点，引导学生研究讨论，明辨是非，趋益逐害。这种新潮和热点，最牵动广大学生的心，因势利导，可以收到事半功倍的效果。采取回避的态度和简单禁止的办法，只能触动学生的逆反心理，向不良方向发展。

还要视需要与可能，采取措施与社会取得联系，例如组织学生同作家编辑见面；组织学生参加社会上的种种阅读活动；组织学生参观书店、图书馆、印刷厂、出版社和报刊的编辑部，等等。

阅读教学只是语文教学的一端，能力，应包括读写听说四个方面。其中阅读不仅是个活跃的因素，而且是有一定决定意义的因素。它对其他三种能力的养成起着先导的作用。阅读搞好了，可以把其他方面带动起来。所以阅读教学是很值得进一步探讨的。

1990 年 1 月

深化改革　探索规律*

我们全国中学语文教学研究会自 1979 年成立至今，已经经历 11 个年头了。在满 10 周年时，我们没有举行纪念会，因此，这次（第五次）年会，兼有纪念建会 10 周年的一层意思。回顾过去，展望未来，借以更加明确前进的方向，增强信心。

回顾 10 多年来，中学语文教学领域发生了很大变化，取得了许多可喜的成就。归纳起来，主要有以下几个方面。

一、“双百”方针得到较好的贯彻。较大规模的调查研究，丰富多彩的改革实验以及不同思路的理论探索，这三者的出现，要算是这一时期的主要特点。为了提高语文教学质量这个共同的目的，大家在不同的岗位，从不同的角度，进行各具特色的探讨。各种不同的教学思想和教学方法都得到比较充分的展示，并在互相比较中得到发展，初步形成既严肃认真、又生动活泼的良好学术空气。

二、改革意识已经普及各地，深入人心。这一时期语文教学研究的鲜明特色是改革，富有创新精神，富有活力。不论第一线的教师还是从事研究的专家，大家都在教学改革上用心思，花气力。一些长期形成的、视为固有的传统教学观念和教学经验正在经受检验，区别利弊精粗，加以取舍或改造，使之适应教学改革的需要，适应国家现代化的需要。已经取得的大量成果，令人耳目一新。

---

* 本文是作者在全国中语会第五次年会开幕式上的讲话。后发表于《天津教育》1992 年第 1 期。

三、改革与实验，以空前的规模展开。从城市到乡村，从内地到边远地区，涌现出一大批积极分子，汇成了从事语文教学改革和科学研究的宏大队伍。崭露头角的青年教师和建树丰富的中老年教师，每个省、市都不难数出十几名乃至几十名。特别是其中一部分在全国知名度很高的教师和研究家，成为语文教坛上的灿烂的群星。一大批积极分子的涌现，显示了语文教学改革和科学研究的强大生命力，这是特别值得庆幸的。

四、在教学法方面，已经收获了一批趋向成熟的改革经验。这些经验，各有不同的特色和风格。八仙过海，各显其能。它们都是继承了本国语文教学的传统经验，又汲取了外来的营养，经过反复实践的校正和磨合而形成的。因此，具有普遍的可行性和有效性。它们还在不断提高，并且正在上升为理论。

五、教材建设正在从单一化走向多样化。当前除了统编的实验教材之外，还有几种在大范围内试教的实验教材。几年后，九年义务教育的语文教材将有多种，供学校选用。这样，不仅可以适应各地的不同需要，而且把竞争机制引入教材编写领域，无疑会促进教材的不断改进和完善。

这些成绩的取得，是从各地学校到各级教育领导机关，从广大教师和教育行政人员到各级研究人员和专家共同努力的结果。这之中，我们全国中语会，包括各省（区）市研究会和专题研究机构，所做的大量的、有成效的工作起到有力的促进作用。我们对此感到欣慰；同时我们也认识到，教学改革和教学研究的道路是漫长的，十多年只是开了个头，还要付出很大气力才能取得令人满意的成果。

为了深入改革，探索规律，把研究工作推向前进，有必要对走过来的路做一番回顾。初步看来，至少有下面几条经验可供参考。

一、以党的教育方针和“双百”方针为指导。语文教学改革和研究是为了更好的贯彻教育方针，是为了给我们国家的社会主义现代化建设培养合格的人才，只有以此为出发点，才能站得高，看得远，想得全。同时，开展这项学术研究工作，还必须始终不渝地贯彻“双百”方针，鼓励和支持不同观点、不同风格的教学研究和实验，使它们都得到自由的、充分的发展，鼓励他们之间互相尊重、开展竞赛，以期在比较中，取长补短共同提高。语文教学既是科学也是艺术，是比较复杂的。有些重要问题，例如学科的性质、目的、任务，仍有不同见解，其中有些方面虽然取得了共同认识，却仍然有必要深入研究。至于教学方法，更是仁智见异，同归而殊途。七嘴八舌，是正常现象，即便将来研究深入了，言之成理的见解和行之有效的教学方法都未必只有一种。因此，只有在“双百”方针的指导下，我们的学术研究工作才能兴旺发达起来。

二、把研究当前教学第一线创造的新鲜经验放在首要地位。研究的对象包括古今中外，很多很多，但最主要的对象应该是当前的语文教学实际。研究古代的和外国的，也要以“古为今用，洋为中用”为指导。我们的研究工作要从实际出发，要有的放矢，也就是要从当前的语文教学实际出发，解决实际存在的问题。在960万平方公里土地上进行着的语文教学，是我们的广阔而丰厚的研究基地，一切合乎科学道理的、富有活力的、行之有效的理论和实施方案，都只有植根于这个基地才能生长出来，开花结果；否则只能是镜花水月、空中楼阁，是不会有多少生命力的。

三、正确对待我们自己的传统。我国语文教学的传统十分悠久，可以追溯到孔夫子，有人研究，还可以上溯到殷商时代。几千年的语文教学传统，其中有珍宝，“江山代有才人出”，历史上出现过许多语文大师就是证明。况且这是我们自己的东西，是任何其他国家的东西所不能代替的。要尊重我们的传统，对其中的珍宝要研究，要吸取，要发扬；对我们的传统采取虚无主义的态度是不妥当的。特别是近现代史上出现的几位语文教学大师，如已故的叶圣陶先生、朱自清先生、夏丏尊先生，他们的理论和实践代表着这一时期的最高成就，应该予以极大的重视。另一方面，我们的传统中也确实存在着糟粕。有些消极的东西，经过久远的年代，已经形成一种习惯势力，禁锢着我们的头脑，阻碍着改革的发展，又必须加以剔除。不能因为珍爱孩子便把洗澡水看成琼浆玉液。对传统采取全盘肯定的态度也是不妥当的。

四、正确对待外来的理论和经验。搞研究不能闭关自守，必须把视野扩大到全世界，进行比较研究，从中吸取营养。不这样做，要搞好研究工作是不可能的。近年来介绍国外的信息、理论和经验多起来了，是一件大好事。事实上，五四以来的语文教学就是在不断吸收外来营养的过程中得到发展的。这里要强调的是，对五光十色的舶来品，我们要采取分析的态度，要清醒地认识，我们所从事的工作是在当代中国众多的人口中进行汉语的母语教学。汉语比之西方各语种有共同性，也有许多不容忽视的差异。因此，分析外来的东西应该有三问：一问是否有道理，二问是否适合中国的国情，三问是否符合汉语的语情。以此三问决定取舍。过分强调自身的特殊性，排斥借鉴外来的东西，或者妄自菲薄，以为凡是外来的都是好的，两种态度都是不妥当的。

五、既要眼睛向下，又要眼睛向上。向下指的是在遍及全国各地的教学改革中，随时注意发现新构想、新经验、新成就和崭露头角的新秀，加以研究、培养、支持、鼓励、宣传、推广；同时，也要注意发现存在的问题，努力帮助解决。向上，有两层意思：一指要尊重专家，充分发挥专家的作用，随时向他们请教，并支持他们亲自进行科学研究。我们研究会内外，有许多学识渊博、成就卓越的专家，这是一支了不起的力量。再是，指各级教育部门的行政领导。语文教学的改革和科学研究不只是书斋里的事情，而是要在教学实践中来完成的，需要投入人力物力，需要予以各种条件，因此只有取得从学校领导到各级教育领导部门的理解和支持，才能开展和完成。事实上，许多有远见的领导都是乐于支持搞科学研究的。

六、办好中语会。事实证明，中语会是组织、推动、促进语文教学改革和科学研究的一支不容忽视的重要力量，办好研究会有重要意义。十多年来，我们中语会在中国教育学会的领导下，克服重重困难，做了大量工作，发展是健康的。特别是有几种精神值得继续坚持和发扬光大。这就是：艰苦奋斗的精神，积极献身的精神，面向实际的精神和团结进取的精神。我们全国中语会是拥有二十多个省、市团体会员、几个专题研究机构的庞大学术团体，但是，一无经费、二无专职人员、三无办公地点，各省市区研究会也大都如此。在此种非常困难的条件下，大家的劲头仍然昂扬向上，工作仍然正常开展，靠的是什么？靠的是艰苦奋斗的精神和积极献身的精神。我们的办公人员，非但没有报酬，而且没有专门的办公时间，许多会务要占用业余时间来完成，这是特别值得表扬的。我们中语会还有一个好的会风，绝大多数同志，虽然在学术观点上见仁见智，但不存在门户之见；虽然为中语会立下汗马功劳，但不争名誉地位。大家团结一致，一心为着搞好研究会的工作，正气始终占着主导地位。会风的好坏不是个小问题，它决定着我们的中语会是否能够兴旺发达，我们的研究工作是否能够顺利开展和富有成果。我们要自觉地维护并发扬这极可宝贵的精神。

以上六点大体上概括了十多年来开展研究工作的经验。我们有的做到了，有的还感不足，有待于在今后的工作中继续努力。今后，我们面临的任务是促进语文教学改革的深化，引导研究工作深入发展。

回顾十多年中，开头一段时间，新观念、新方案、新方法层出不穷，语文教坛热气腾腾。随后的几年，新的东西没有那么多了，似乎有些低沉了。从总体来看，这不是低沉，是进入了冷静的思考。对出现的纷繁复杂的新事物加以分析品评，去伪存真，去粗取精，有所吸收，有所扬弃，需要沉静下来想一想。这是改革的深化所需要的。

从中语会的工作来说，促进改革的深化和研究的深入发展，要抓紧两个环节：一手抓理论建设，一手抓推广普及，向深度和广度进军。改革呼唤理论，教学改革的实践又已为理论的成长提供了肥沃的土壤，需要迫切，条件又具备，理论建设不可错过这个大好时机。理论建设的过程是探索和发现语文教学客观规律的过程。我们曾说过，建立具有中国特色的语文教育学，这个教育学应该充分揭示语文教学的规律。所谓中国特色，主要表现在：1. 它植根于中国语文教学的传统和现实；2. 它反映中国人把汉语作为母语学习的教与学的内在规律及外部联系。我们中语会要为促进理论建设继续积极创造条件。

另一方面要推广普及，这也是一方面的深化。我们已经拥有一批很好的改革经验，但是推广不够。一些地方或学校引进了一些经验，收到很好的效益，说明推广是极有价值的。我们要把这些好经验当作可贵的种子，撒向各地，让它们遍地开花。引进和吸收，应由各地各校自由择取和自愿进行，中语会要积极提倡、介绍、宣传，并组织经验交流。

最近江泽民同志指示，要对青少年加强中国近代史、现代史以及国情教育。我们要充分认识这一指示的重大战略意义，充分认识语文课加强思想政治教育的重要性和迫切性。既要加强理论研究，科学地认识语文课进行思想政治教育的特点，使之与语文教育水乳交融，相得益彰，又要注意推动实施，注意总结经验。

在纪念我会创建10周年之际，我们深切怀念已故的老前辈和朋友：过去的日子里，语文教学的一代宗师、我们敬爱的叶圣陶同志，我们中语会的创始人中的两位老前辈吴伯箫同志、苏灵扬同志，还有常务理事杨易丹同志、理事黎见明、方培允同志，相继与世长辞了，我们永远怀念他们。

在纪念建会10周年之际，我们谨向全国工作在第一线的广大语文教师，以及语文教育工作者和专家致以诚挚、亲切的问候。

任重道远。回头看看，既感到欣慰又不满足；朝前头看看，前面的路既十分艰难又充满希望。让我们团结一致，努力工作，争取新的胜利。

说“活”

吕叔湘先生提出：“关键在一个‘活’字。”他是就怎样吸收和运用先进经验说的。我想，这个“活”字十分重要，也许可以说是搞好整个语文教学的一个关键。

语文教学有实的一面，也有活的一面，两者相依相生，相辅相成，不可偏废。读写听说，硬是要认认真真地学，扎扎实实地练，不经过反复的磨炼，不下苦功，是学不到手的，这是实的一面。活，就是使这些实的东西在教学舞台上活起来。

怎样才算得活呢？就课堂教学来说，教学要能拨动学生的心弦，激发学生的学习积极性。不是我教你学，也不是我启你发，而是教与学双方做到和谐的交流。教师引导学生，学生也推动教师；教师得心应手，学生如坐春风。双方都欲罢不能，其乐融融。达到这个境地，教师不仅说一是一、说二是二，而且稍加点拨，学生就会主动求索，举一反三，收到事半功倍的效果。这种境地，不是虚拟的，理想化的，在许多优秀教师的教学中每每可见，只是并不普遍，也很少从“活”的角度加以总结罢了。

怎样才能做到活呢？有科学问题，也有艺术问题。浅见所及，至少要注意以下几点：

第一，要把语文看成是活的学习对象。语文的运用，有严格的规范，也有很大的灵活性。生活是动态的，波澜起伏的，反映并服务于生活的语文也是活泼的，不是凝固的。古人把语文的运用比作“行云流水”，很有道理。中学生自然还谈不到“行云流水”，但是，持这种活的观念，可以避免刻板化，使思路活泼起来，对教和学都有好处。

第二，要把学生看成是活的教学对象。且住，学生自然是活的，有谁会弄错吗？有，有些老师实际上把学生看成只能被动纳物的书橱，低估或者无视他们的能动作用。要充分估计学生的理解力。目前我们语文课准备教给学生的东西，其中大部分是学生已经理解或者经过自学能够理解的。在这种情况下，教师仍要掰开揉碎地讲，学生难免倒胃口。还要充分估计兴趣在学习中的作用。增进了兴趣，学生就会主动地去钻研。兴趣，能使学生坚韧，能使学生聪敏，能使学生快乐，足以化难为易，易重为轻，溶苦为甜。

第三，要把语文教学同生活密切地联系起来。语文训练，联系生活则生动活泼，脱离生活则死气沉沉。具体地说，读（包括听），是通过语文认识生活和学习怎样生活；脱离生活，读就变成无意义的活动，吸收和鉴赏都失去辨别优劣美恶的基本标准。写（包括说），是运用语文反映生活、表述自己的见解，并服务于生活；脱离生活，写就变成无源之水，技巧就变成无所附丽的文字游戏。而与生活相结合，则读有嚼头，写有源头，全局皆活。至于思想教育，那更是只有与生活和思想相结合才能奏效的。

第四，由上述几点引出，教师实施教学，固然需要研究和选用多种富于启发性的方法，但任何一种方法都基于教师对学生的深入了解。教师要把学生真正当成自己的子弟和朋友，尽可能参与他们的活动，了解他们的思想和生活，了解他们学习语文的乐和苦，趣和难，了解他们在一定时期的兴奋点。只有这样，才能因材施教，因势利导，使教学真正活起来。备课，不仅备课本，还要备学生，这是不可缺少的。

这样看来，语文要做到活，不容易。功夫要下在语文以内，还要下在语文以外。

1991 年 10 月

语文教学与生活*

这次“大语文教育”研讨会，给我提供了一个很好的学习机会。对张孝纯老师首倡的、张国生老师和其他老师长期实验的“大语文教育”，我一直是很赞成的。这两天听了大家发言，在许多方面又有了新的认识、新的体会。下面就说说我对“大语文教育”的认识。

我的认识，总起来可概括为四句话：

第一句，“大语文教育”的立足点是高的，它不是局限于某一堂课、某一方面的教学，而是对语文教学进行总体的考察、总体的设计、总体的改革。

第二句，它所依据的理论，它的“一体两翼”的总体结构，以及采取的一些方法，是符合语文教学的规律的。

第三句，实验的成效是比较显著的。经验材料举出了许多数字，但取得的成效只有一部分表现在数字上，还有一部分是数字不能表现的。

第四句，“大语文教育”的前途是远大的，影响是深远的。

为什么说“大语文教育”的思想符合语文教学的规律呢？我们的语文教学，好像是一个多面体，有许许多多的“性”。究竟哪个“性”是主要的，哪个是次要的，它们相互的关系如何，我不来谈，自己的研究也不够。至少有一个“性”很有道理，即“社会性”。社会性有两层意思。一层是，语文学习在整个社会生活中几乎是无所不在的。学语文，语文课堂是主要场所，第二场所就是学校各科的教学，乃至各科的课外活动。学校有十几门课，每

---

* 本文是作者在“大语文教育”研讨会上的发言。

一门都在进行语文教育，虽然教师不一定有意识地进行。各门的教科书同时也是语文课本，各门的教师同时也是语文教师——进行本学科内容的教学，同时也就进行语文教育。

如果把圈子画大一点，家庭也是学语文的相当重要的场所。每个孩子降生下来，过一段时间就开始学说话，开始接受语文教育了。第一个老师就是他的妈妈，家庭的各个成员及亲戚朋友也都会是他的语文老师。何况家庭不是一个封闭的圈子，还要看电视、听广播。昨天张国生老师的课上就有几位同学说他说话的资料是从电视上得来的。看电视也是很好的语文学习。

如果把圈子再画大一些，就是社会。社会这个学习语文的场所是无边无沿的，国内、国外、各个阶层、各个行业，都在向学生进行语文教育。其他科有的也有社会性，而这样全面的、无所不在的社会性，是语文科所独有的。凡是有人的地方，都要应用语言，只要应用语言，就会给青少年以影响。这些，从事语文教学不能不认识到。

第二层意思，语文是天然与生活联系在一起的，语文是反映生活又反过来服务于生活的一种工具。语言是在人类社会生活中产生，又是为生活服务的。语言离开了生活，就变成了空壳，没有了实际内容。叶圣陶先生在《作文论》中提到过，写作的充实的内容在生活之中。叶圣陶与夏丏尊等先生合写的《文心》里，也很强调语文教学与生活的结合。当时是抗日战争，这本书所展示的语文教学与抗战联系这个特点是很鲜明的。

但是多少年来的语文教学，在结合生活这一方面却重视得不够。过去在科举制度下，语文教学可以说是完全脱离生活的。那时学写八股文，为圣人立言，要把四书背熟，要以朱注为依据，作文就是根据朱注加以推演。我们平时说不要养成八股腔，八股腔的最大特点也就是脱离生活，言之无物，说空话，说套话。废科举兴学堂以来，语文教学进行了许多改革，与生活比较贴近了，解放初《汉语》与《文学》分家的课本，提出了学生要通过语文学习认识生活的任务。但是认真地、系统地研究语文如何与生活相结合，似乎还属阙如。“大语文教育”提出了这个问题，也试图解决这个问题，这是一件很大的事情，是带有突破性的。

吕叔湘先生讲过语文教学存在少慢差费。但是这个问题解决起来很难。

依我看，原因之一就是把语文教学限制在狭小的课堂范围内，不重视与生活相联系。我在各地看到的许多教例证明，语文一旦与生活联系，马上就生动活泼起来。只说昨天张国生老师讲的那个例子，他们的学生到邯郸邢台去玩，有个女孩子误以为校车开走了，就自己坐火车回来了。大家找了她三个小时。第二天的班会上，老师没有批评她，却引导大家就这件事谈心情、谈感想，搞快速作文竞赛。结果文章写得十分成功，这个同学也深受感动，写了一篇很好的作文《难忘的班会》。这就是一个语文教学与生活结合的例子。语文与生活结合有多种途径，其中一条就是善于捕捉住学生所关心的事情，捕捉住学生中的热点问题，因势利导，进行语文教学，进行读写听说训练。

总括以上意思，语文教学与生活结合有两个方面：一方面，语文教学固然应以课堂为主要场所，但立足课堂，还要看到其他各科、校园、家庭、社会，充分调动并利用广阔天地中有利于语文教学的因素。另一方面，语文教学不能脱离生活，脱离生活就会变得枯燥乏味和空洞无物；而结合了生活，就有丰富的内容，就会牵动学生的心灵，就注进了充实的活力。既然这样，“大语文教育”提出语文与生活结合，以课堂为轴心向学生生活的各个领域开拓、延展，当然是符合语文教育的特点和规律的。我们人教社的九年制义务教育初中语文教材，一个重要特点就是正式提出了加强语文与生活的联系，而且第一册就是按语文与生活的关系组织单元。这也说明“大语文教育”的思想，与许多语文教育者的考虑不谋而合，而且影响会越来越大。

我们还看了“大语文”实验的展览，听了张国生老师《向沙漠进军》一课。这一课虽然是“大语文”的一个局部，却是生动的、直观的、成功的。说明文，许多教师感到难教，枯燥乏味，张老师却上得生动活泼。给我印象最深的有三点：一是导引型的“参读”，搞得很有趣味，讲撒哈拉大沙漠是由绿洲变成，然后引入这一课，用的时间不多，却激发学习兴趣。二是注重思维训练，教师循循善诱，学生积极研讨课文结构和语言的各种逻辑关系，是很活跃的。第三点我更欣赏，就是让学生质疑，充分反映了学生对课文的理解程度和积极性的发挥程度。学生提出，课文举了两个例子，一个是外国的地中海沿岸，一个是我国的陕西省榆林地区。为什么前者略而后者详呢？为什么前者不交代沙漠化的原因而后者交代了呢？学生不经认真地阅读和充分地思考是提不出这样的问题的。还有“丘墟”这个词，课本注为“废墟”，而学生却认为“丘”“墟”是并列关系“沙丘和废墟”。这些问题的提出，证明学生真正动脑筋了。“丘墟”一词，本来可以一看而过，但学生抓住了它，提出了疑问，这问题提得有意思，超出了教科书的注解。当然问题还可以更深入体味，“丘墟”可解为“沙丘和废墟”，但似乎“丘”和“墟”组合在一起大于沙丘和废墟的意义。总之这一课学生的积极性是充分调动起来了，说明文能上到这个程度，是很不错的。

另外，这一课，老师布置了“课堂语文环境”，其中有些资料，学生在说话练习中引用了；利用了学校的环境，如关于学校操场跑道变低的调查与思考；还利用了邢台市的环境，邢台本来称“百泉之城”，但现在泉没有了，全都干涸了。张老师做了调查，提到课堂上利用这个例子，就地取材，紧密联系学生的生活，虽然是在不满几方丈的教室里，触角却伸到课堂之外，缩千里于咫尺，跟校内、校外、社会，甚至国际都联系了起来。

下面我想提几点希望。

第一点，希望“大语文教育”的实验坚持下去，在省市领导下，各方面团结一致做艰苦的工作，使之逐步完善。实验要把大语文教育的设想全部完美地体现出来，还有很大的距离。这不但需要精神，还需要物质的支持。主要抓什么呢？我想，一是提高主体，一是充实两翼。我觉得两翼似乎弱一些。比如，要广拓园地，而且许多活动不要由教师主持，而由学生自己主持。这是很有益的。

第二点，河北省搞语文教改的有几家，都已坚持多年，很有成绩，不妨交流一下，取长补短，互相促进。

最后希望“大语文教育”的创始人张孝纯老师早日恢复健康，重新踏上教改的征途。

后记：*在阅改这份发言稿时，张孝纯老师已经辞世了，谨以这些粗浅的文字送君安息于无何有之乡，而大语文教育会永远充满活力的。*

1993 年 2 月

灯火阑珊处[*]

——语文教学改革管窥

十几年来，中学语文教学的改革是富有生气的，是很有成绩的。但是还存在不少问题，其中有的是长期未能解决的老大难问题。集中到一点：尽管教学效果已然有了提高，但是，仍不能适应国家建设的日益发展的需要，仍然不能令人满意。

为了推动语文教学改革进一步深入发展，许多同志已经从不同的角度提出问题，进行耐人寻味的反思，给人以启示。我也提出自己的粗浅看法，聊为芹献。

关于轻装上阵

前几年，一些朋友提出语文教学要轻装上阵的问题，我很赞同。语文教学的负累的确太重了。语文课是多种因素的综合体，诸如字、词、句、篇；语、修、逻、文；读、写、听、说；智、思、德、美，等等。每一项都是语文课的"家庭成员"，至少是"近亲"，都争着到语文课里来占一席之地。而且一经入境，就自我膨胀起来，要建立自己的体系，要设置自己一系列的训练点，各种体系和训练点组成纵横交错、纷繁复杂的网络，像一座千门万户的"迷宫"。语文教学如同柳宗元《蝜蝂传》里所写的一种小虫那样，见到什么都背在自己的背上，终于不堪重负。有人说，非如此不能使语文教学

---

* 原载《课程·教材·教法》1993年第8期。

“科学化”，我看未必。这样做的弊病是很多的。头绪繁多，内容重复，分量沉重，劳而寡效。尤其是教学重点被淹没了。进行科学化的探索是必要的，但这样做，似乎进入了误区，应该加以分析，保留其中合理的，去掉不合理的。

提出轻装上阵，意在把这些纷繁复杂的内容加以清理，去粗取精，突出重点，删繁就简，融会贯通。语文教学的主要任务是什么？是提高学生运用祖国语言文字的能力，即提高读写听说的能力。在一定意义上说，语文课是能力课。什么是提高语文能力的基本途径？是语文实践，即在阅读中学习阅读，在写作中学习写作，在听说中学习听说。各项语文知识，情况不同，有的是训练能力的辅助手段，有的是必备的文学文化常识，一律不求系统，不求完备，不单独编写教材，只是随课文讲读和语文训练教给学生，重在致用。还有智力、思维、品德以及美育一类，更不单独列出。

课文的学习占有极为重要的地位。课文是按照教育要求精选的文质兼美的范文，它的教育因素是丰富的、多方面的。其中包含遣词造句布局谋篇的范例，体现语法、修辞、逻辑等的实际运用，具有进行读写听说训练的丰富多样的材料。而且，由于它是人的思想感情和人类文化的凝结，在进行思想品德教育、美育以及发展智力和思维能力诸方面都有优异的教育作用。所以，中学语文教学应以指导学生阅读足量的课文为主体。前一个时期许多同志批评文选式的教材是陈旧的模式。我认为所谓陈旧，指的是它的教学思想和编排体系是落后的，并非否定阅读课文这件事。因此，编写教材，下大力气精选第一流的好课文；进行教学，紧紧抓住课文教读这一环，就是抓住了牛鼻子。

语文知识在语文教学中占有怎样的地位呢？人们学习和掌握语言有个特点：语文能力的获得主要依靠实践，而不是依靠知识，更不是只有掌握知识才能获得能力。儿童开始牙牙学语，他的第一位语言老师是母亲。到他六岁入小学时，口头语言的能力已经能够在他们的生活范围内运用自如。他们已经掌握一大批词汇和必要的句式，而且已经具备相当的语感。显然这个时期他们语文能力的获得来自口头相传，并不是先掌握知识，再由知识转化而来的。没有受过学校教育的成人，同样能够自如地运用口头语言，而且有的还成为即席讲话或作长篇演讲的能手，显然他们也不是借助知识，而是通过大量的实践学来的。学校教育同样应该掌握这个特点，不能认为学习语文知识是获得语文能力的基本途径。请注意，这里讲的是基本途径，并非否定学习语文知识的必要。相反，实践需要知识的辅助。有没有知识的辅助，学习有快慢之分，精粗之分。必须适当加以安排。

语法教学怎样安排，是大家关心的问题。我觉得，几位语言学专家的意见是值得重视的。应该本着张志公先生提出的“精要、好懂、有用”的原则，按照吕叔湘先生提出的建议，在初中只讲几个要点，不求系统，结合课文的讲读和作文的评议讲授。高中的文科班可以比较系统地讲授，或者设一门选修课。

关于适当增加训练量

前面已经说过学习语文的基本途径是语文的实践。这里要进一步说明，语文的学习，既有科学的要求又有艺术的要求，要学会运用必须具有熟练的技巧。熟练技巧的获得，不可能一次完成，需要多次反复的训练才能达到运用自如的程度。熟知作文之道的陆机，他在《文赋》序里说，他自己作文章，“恒患意不称物，文不逮意。盖非知之难，能之难也”，确是宝贵的经验谈，要“能”，除了艰苦磨炼别无他途。语文的训练既要讲究质，也要讲究量。质和量有密切的关系。有一定的量才有一定的质。训练的量过少，教法再好也难以求得较高的质量。目前中学生每学期只阅读课文 30 篇左右，作文五六次，我以为太少了。要大大增加。

为着增加阅读量，阅读的设计分为多种层次是必要的。总的说是课内课外两个大层次，课内阅读的课文又分成教读、阅读（助读）、自读三个层次。课外阅读也可分成两个层次，即同课内学习相配合的、由教师指定自由阅读的以及完全自由阅读的。第一类要编写相应的课本，保证人手一册。分开层次，教学方法要相应改革，有的精教，有的略教，有的指点，有的以学生自学为主，等等。这种分层次的阅读，不仅在不增加师生负担的条件下增加了阅读量，而且有利于培养学生独立阅读的能力，养成阅读的习惯。

扩大学生阅读量，必须扩大阅读内容。我认为，课文的思想要求应宽，应着眼于培养思想品德、审美情趣，不应要求赶时髦。个别文章思想基本积极，有些消极成分，也可入选。篇幅以短小为主，也要阅读少数长的（教法应有所不同）。深浅程度以适合学生为主，也要阅读少数深的难的。阅读长文章和深的难的文章，也有技巧问题，也是应培养的一种能力。内容以贴近生活为主，也要阅读一些远离学生生活，学生所不熟悉的，借以扩大眼界。课外当然可以更宽一些。

写作要增多，也要分出层次。一是课内作文，再是课外练笔，三是社会服务。课内作文还可分两类，一是命题作文（规矩文），一是非命题作文（放胆文）。不论哪种作文，都要注意培养学生自改的能力。这里，着重谈谈课外练笔。课外练笔是近年来教学改革中创造出的较好的作文形式，取得了很好效果。让学生利用课余时间，随时写出所见所闻所思所感，篇幅可长可短，形式可此可彼，而且不要求每天必写，学生写了，老师可以不批改，每学期只检查一两次，做一些综合指导就可以了。这样做，既不加重师生负担，又可增加写作的机会，而且学生在自由的天地里写自己想说的话，非常容易发生兴趣，获得理想的效果，是值得推广的。

听说训练的机会要比写作多。一般说来有两种形式。一种是密切结合读和写的训练，这种训练在语文课上机会极多，几乎无所不在。例如，朗读课文、听写、写听课笔记、答问、课堂讨论；作文的时候，先讨论后动笔，动笔后再讨论，等等。教师要把这些活动都当作训练学生听说能力的机会加以充分利用。许多老师以为只有专门的说话训练才是学生学说话的场合，而对学生的一般课堂用语漠不关心，失掉了许多好机会。再是专题训练，如广播、采访、讲演、辩论等，课内外都可适当开展。

关于语文教学与生活

人们承认语文是一种工具，应该进一步探求这种工具的特殊性，其中不容忽视的一点，是语言的运用与生活，与人的思想感情有不可分割的联系。因此，语文训练不是单纯的技术训练，语文教学不是单纯的技术教学，脱离了生活，脱离了人的思想感情，语文教学就如同断源求水，折本求花，是不会取得满意的效果的。

语文课是容易引起学习兴趣的，为什么学生往往感到枯燥乏味？语文训练是有利于活跃思想的，为什么学生做起来往往消极被动，思路滞塞，很难见效？一个重要原因是语文训练脱离学生的生活和思想，把语文训练视为一种单纯的技术训练。中学生的生活天地固然还不广阔，但是有其自己的波澜，有其自己的快乐和忧伤，憧憬和梦幻，是丰富多彩的，何况小天地联系着大天地，大天地里种种变化，诸如世界风云、社会心态、公众舆论、交际时尚等都以种种形式渗入并影响着小天地，往往形成一个时期的学生生活的热点。语文教学联系学生的生活和思想，只要留心体察，巧加利用，是并不困难的。

无数教例证明，语文教学凡是与学生的生活和思想密切结合的，就能调动起学生的积极性，课上得生动活泼，甚至欲罢不能。如教《花儿为什么这样红》这篇课文，有的老师采取列表分析的办法，精心设计。第一节课学生情绪还好，第二节课学生就感到索然无味。于漪老师上这一课，第一节课引导学生熟读课文，搞清脉络。第二节课带学生到校园去观察各种颜色的花，让学生用学到的知识，对花的各种颜色加以解说。不仅促进学生对课文的内容和语言的进一步理解，而且大大激发了学生的学习兴趣。人民教育出版社编写的九年义务教育初中语文课本，强调语文教学与生活的联系。新课本第三册主要培养说明能力，第一单元的几篇课文都是写桥的，有的写桥的结构，有的写桥的风貌，有的写关于桥的故事，以便让学生在几种不同表达方式的比较中，实际认识说明这种表达方式的特点。成都市许多承担教学实验的学校，在学习这个单元时，带着学生去实际观察桥。四中、十六中老师带领学生考察了锦江大桥，并且进行实地测量。二十四中老师带领学生访问麻青路立交桥的设计者，并实地参观了这座桥，在指导学生学课文的基础上，进行写作训练。还有的学校结合学生最关心的事情，抓住生活中的热点进行写作训练，如指导学生写“亚运会是联系世界人民的友谊桥”，收到很好的效果。说明文教学比较枯燥，历来是个难点，联系生活就生动活泼起来了。

联系生活指的是一种教学指导思想，而不是一种教学方法。它渗透到课堂教学的各种活动之中，课堂方寸之地联系着大千世界。不要求每一堂课都要走出课堂。进行参观游览和社会调查应是有限的。也不要求讲授许多知识，设置许多训练点。关于语文教学联系生活的重要意义，人们必将逐步加深认识，经验也必将逐步丰富起来。

联系生活更广阔的天地是多种多样的课外语文活动，包括运用语文为社会服务。比如，办报、办广播、办社团、调查采访、参加比赛、向报刊投稿、与作家、记者、编辑建立联系等。语文课的各种活动，包括仿真的活动，都不过是一种学习、一种训练。如同部队搞军事演习，不论怎样逼真也不过是一种训练，只有走向战场才能真正体会战争。引导学生为社会服务，让他们亲自看到自己的语文能力在社会上发生作用，这就由演习走向实战，会大大激发他们学习课文的积极性。这种活动的巨大引力有时竟超过课堂教学，甚至于一次投稿被采用，一次比赛得胜利，往往会决定他们一生要走的道路。

关于优化社会语言环境

已故河北邢台八中特级教师张孝纯老师倡导的大语文教育强调优化社会语言环境，是很有道理的。学习语文，人们往往只想到语文课，学生语文学习的好坏，往往也只归功或委过于语文课。其实，这是不符合实际的。语文课固然是学习语文的重要课堂，但语文学习有很广泛的社会性，除此之外，还有许多课堂。学校环境，包括各科教学，乃至学校的文化设施，又是一个课堂。由学校延伸到家庭，家庭的文化气氛，家庭成员的文化素养，乃至家里文化积藏等等，这是又一个课堂。再由家庭扩展到社会，电视、广播、报纸、杂志、图书乃至市场上的交谈，十字街头的议论、各式各样的牌匾广告等等，又是一个很大很大的课堂。语文环境，浩瀚无边，五光十色，各种课堂都会给青少年以影响。可惜的是，语言的不纯洁现象到处可见，例如简体字繁化，用词混乱，言语不纯洁，有些文学作品甚至破坏语法，抛弃标点，等等。青少年往往误认为这些东西是“新潮”，很容易接受。真是误人不浅。

解决这个问题，不是教育部门独立能办到的，谨向社会呼吁，大家齐来动手优化语文环境，以利青少年健康成长。

辛弃疾在一首词里说：“众里寻他千百度，蓦然回首，那人却在灯火阑珊处。”王国维引以为作学问的第三境，即成熟的境地。我则以为仍不过是似悟非悟的朦胧境。我从事语文教学工作近半个世纪，但是，还不能够完全认识语文教学到底是怎么一回事。思前想后，上下求索，蓦然回首，似乎忽然看到了一点真面目，就一一讲了出来。但是，灯火阑珊，自然不能完全看得真切，是否就是“那人”？看得眼花了也说不定。这就是我此时的心态。倘有千虑之一得，对探讨有一点益处，我就很满足了。谬误之处，谨请指正。

1993年6月改定

一己之见

“深化语文教学改革讨论”栏发表了许多文章，从第一篇洪镇涛同志的大作，到曾仲珊诸公的讨论文章，对近年来的语文教学改革进行了反思，对传统进行了探索，看法比较一致。我对这次讨论很感兴趣，也来表述一己之见，凑凑热闹。虽然已晚了一些时候，明日黄花，想来不会使赏者扫兴罢。

一

如何对待我国语文教学的传统？

吸取其精华，剔除其糟粕，是对待我国乃至人类传统文化的一条总的原则，同样适用于对待我国语文教学的传统。有了总的原则，还要具体分析这个领域的特殊矛盾，才能避免认识的畸轻畸重。

前些年强调转变观念的时候，曾有些同志认为，我国语文教学的旧传统是陈腐的、落后的，不清除它那至今仍存留的影响，改革就难以前进。这种看法重在否定。近几年在反思中，又有些同志看到改革虽说见些效益，却仍不理想，就反过来求诸传统经验，认为只有向传统讨教才能找到语文教学的真正出路。这种看法重在肯定。我以为两者都有所偏颇。

我国语文教学的传统是悠久的，也是复杂的。从甲骨文算起，历时三千多年；从孔夫子算起，历时两千多年。在漫长的岁月里，产生并形成了具有中国特色的优秀的教育思想（包括语文教育思想）。其中不少内容，以其超越时代的先进性令人惊叹。同时，涌现了一代又一代的杰出的文学家、史学家、科学家、政治家，他们都是语言运用的能手，其中一些语言大师，把汉语的表现力发展到出神入化的程度，他们的著述给世界文化宝库增添了异彩。对于我国的传统，如果笼统地指为腐朽、落后加以摒弃，无异将腰缠的万贯抛在道旁，使自己变为一文不名的穷人，真是太不合算了。

但是，我国语文教育的传统中确有又深又重的消极因素。明清两代施行以八股文取士的科举制度的几百年间，以应试为目的的教育始终占统治地位，培养出来的人，大都是头戴方巾、身着长衫的书呆子。他们思想僵化，灵气消尽，笔下是成堆的空话套话。《儒林外史》《聊斋志异》中淋漓尽致的描写，令人触目惊心。对于传统，如果笼统地加以肯定，无异于吃猪肉连猪毛一起吞下去，非但滋味不佳，说不定还会闹病。

那么，我国语文教育的传统中，究竟哪些是精华、哪些是糟粕呢？这个关键问题还有待于通过系统的研究做出科学的评价。为了提供参考，我不揣鄙陋，愿意谈谈初步认识。

精华至少有三条。（一）总体性。传统的语文教育是同思想道德的培养，以及经学、史学、文学的教育合为一体的。那时候，教学内容尚未明细地分为许多学科，这种情况适应了语文教育的综合性，产生了积极的效果。（二）整体性。除较短的识字造句阶段外，读，着重诵读整篇的文章和整本的书，从完整的成品中反复体味文章思路的流转和细微的情感。写，着重进行整篇的习作。学习写八股文，开始是分解开来训练的，终于归到整篇的训练。（三）实践性。训练的方法是通过读写的实际操作使学生获得读写能力。“读书百遍，其义自见”，“熟读唐诗三百首，不会吟诗也会吟”，反映了当时的教学指导思想。那时候，语文知识还缺乏研究和整理，还没有可能走进课堂，这固然不够完善，却使语文教学突出了实际操作的训练。

糟粕至少也有三条。（一）封闭。语文教育的目的是为着应试，适应科举的需要，读，限于读四书五经和前人的著名闱墨；写，限于习作八股文和试贴诗。读，是接受圣人的思想；写，是代圣人立言，并且必须严格遵循应试诗文的僵化的呆板的程式，不准越雷池一步。此外皆视为邪门歪道加以排斥。把学生的思想和写作完全禁锢在狭隘的牢笼里。（二）灌输。不考虑学生的年龄和心理特征，不考虑使学生易于和乐于接受的教学方法，一味灌输，强调死记硬背。（三）脱离。随之而来的是脱离学生的思想和生活，脱离社会。思想内容是钦定的、现成的，写文章只是变着花样说同样意思的话，因此，语文教学变成纯技术性的训练，毫无活力和生气。

我们向传统学习，要摒弃其糟粕成分，继承其精华成分。继承，指的是运用现代科学成就予以改造，使之发扬光大，而不是原地踏步。

对于外来的语文教育理论和教学经验也要采取分析的态度。一方面，剔除其消极的成分，不要认为一切皆好，盲目引进；另一方面，大胆地吸收其合乎科学道理、合乎国情的成分，不要自大自囿，一律排斥。国情，指的是中国人学习汉语（作为母语）这一特殊情况。吸取外来的东西是完全必要的。现代教育史上的一些语文教育大家，如叶圣陶、黎锦熙、朱自清、夏丏尊诸先生，都吸取了西方有益的东西融入自己的理论，影响所及，使一个世纪以来的语文教坛为之面目一新。

二

什么是培养语文能力的基本途径?

语文的运用是诸多因素的综合表现，能力的获得是诸多因素影响的结果。其中语文训练十分重要，却不是唯一的。除此之外，还有思想修养、生活体验、知识积累、文化素养，以及兴趣和习惯等，可以称作培养语文能力六要素。这种综合的观点，与专注于语文训练的单一观点不同，以此观察语文教学，许多方面有待革新。

我几次这么说，至今仍坚持，培养语文能力的基本途径是语文实践，即从阅读学习阅读，从说话学习说话，从写作学习写作。

阅读训练，主要是指导学生阅读教材中的课文和指定的课外读物。课文大都是经过选定的古今佳作，其中不仅凝结着高超的语文技巧，而且凝结着作者的思想情操，文化素养等，是六种要素的综合体。不仅体现了语文的静止的规律，而且体现了语文的活的运用。课文是学生学习语文的最主要的依托，指导学生阅读课文（指课文本身，非指课文的许多附属物，练习题、中心思想、段落大意等）应为语文教学的主要内容。课文的量还要再多些，质还要再高些。主要选取古今的名著，其中文学作品应占多数。

选文自然应按一定的教学要求组成体系。由于以选文为主，体系不可能十分严整，教学要求也不可能十分具体（可以量化的只是一部分）。于有目标、有序列的同时，仍要注意涵泳体味，反复加深，以增实效。

写作训练，也应着重于表达自己的见闻或思想的训练，即完整成篇的或成片段的训练，不着重于单纯语文技巧的训练。（目前，为着应试，压给学生大量的练习题，有害无益。）写作训练的次数也要多一些，除课内作文外，要大力提倡课外练笔；除校内的写作活动外，要大力提倡走向社会的语文活动，使作文不仅是一种“演习”，而且是一种“实战”。作文的指导方法也要改进，写“规矩文”与写“放胆文”并举；从生活中提取材料作文与运用资料作文并举；由教师修改与学生自改并举，自改是学生必备的能力。

以上说的是基本途径。红花还得绿叶扶。辅助手段也不容忽视。语文知识就是一种重要的辅助手段。

语文知识（主要指语法、修辞、文章作法等）反映语文运用的一些规律，学习这些知识，——自然限于精选的、有助于提高能力的一些内容——可以增加掌握语文的自觉性，获得检验正误的普遍准则，减少乃至避免表达的疏漏和混乱。那效验往往不是立竿见影的，表达越趋于复杂，知识越有用武之地。那么，又为什么把语文知识当作辅助手段而不当作基本途径呢？从知识到能力，顺理成章，许多能力的培养都是这个路子，为什么培养语文能力却不呢？原来培养语文能力有其特殊性。

第一，语文的功能在于反映错综复杂的大千世界，包括客观世界和主观世界。这种反映不同于照相，不是被动的、机械的，而是主动的、能动的，离不开人的参与。前面说过，是六种因素的综合体现。而语文知识只涉及其中的一端。有的老师说，学生学了语文知识，收效不大。除了教材教法需要改进之外，对语文知识的作用不能有过奢的希望。

第二，征诸事实。婴儿学语是从口口相授开始的。有些人一生不知语文知识为何物，却有很强的表达能力。这说明，人们学习母语，不是从知识到能力，不是依靠知识的先导，而是依靠多次的模仿和艰苦的磨炼。到一定学习阶段学习语文知识是促进，是“添花”，却不是必由之路。由此可见，把学习语文知识当作基本途径，把训练放在辅助地位，把阅读和写作当作知识的例证和巩固知识的手段。这种设想，未必符合中学生学习语文的需要。

三

如何看待语文教学与生活的关系？

联系学生的思想和生活，应是语文教学的一个重要的指导思想。传统遗留给我们的最大弊病之一就是教学脱离学生的思想和生活，迄今为止，教学改革对于革除这一弊病却没有予以普遍的重视。

良好的语文教学有两个方面。一方面是扎扎实实。对于语文基本训练严格要求，一丝不苟，硬是要在艰苦磨炼中出能力；另一方面是生动活泼，让学生越学越聪明，越学越活跃，越学越有兴趣，感到如坐春风。只有前者没有后者，会失之于空洞呆板；只有后者没有前者，会失之于虚浮无根。两者紧密结合，相辅相成，才能达到理想的境界。那使两者如胶似漆的契机不是别的，就是教学与学生的思想和生活相联系。许多教例证明：联系起来，全局皆活，要充分估计这一着爆出的巨大活力。

“联系”为什么如此重要呢？前面讲过的六要素，思想和生活就占了两个，而且是非同小可的两个。脱离了思想和生活，语文就成了失掉灵魂和血肉的躯壳，不过是一堆静止的、呆板的符号。同思想和生活相联系，语文才活起来，才添上了一颗勃勃跳动的心脏，那躯壳也才丰腴起来，有了弹性，有了魅力。语文教学联系学生的思想和生活，就是联系学生的眼耳鼻舌身意，联系学生的喜怒哀乐，乃至联系学生灵魂深处的密室，这样的联系，不仅能叩响学生的心扉，而且能使学生学到活的语文，养成活的运用能力。长期以来困扰人们的教学中的“八股气”，于此或可得到根治。

前面说过，“联系”是教学的指导思想，从学生方面来说，则是对待运用语文的应有的态度。它的实质是不把语文的研习局限于书面之上和字句之间，而重视发现或表现它固有和应有的活的内涵。宜于做原则的理解，并不意味着阅读每一篇课文，进行每一次写作训练都必须与学生的思想和生活相联系。

一己之见，无所顾忌。上面一席话但愿对语文教学的改革有些益处。偏颇之处，经过讨论得到明辨，也要算是一种益处。

1993 年 12 月

在继承的基础上发展创新

——在中语会第六届年会上的发言

根据当前语文教学发展的现状和国家两个文明建设发展的需要，在广泛征求意见的基础上，我们把“进一步提高中学语文教学效率，为培养跨世纪人才服务”的问题，作为这次年会和今后一段时间内研讨的课题，这是时代赋予我们语文教育工作者的重要使命。这是一个大的题目，它涉及语文教学的诸多层面，要求我们思想解放、扎实工作，一步一步地加以解决。在这次会上，我们印发了《叶圣陶、吕叔湘、张志公语文教育论文选》，目的也是为了通过学习，拓宽探讨解决问题的思路。下面我想就重视学习本国优秀的理论和经验问题，谈一些意见。

近十多年来，我国的语文教育呈现了生机勃勃的局面，理论研究和教学试验都取得了可喜的成果。其间，经历了一个启动、发展和深化的过程。这三个步骤不是截然分开的，后两个步骤还没有完成。虽然有艰难曲折，有些方面未能尽如人意，但总的趋势是在探索中稳步向前的。

开放搞活，打破了长期以来闭关锁国的状况。我们的语文教学也不再囿于狭隘的领域，放眼世界，门户大开，越来越多地与外界交流沟通，引进外来的理论和经验，有些地方还用来进行改革的试验，这是一件大好事。现在看来，还只是开端，今后还要努力做下去。

但是，相比之下，对待本国优秀的理论和经验，重视的程度却嫌不足，以致这些身边的宝贵财富未能在教学改革中充分发挥作用，这是非常可惜的。鲁迅先生在论述文学创作的历史价值时曾说过：文学创作愈有地方性，也就愈有世界性。探索语文教学的规律，也有类似的情况。因此，改革语文教学，实现语文教学现代化，不能脱离民族语文的特点，不能脱离对传统教育经验的研究。教学改革越深化，越要更多地凭借这个国产的重要利器开拓前进。

对于本国的东西，为什么要给以极大的重视呢？理由如下。

其一，我们的语文教学是中国人作为母语学习的语文教学。这种语文教学与其他国家语种的语文教学相比，有同一性也有特殊性。就后者而言，一是汉语文与其他语文有很大差异，再是中国的语文教学传统以及文化背景与其他国家也有很大的不同。因此，改革的立足点就是自己的土壤，着重从自己的土壤里吸取营养。对于外来的东西，不是拒绝而是消化融合，使之成为自己的东西。以自己的东西为主，以外来的东西为辅，这应是我们思考问题的基点。

其二，本国优秀的语文教育理论和经验，凝聚着语文教育大家教学和语言实践悟性的结晶。以叶圣陶先生为例。他自身不仅有极其丰富的语文教育经验，而且在文学和语言方面有极其光辉的成就。其思想的形成，又正当海运大开，西风东渐的中国大变革时期，主观和客观条件都非常优越。他造诣精深，学通中外，他的语文教育思想最富于中国特色，也最具有时代性。如果说，其成就翘然秀出于世界语文教育之林，是决不过分的。

其三，本国优秀的教育理论和经验，融会了传统教育的精华。无论是叶圣陶还是吕叔湘、张志公，三位语文教育大家，对传统教育都是采取科学分析的态度，不搞虚无主义。比如，他们批判旧式学塾那种逐字逐句的教学方法，却十分强调通过反复诵读来体会范文的意味、情趣和文气；他们反对旧式文人热衷于代圣人立言的八股滥调，却十分讲究文章的谋篇布局，要求写文章做到自然圆和、严谨得体；他们鄙弃旧式教育把语言表现力说得玄妙神秘，不可捉摸，却严格要求教师对青少年学生进行语感的训练，如此等等。这种对传统教育既有批判又有继承的精神，堪为教育研究的可贵品格。

其四，本国优秀的教育理论和经验，吸收了国外先进的教育科学研究成果。从三位语文教育大家的论著中，我们不难发现：他们都善于从国外一些教育家、心理学家和语言学家那里汲取科学的理论观点，用以丰富、完善我们的汉语文教育体系，从建构汉语文语法教学到提出学生的主体作用，从强调思维品质训练到发展学生智力等，这些都是很好的说明。但是，学习、借鉴国外的东西，他们从不生搬硬套，而是根据汉语文的特点和中国青少年的心理特征灵活地加以运用。这种立足于我们民族传统教育的创造精神，也是我们学习的楷模。

其五，本国优秀的语文教育理论和经验，没有深奥难解的炎炎大论，平易近人，如话家常，谈的都是近在身旁的事，说的都是老师想听爱听的话。学起来便捷亲切，实行起来易见成效。当然，如同对待一切高明的理论一样，学习要采取科学态度，从实际出发。

向老一辈语文大家学习，不仅学习他们的语文教育思想，还要学习他们的热爱祖国、热爱语文教育事业的高尚品德，实事求是、谦虚谨慎的优良作风，兼收并蓄、去伪存真的治学方法。

我们的民族历经沧桑，创造了灿烂的中华文明，同时也构建了具有强大生命力的传统语文教育，当中蕴含着人们对语文教学规律的认识以及丰富的实践经验。这些珍贵的东西是不会因为时代的变迁而失去它那固有的光泽的。从长远着眼，在今后若干年里，如果能够对自己的东西高度重视，尤其是“五四”以来诸多语文教育大家的论著，认真宣传、学习、研究、试验和推广，我们的语文教学一定会逐步深入，达到柳暗花明的佳境；同时，在改革实践中不断融合中外，具有中国特色的语文教育理论体系，一定会进一步形成和发展。

自然，强调学习传统经验，并不意味着可以忽视同外界的交流，学习海外、国外的好经验，两者相得益彰，是不矛盾的。这一点，不言而喻。

我的语文工具观*

十多年来，语文教学改革的一个重要理论收获是肯定了语文学科的工具性。

语文学科的工具性，是由语言是一种工具来决定的。语言是怎样的工具呢？有的说是交际的工具，有的说是交流信息的工具，有的说是文化的载体，说法虽略有差异，却都是就语言的效用而言的。这些论断对认识语文教育的性质十分重要；可是另一方面，即语言自身的特点也需要深入探讨，这方面无疑也是十分重要的。

关于语言自身的特点，初步想来有以下几点。

一、语言是人类自身具有的工具。人类从几十万年前创制石器起到当今创制电子计算机，从原始的到现代的无数工具都是使用外界的物质材料制造的。独有语言这种工具的创制、发展和完善，并不借助外界的物质材料，本身也并非物质的存在，而是人的大脑和有关器官合作所产生的一种功能。语言是人自身的一个组成部分，如同使用自己的手足一样，人们随时随地都可以使用它，在任何恶劣的条件下，只要尚能开口，即可以向它求助。因此，语言工具的运用有其他工具不可比拟的极大的方便。书面语言需要借助书写工具，但文字只是记录语言的符号，这里置而不论。

二、语言是适应全民使用的工具。世界上也许只有语言这种工具是真正属于全人类的。不分民族国家，不分男女老幼，人人都能够而且需要使用语言，通过吸收和表达，同外界进行交流。而且其效用不限于一时一地，可以

* 原载《课程·教材·教法》1996 年第 7 期。

远及千年之上和万里之外。聋哑人也离不开语言，只是改变了运用语言的方式。语言在人类中运用如此普遍而重要，以至于能够运用语言被认为是人区别于其他动物的一个重要标志。

三、语言是与生活密切相连的工具。这里所谓生活是广义的概念，包括生活的今天、昨天和前天，包括生活的各个侧面和范围，也包括人们在生活中形成的各种感性和理性的认识，以及千差万别的感情。语言的功能是反映和摹写。离开生活，反映和摹写都无所附丽，像一面照临空虚的镜子，所照空无一物，只剩下一个毫无影像的镜片。说像也不像，毫无影像的镜片是有的，毫无内容的语言是没有的，可以说，离开了生活，也就没有了语言。而语言一经与生活联系就无比活跃起来，简直像一个万能的精灵。它可以精确逼真地摹写千差万别的物象，可以准确生动地反映纷繁复杂的事件，可以清晰明白地表达人们的思想感情，如此等等。由于语言以书面的形式得以恒久存在，它记录了人类的发展历程，负载着人类灿烂的文明。就我们来说，几千年中华民族光辉的历史是借助语言保存下来的。如无语言，我们将处于混沌状态，不知所自来。不了解前人创造的成果和宝贵经验，也就不知向何处去，不能向前进。有的同志说语言有人文性，是一点也不错的。生活借助语言得以再现和存留，语言借助生活得以充实。语言是躯壳，生活是血肉。

四、语言是与人的思维和思想感情不可分割的工具，或者说是人类精神的一个组成部分。有两种情况。一种，客观世界作用于人的主观世界，由此引发的思考和达到的认识，由此触动的悲欢爱憎种种感情，都是通过人的大脑借助语言得到加工和表现的，这是直接的表现。另一种情况，客观反映生活现象、自然现象或科研现象，表面上其中无“我”，其实也无不通过人的主观意识，说到底也是人类精神的表现，这是间接的表现。照相机虽然摄取外部物象只消动动手指，但摄影同样有人的主观意识参与其中。比起照相机来，人的主观意识参与语言反映客观世界的活动，程度要深得多大得多。两者水乳交融，难解难分。语言不仅表现运用者的思想，凝结着运用者的感情，而且往往还包含着运用者的个性、素养和品德。上文说，语言是躯壳，生活是血肉，那么人的思想感情也许可以说是灵魂。

五、语言是技能性很强的工具。获得运用工具的技能，大体上有两种情况，一种是以知识为基础，由知识到技能。另一种是直接传授，由技能到技能，知识起辅助作用。我以为语言属于后者。语言技能是怎样获得的？从人类语言的发展来看，语言的产生，源于生产、生活乃至祭祀的需要。你呼我应，这种呼叫因应需要日益繁复起来，约定俗成，渐渐形成语言。它的形成不是得益于理论知识的指导。它的发展和完善，也主要依靠语言的实践。语言（包括写作）理论的产生远远后于实践。从一个人学习语言来看也是如此。婴儿学说话，他的第一个老师是母亲。依靠口耳授受，反复实践，也不是借助理论知识的指导。不难证明，获得语言技能，主要依靠语言实践，对理论知识的依赖是较少的。这么说，并非否定理论知识的积极作用。理论知识一经产生就会促进语言的发展，是学习语言的重要辅助手段。

基于以上对语言工具的认识，中学语文教学和语文教材的编写，有很多需要重新研究的问题。且举一二。

一、轻装上阵的问题。语言既是全民的、适应广泛运用的工具，学习起来固然需要克服许多困难（特别是学习书面语言），但总的说，应该是比较简易、兴趣盎然的。但目前提高语文教学效率问题仍然是老大难，这不能说是语文课所应有的。前些年吕叔湘先生提出，语文教学要轻装上阵，负担过重是导致老大难的一个重要原因。如同柳宗元的《蝜蝂传》所述，身上背的越来越多，终致躺倒。一是头绪繁多，二是内容烦琐，三是教学机械呆板，存在着无效劳动。应该大力删繁就简，返璞归真。

二、联系思想和生活的问题。这个问题还没有引起普遍的注意和充分的重视。有些同志认为，工具就是工具，与思想和生活是否联系无关紧要。有些同志认为联系思想和生活只是为着进行思想教育。我则认为，这是语文教学改革的一个大问题，绝非可有可无，更非仅仅为了进行思想教育，它涉及教学的全局，是使语文教学既扎扎实实又生动活泼，收到理想效果的重要契机。展开来说，千言万语，这里只谈两点。

一是语文教学联系思想和生活，应成为全部语文教学的指导思想之一，要据以改革整个的教学结构。课堂是重要的教学场所，但不是唯一的施教天地。以课堂为主体，扩展开来，校园和家庭是第二个天地；再扩展开来，社会是第三个广阔天地。课堂教学要联系学生的思想和生活，这还不够，还要教会学生自己选读报刊书籍，学会使用图书馆，养成习惯；引导学生写生活随笔和书报摘记，养成习惯。鼓励学生学习办报，办文学社团，向报刊投稿，帮助他们与作家、编辑建立联系。鼓励他们参加社会上的语文活动，采取多种方式运用语文为社会服务。已故邢台八中特级教师张孝纯先生倡导的大语文教育，体现了科学的、先进的教育思想，希望予以充分的重视和支持，继续实验、研究和推广。

再是要充分重视课文的教学。课文，特别是名家名篇，是运用语言表现生活的典范，是历代仁人志士不朽的生命，是优秀文化传统的结晶。多年经验证明，优秀课文对学生的影响是巨大的、多方面的，有时甚至影响学生的人生取向。中学语文教材以课文为主体，历来如此，今后也必将如此。现行全国试用的几种语文教材的一个重大贡献，就是发掘和起用了不少新的好课文，但仍感不足。建议搞一项功德无量的基本建设，精选一千篇好文章，500种优秀的课外读物，建立一个语文教材库。许多同志批评“文选式”，我以为“文选式”不宜全盘否定，应一分为二。

三、加强语文训练的问题。语文实践，即从阅读中学习阅读，从写作中学习写作，从说话中学习说话，是获得语文能力的基本途径，语文知识是辅助手段。把语文知识的作用估计过高或过低，都是不符合教学实际的。当前全国通用的几套教材，都突出语文训练，就听说读写几方面列出了若干训练点，把训练落在实处。不妨就各家已列出的训练点作综合研究，删繁就简，去粗取精，梳理出几个（不是一个）精要便学的序列，供编写教材时参考。

四、改进教材体系的问题。全国通用的几套教材，都在建立教材体系方面作了富有成果的努力，各具特色。语文课是多种学科的综合，又是以选取的课文为主体，再加上语文训练必须循环往复才能奏效，因为这种种原因，语文课的学科体系，不可能有十分严密的逻辑性。教材体系的改进，第一，要有利于减少头绪，突出重点，删繁就简。第二，要有利于联系生活，留下灵活运用的余地。第三，要有利于学生宽松地、生动活泼地学习，给学生留下独立思考和发挥创造性的余地。第四，要首先安排教学的总体结构，兼顾课内外、校内外，通盘计划，统筹安排。

1996年4月

论教书简

——复钱梦龙先生

梦龙先生：

大札诵悉，感谢你的理解。拙著《实和活》所收，都是些卑论，而老兄爱之。你不眩于高远，自甘脚踏实地，在无路之处走路。所以，我的几声哑喊引起你的共鸣。

这些年，语文教学的改革千帆竞发，百妙杂陈，一派兴旺，成绩很大。自然，试吃螃蟹，不免有时误吃几口蜘蛛，无关紧要，吐出来就是了。目前该把气象万千的想和做总结一下，去粗取精，删繁就简，返璞归真，轻装上阵。清水出芙蓉，天然去雕饰。这朴和真，指的是中国的中学生学习中国语文的朴素规律。对此，我们的看法若合一契，对于一些具体问题也是所见略同。真该浮一大白（可惜彼此均不善饮）。

对任何事物规律的探求都是渐进的，一步深似一步，却永无穷尽。应该说，语文教育界对语文教学的规律已有所探知，并非仍是一团糨糊。凭借已知，已可以使教学日跻佳境。规律在哪里？蕴含在历代语文教育大家，特别是当代三老（叶圣陶、吕叔湘、张志公）的著述里；体现在当代名师，特别是其中少数佼佼者的教学经验里，老兄就是佼佼者之一。珍惜，重视，提倡，介绍，整理，总结，研究，学习，运用，推广，持之以恒，语文教学必然会长出腾飞的健翼。天边的鸿雁飞来，固然要欢迎；身边的吉祥鸟起飞，切不可忽视。

你案头的建兰开花了，令人羡煞。养兰总不开花，是我的一大憾事。目

前仍有两盆在阳台上，修长的叶子倒也潇洒，只是都患着不育症。几时南行奉访，不仅赏兰，还要叨扰一顿南翔的小笼。即祝

夏安

国正　七月卅日

附：

钱梦龙致刘国正

国正先生：

惠寄的尊著《实和活》已拜领，喜何如之！摩挲书叶，读着朴实清新的文字，恍若又芸窗对坐，听故人娓娓谈语文教学，并忆数月前在金陵客邸风雨对床的情景，倍感亲切。

语文教学如何做到实活相济，在实的基础上求活，在活的前提下求实，一直是我在语文教学上孜孜以求的一种境界。记得足下10年前为我的第一本小书写的序，就从我的一些教例中拈出“实”“活”二字，确实一语道破了我的苦心。正是对语文教学的共同理解，使我们有了更多的心灵沟通。现今语文教学的研究日新月异，不断有创见问世，令人目不暇接，固然可喜；然而有的见解新则新矣，高则高矣，但联系实际想想，总不免给人以“意在近而求之远，事本简而失之繁”的感觉。于是我抱定一个宗旨：任你弱水三千，我只取一瓢饮，就认定这“实”“活”二字，钻之不已。因为用力集中于一点，资质愚钝的我居然也钻出了些许心得。

尊著中《红叶·黄页》一文后附录的那篇《悲秋华赋》，尤其引起我的兴趣。通篇用四六骈句，锦心绣口，文采斐然，如果不知作者是谁，真以为是汉魏六朝的抒情小赋，绝不可能想到这是您在中学读书时的一篇作文。今天的中学生要读懂都有困难，遑说自己能有这样的笔墨。正如您说的，“从驱遣文字的功夫来比，真不免兴今不如昔之叹”。为什么会造成这样的今昔悬殊？您认为，“一个重要的原因是，我们把中学生的接受能力估计得太低太低了”。句中连用两个“太低”，我知道您的感慨之深。确实，老师们常常

不自觉地用自己成年人的心态去看我们的教育对象，学生自然就成了一群什么也不懂的“娃娃”，而且是“永远长不大的娃娃”。教学内容浅之又浅，训练方法死之又死，唯恐稍稍深些、活些，学生就消化不了。让正处在“长身体”时期的青少年天天吃青菜萝卜，摈弃一切高营养的食物，怎么行？我上语文课，除教课本外，还选教一些内容略深又很耐咀嚼的文章，辅之以灵活而有相当力度的训练，学生既学得扎实，又生动活泼，兴趣很浓，教学效果不差——说来说去，又回到了“实和活”这个话题上，看来，“实”“活”二字确实概括了一切成功的语文教学的基本特征，其中肯定蕴含着普遍的教学规律，值得我们进一步探索。

有友人赠建兰一盆，凡四株，株九蕊，这几日开得正盛，满室幽香，沁人心脾。案头清供，晨夕相伴，如对山中高士，令人俗虑顿消。古人说，“入芝兰之室，久而不闻其香”，看来是不确实的。敬颂

福祉！

梦龙

1996.7.4

语文教学与生活

——谈宜昌语文教改实验报告手记

宜昌的语文教学改革实验是以“课内外衔接能力训练”为课题的。这项实验已进行了几年，效果显著（见附件）。研读了一些学校的实验报告，欣喜异常。课内外相衔接，实质上是促使语文教学与生活相联系。如果说对于语文教学与生活相联系的理解，前此还不够具体，那么在他们的实验中已萌生许多看得见，摸得着的，便于操作的教学措施。希望的种子已经生枝长叶了。研读所得，谨述于次。

教室的四壁，应是多孔的海绵，不应是水泥的隔离层

在课堂内，指导学生学习教材，领会课文的思想内容和表达手法，进行读写听说的训练，是语文教学的主要内容和基本形式，是任何时候也不容忽视的。但是语文活动不能理解为可以与学生的生活相隔离。教室的四壁不应成为水泥的隔离层，应是多孔的海绵，透过多种孔道使教学和学生的生活息息相通。这样做，会使教学充满生气，使语文训练多趣而有效。

有些课文是记述处所、描写风景的，讲授的时候不妨适当联系学校所在的地域，不论是城镇还是农村都可能有美好的自然景观或动人的文化背景。枝城中学杨邦俊老师讲授《岳阳楼记》的时候，由引导学生领会课文中的景物和感情，进而考察学校所在地枝城——这是在学生眼中没有什么特色的一个小镇。

学校坐落在福星山上，学生对此山的来历一无所知，他们看到教学楼后

面的一块石碑，上写“福星山祠”四个字，也不知它是什么意思。老师抓住时机给学生讲了关于福星祠的一个美丽的传说，还让他们了解枝城有状元门、文公塔、铁锁井、白骨寺、紫山、白水、花溪、江流等景观。学生了解到这些情况，感到了故乡枝城的可爱。

于是，在教完《岳阳楼记》后要求学生写枝城。杨老师回忆道：“那一个星期学生特别繁忙，访问，找资料，实地考察，写出了《福星山的传说》《花溪一游》《降龙镇妖》《铁锁井》等一些优秀作文。”

《岳阳楼记》作者是一千多年前的古人，写的是千里外的一处名楼，如果就文学文，不联系学生的生活，虽然也能学有所得，却难以使学生产生亲切感。联系生活，一下子把课文拉到学生身边来了，不论是领会课文内容和学习语言应用都活起来了。特别重要的是激发起学生的热爱生活的热情和学习语文的兴趣，这是学习语文所必不可少的。

有些课文表述仁人志士的崇高思想，讲授的时候，不妨适当联系学生的思想。杨老师讲授《为中华崛起而读书》之前，先组织学生开了一次访谈会，题目是“中学生读书为什么?”要求学生充分准备，畅所欲言。开会时主持的学生发言后，全场立刻火爆起来，有的说：“我就是为升官发财而读书，作了官才能为民做主，发了财才能多盖儿所希望小学。”一位女同学声泪俱下地说：“我就要为家父而读书，我爸是个残疾军人，为了我们姐弟读书，他坐着轮椅东奔西走，吃尽了苦头。我读书挣了钱要将爸接到大城市，让他安度晚年。”群情激动，纷纷说出了心里话。会后，老师指导大家学习课文，懂得了要把国家利益放在第一位的道理。在学习课文的基础上，要求每一位学生写一篇读后感。

这不是进行思想品德教育吗?是，又不完全是。教书育人，讲授有些课文注意进行思想品德教育是理所当然的；可是这又是阅读写作训练所必需。不联系自己的思想，既难以深刻领会课文的思想内容和表达方法，又难以写出真实感人有血有肉的作文来。

有些课文是写人的，写亲人，朋友，或老师和同学，教这类课文的时候，不妨组织学生对身边有关的人进行了解。长阳三渔冲中学胡绍海老师，讲授“家庭生活”单元（人民教育出版社出版的九年义务教育初中语文第一册）后，指导学生作了一次以学生家长为对象的采访和座谈，从获得的材料中摘取所需，写一篇关于家庭生活的作文，集体交流修改，编辑一本《家庭生活作品集》。学生兴趣盎然，一时佳作迭出，目前已发表的有《奶奶的牙齿》《童年趣事》等多篇。这样从课内向课外的生活延伸，了解到身边的人可以更好地理解书上的人；理解了书上怎样写人，就可以更好地写身边的人。学生不再感到作文无话可说，“作文需要精心选材，写真情实感”，是学生这次学习的深切体会。

有些课文是写想象和幻想的，也有可能联系学生的生活，胡老师在讲“想象单元”（人教社出版的九年义务教育语文第一册）时，让学生针对现实问题展开想象的翅膀，作一次无拘无束的思想漫游，举行一次演讲比赛。《我的皇帝梦》《假如地球是透明的》《假如爸爸当了校长》等讲演词，不仅当场引起热烈的掌声，而且事后加工整理得到发表。

解决语文教学中存在的少慢差费问题，人们都认识到课堂教学改革的重要性，提出要向课堂四十五分钟要效益，但是年复一年，收效不明显。原因何在？看法不同。我认为主要原因在于语文教学脱离生活实际，背诵一个又一个的概念和论断，要求一字不易；学习一个又一个的程式和方法，要求如法施行。教学远离学生的思想和生活，变成空洞乏味的东西。学生不能生动活泼地主动地学习，大大减损学习语文的效果。要改变这种状况，须大力提倡课堂教学与生活相联系，只有这样，学生才能真正读懂课文，才能真正懂得语文的运用，对学习语文才能产生亲切感、新鲜感、生动感和实战感，才能产生浓厚的兴趣，学习起来欲罢不能。

以课堂教学为基础辐射开去广泛开展课外校外的语文活动

与课堂教学相联系的课外和校外语文活动，是语文教学联系生活的广阔天地，宜昌的实验对此给予充分的重视，取得了多方面的经验。进一步使之完善，建立制度，不难形成一个课堂教学向课外校外（包括学校和社会）有序延伸的教学网络。

枝江市七星台镇中学充分利用校内的条件，开展语文活动。赵华老师说明他们的作法是：（一）办好两个图书阅览场所，一是学校的图书馆和阅览室，另一个是班级的图书角。提倡学生自由阅读，博览群书，使他们养成读书的好习惯。加强老师的指导，帮助学生选择读物，向学生推荐报刊上的好文章，传授读书方法，督促写读书笔记，等等。他们向 1 200 名学生进行了调查，结果表明，凡是课外阅读数量大、范围广的学生悟性就高，进步就快，语文就学得好；反之，就差。（二）办好校园的文化长廊和教室的板报，由学生自行撰稿、组稿、选稿，仔细设计。同时办好校内广播，18 个教学班轮流主持，自主办理。（三）有计划地举行各种专题会，开展多种语文活动。如朗诵会、故事会、讲演会、辩论会、读书报告会，以及语文知识竞赛，读写竞赛，到街头消灭错别字，等等。

长阳三渔冲镇中学也开展了丰富多彩的课外活动，如以“听语言，辨颜色”为主题的小品表演、以“文物古迹稀有生物要不要重点保护”为主题的辩论竞赛、课本剧“皇帝的新装”表演、观《三国》写手记等。特别是他们联系市场经济的需要，举办了很有兴味的广告征集活动，下面是他们为枝江啤酒厂雪豹牌啤酒征集广告的例表：

<table>
<tr><td>活动名称</td><td colspan="2">“雪豹啤酒广告”征集会</td><td>主持人</td><td>胡绍海</td></tr>
<tr><td>时间</td><td>95.5</td><td>地点　二中（2）班教室</td><td colspan="2">参加人　二（1）班</td></tr>
<tr><td>活动目的</td><td colspan="4">枝江牌啤酒厂征集“雪豹”广告，设想通过应征活动，训练学生对说明文要素的整体感受，说明文语言的应用。</td></tr>
<tr><td>活动过程</td><td colspan="4">1. 弄清产品说明书（如药品、电器等）的写作特点
2. 简介广告词（如“长城电扇”）的一般撰写方法
3. 拟写“雪豹”啤酒广告词
4. 广告词评比应征</td></tr>
<tr><td>活动后记</td><td colspan="4">学生兴趣浓厚，对特殊应用性说明文——广告的基本写法和评判有了大致了解，出现了如“‘雪豹’啤酒，人人渴求”“雪豹雪豹，人人需要”等较好作品。</td></tr>
<tr><td>备注</td><td colspan="4">入选广告词：“雪豹”啤酒，人人渴求！</td></tr>
</table>

在学生的生活中有时会出现进行语文训练的极好时机。这些时机稍纵即逝，教师要及时发现加以利用。枝柘坪中学有一次举行拔河赛和接力赛，李权英老师领导的班级里有一位文力黄同学，因为一点小事误了比赛，致使本班未能获得冠军。老师没有批评他，让班里同学分成小组评论这件事，并且

在班上发言。最后文同学发言，他讲了未到校参赛的原因和此时的心情，很动感情。全班都受到教育。在这种情势下，老师要求每个同学写个小评论，写的速度快、质量好。学生反映："写这篇小评论，有一种快感充满全身。"

语文教学，人们往往只重视课内忽视课外。其实，学习语文的天地有三个层次。第一层是通常说的课堂，是学习的主要阵地。第二层是校园，包括各科教学（任何一科的教学都是运用语文来完成的）以及多式多样的课外活动。第三层是家庭和社会。生活无处不运用语文，因而充满学习语文的机会。这三个场所一个比一个广阔，要恰如其分地发挥这三个"课堂"的作用，使之相辅相成，形成强劲的综合力量。

讲一点道理

为什么施行与生活相结合会使语文教学显出勃勃生机？原来语言这种人类交际的工具有其自身的特性，与生活密切相联系即其特性之一。这里所谓生活，取广义的概念，包括生活的一切时间和空间，包括人们借助生活形成的感性的和理性的认识，以及千差万别的思想感情。语言的独特功能是借助语音和文字符号摹写生活，离开生活，语言就成了一面照临空虚的镜子，所照空无一物。然而，语言一经与生活相联系就无比活跃起来，简直成了神气的精灵。它能够准确地、生动地摹写纷繁复杂的物象或事件，它能够准确地、生动地表达精深的思想和细腻的感情。借助语言，先人或同时异地的人创造的业绩，得以广泛传播和长久流传。语言是躯壳，生活是血肉，思想感情是灵魂，它们水乳交融，难解难分。人类几千年运用语言的历史，特别是古今中外语言大师的经验，足以充分证明这一点。

学习语文与运用语文有所不同，不排除在一定阶段进行局部的分解训练，这些训练不可能也不需要每一步骤都与生活相联系，但总的来看，语文教学需要适应语言的上述特点，不能忽视或背离它。施行语文教学与生活相联系，首先是有助于养成学生对运用语言的正确态度，有了正确的态度，读写训练才会是积极的，有效的。在正确的态度下，认为读和听是为了吸收他人提供的信息；体味其语言表达，优良或拙劣要依其摹写生活而定；认为写和说是为着一定的目的，把自身掌握的信息传递给他人，使之发生应有的影响，解决存在的问题。文字的推敲斟酌，要根据摹写生活如何判断优劣，决定取舍。孤立的词语是无所谓好坏的。

其次，抱着正确的态度学习语文，学生会感到语文还在身边，简直与自身血肉相连，是自身的一部分；会感到语文的实际用场，能够用来处理事物，表达所见所思所感，不可一日或离，会感到学习语文的迫切需要，对它发生浓厚的兴趣，这是学好语文的不可或缺的必要条件。

如果离开生活来对待语文学习，那就不同了。学生对读写听说会片面地看成是一种纯技术训练，课文只是运用技巧的典范，作文只是运用技巧的模拟演练，着重点在如何审题，如何分段，如何开头结尾，如何嵌入某些华美的词句等，内容无关紧要，可以编造。学生学习语文如在钢丝上行走，战战兢兢，艰难踱步，上下都空无一物。学生会感到语文是身外之物，远离生活，没有什么实际的用处；会感到读则味如嚼蜡，写则文思枯竭，以致视学习语文为畏途，发生厌倦情绪。两相比照，自然要采取前者，避免后者。

学生年纪小，生活圈子窄，有许多可写的东西吗？我在《写作教学管窥》中曾写道："中学生，十二三到十七八岁的孩子，已经阅历很多，懂得很多，大至世界和社会，小至学校和家庭，其中发生的许多事情，都会叩动他们的心弦，引起他们的关注和兴奋。他们有强烈的求知欲和辨别是非的要求，有他们的喜怒哀乐，爱好、追求和理想，他们有一个时而变幻色彩、时而涌起波澜的生活领域。宝库就在身边，他们却视而不见，这是因为他们误认为面包和盐既非精金美玉，就不值得拾取和宝藏的缘故。一旦换个角度看周围的一切，他们会如同骑在神鸟的背上降落在神奇的山谷，忽然发现身边有数不尽的珍宝。"这里讲的是写作，对整个语文教学都适用。语文教学的一个重要任务是交给学生打开身边宝库的钥匙。

语文教学与生活相联系，是一个指导思想，要从语文教学的全局着眼，并非要求每一项教学的具体安排都有联系生活的内容。同时采取一些较大的措施需要较多的时间和精力，要有重点有计划地进行。联系生活的天地是广阔的，方式是多样的，特别是有一些绝好的契机，是难以预计的，因此计划要有很大的灵活性。宜昌市"课内外衔接能力训练"的实验，虽然刚刚开始，还不够完善（比如校外的语文活动有待加强），却是有强大生命力的，特别是对于变应试教育为素质教育，是一副不苦的良药。锲而不舍，必有大成。顺便提一下，已故张孝纯老友倡导的“大语文教育”与宜昌的实验异曲同工，听说他所在的学校仍在实验，祝他们取得好的成绩。

1997年8月，于北京。

附件：

宜昌宜都市教研室李祖贵先生的一封信

刘国正先生：

冒昧地打扰您，应该说，既是工作的关系，更是感情的驱使，因为在我个人的成长道路上，您的文章和诗歌分别在不同时期和领域里都给了我实在的影响，但让人汗颜的是，直到前不久，我才知道诗人刘征和学者刘国正竟是同一人。初见此说，确确实实有好长一段时间的惊讶。说句实在话，成为诗人的梦想曾在相当长的一段时间内令我食不甘味，睡不安寝。后来，随着年龄的增长，以情感为主导的思维方式逐渐向理性方面转化，我开始将主要精力放到教学研究上来。我大量订阅各种语文专业杂志，并从这些刊物上经常读到刘国正先生的文章。他和“三老”一起，构筑了我国当代语文教学的理论框架，并以一系列深入浅出的议论影响了许许多多的年轻人。晚辈自以为当属其中的拾穗者。伴随着九年义务教育教材的正式使用，我开始走上了专业的语文教研工作岗位。立足讲坛，还常常自慰、自得、自以为是，可走下讲坛回头来看，我们的语文教学原来竟是如此苍白无力。在普通中小学里，我们的语文教师与其他学科教师一样废寝忘食，一样兢兢业业。可十年长学下来，绝大多数学生依然是字迹潦草，错字连篇，词汇贫乏，不能作文。吕叔湘先生说的“少慢差费”，真是一点不错。问题的症结究竟在哪里呢？有人说是师资问题，有人说是方法问题，有人说是教材问题，等等说法，或许都有道理，但这些分散的因素绝不是语文教学效率大面积低下的真正原因。于是，从1992年开始，我们在宜昌市特级教师余蕾先生的亲自指导下，通过大量的实践调查和理论分析，拟定了“课内外衔接语文教学法”的实验方案（又叫“课内外衔接语文能力训练”）。该实验旨在通过修订教学内容，改革课堂结构，强化课外活动，转变考试方法来促进语文教学面貌的根本改变。

第一，在教学内容上，强调学习语文服务应用，服务生活，服务个性发展。凡是与之无益的教学内容都要作相应的调整，削弱或是遗弃（如烦琐的语法分析，艰涩的古文注释，空洞的文章分析等），而代之于鲜活的生活内容和扎实的能力训练（如收集分析广告词、采写新闻稿件、编拟产品说明书、背诵名家名篇等）。

第二，在教学目标上，主张把课堂45分钟看作大树的胚胎、燎原的火种，立足课内，放眼课外，课内辐射课外，课外拓展课内，从而变传统单一的“给知识”为主的课堂，为立体多样的“给基础，给兴趣，给方法为主的课堂”。

第三，在教学时空上，强调有规划，有组织地调控课外活动。应该说，这一点才是我们实验的核心部分。许多语文教育专家都承认“生活环境”在语文学习中的重要性，但是，似乎还从来没有人真正思考过，怎样才能做到既不增加学生负担，又能让“课外”变得跟“课内”一样有力、有序、有效呢？我们的实验正是基于这一考虑，首次将“课内”“课外”放在同等地位来规划，从而真正让学生感到了语文课堂的无所不在。我们分别用两句形象的话概括了课堂内外及师生双方各自的任务，叫作“课内长骨”，“课外长肉”；“教师铺路架桥”，学生“结丝成网”（在这一点上有许多具体操作要求，恕不一一赘述）。

第四，在教学评价上，彻底改革传统的考试模式。余蕾老师在这方面卓有建树的工作应该说是这项实验得以顺利的保险阀。他的中考试题长期以来坚持“突出能力，注重运用，关注生活，取材课外”的原则，对于全宜昌市的语文教学和改革起了很好的启发和诱导作用。新的工作方式必须有新的评价标准，这是毫无疑问的，可惜在现实生活中，往往不是这样。

总起来说，我们的实验已经进行了四五年，但之所以在这期间没有向外界过多地宣传，是因为我们深深地明白：再好的实验假说，如果没有有力的验证，都是毫无价值的东西。不过，今天，可以欣慰地告诉先生如下一些事实：第一，我们在1993年最早设置的一个实验班，在1996年中考中，均分、及格率、高分率均高出对比班一倍还多。第二，长阳县两河口中学胡绍海老师身居陋室，锐意改革，率先在山区学校把电视搬进教室，并定期开展丰富多彩的语文活动，所带的实验班，除了考试成绩常年遥遥领先之外，三年结束，全班只有三名同学没有在地市以上报刊发表过文章。第三，这也是最令我们感奋的一个实例。长阳县资梧坪中学，是全县最为偏僻的一所中学，师生要到邮局取一张汇单，需要两天的往返，但就是这样一所学校，他们放开手脚，大力开展“课内外衔接语文教学法”的实验，三年间，师生共发表文章204篇，获全国作文大赛奖84人次，并在1997年超过全县所有城乡中学，一举夺得了中考第一的好成绩。

常言道：一分耕耘，一分收获。现在，全宜昌市的中学语文教师正以巨大的热情投身于这项实验工作，他们已经初步尝到了甜头。他们迫切地希望得到专家的指点和社会的承认，迫切地希望在实践上进一步完善，在理论上进一步提高。因此，我代表余蕾老师，代表宜昌市全体语文教育工作者，诚挚地请求您能够在万忙之中摘要看一看我们的材料，并希望您能在三峡大坝合龙之际亲临宜昌，给我们以具体的指导。我们宜都市虽然只是宜昌辖内的一个县级市，但街道整洁，环境优雅，业已跨入全国文明卫生城市行列；长阳县更是巴人的发祥地，800里清江碧波如镜，风土人情，别具一格。这是全宜昌市最早开展以上实验的两个地方，届时也希望您老能够不避劳顿，来掬一捧清泉。

祝您及家人身体健康！

湖北省宜都市教研室　李祖贵

1997年7月18日

展开双翼才能腾飞*

——宜昌市课内外衔接语文能力训练的状况和思考

去年春天，我看到关于宜昌课内外衔接语文能力训练的一些材料，有柳暗花明之感，很想来一次走马观花。今年春天如愿以偿。在宜昌市各级领导的热情支持和安排下，调查研究非常顺利。12 天，走访了 10 所学校：宜昌市六中、三中、枝城红花套中学、陆城二中、枝城中学、长阳救师口中学、三渔冲中学、秭归茅坪中学、实验中学、香溪中学。听了不同类型的 10 节课，参加了教研员、教师、学生的座谈会，看了学生的阅读摘抄本、日记、调查报告、文学社刊、文化长廊、展览橱窗和文艺表演。

这是一次十分有意义的学习。人民教育出版社编的九年义务教育初中语文教材是以语文教学联系生活为指导思想的。在试用过程中，宜昌余蕾同志倡导课内外衔接语文能力训练的实验，发挥了巨大的创造性。这个实验，迈出了语文教学深化改革重要的一步，初步形成学生乐学、教师乐教、负担减轻、效率提高的新局面；使之进一步完善，一定会成为克服“少慢差费”的一个重要突破口，成为语文教学领域内实施素质教育的一项影响全局的举措，前途是光辉灿烂的。杜甫有诗道：“我发喜欲变，白间生黑丝。”我 72 岁了，调查的中间获得“蓦然回首”的欣喜，就变成三四十岁了，打了对折。

---

* 原载《课程·教材·教法》1998 年第 7 期。

20年辛苦不寻常

目前，在一些报刊上开展了关于语文教学的讨论，不少意见是重要的，中肯的，也出现了极少数噪音，有些老师感到困惑。所以，我先讲讲成绩。20年来，由于全国广大语文教育工作者的辛勤劳动，语文教育的改革和建设取得了令人瞩目的优异成绩。可以举出以下几件事。

一是制订了新的教学大纲。粉碎“四人帮”后制定的新的大纲，恢复了语文课的工具性，起到了拨乱反正的作用。工具性的提出，规定了语文教学的性质，给了语文教学以正确的导向。这个大纲以后又经过几次修改。现在，九年义教新大纲已在使用，高中的新大纲也已编定。这是一件很大的事情。

二是编写了新的教材。过去是一纲一本，近些年，国家教委成立了中小学教科书审查委员会。各地编的教材，经过审查委员会审查通过在全国试用。语文已有八套半教材在试用，实现了在统一要求下教科书的多样性，创出了适合中国国情的新局面。八套半教材我都参加了审查，我认为这些教材各具特色，体现了当前我国语文教学的水平。这又是一件很大的事情。

三是从全国到各地，成立了许多语文教学研究的群众性组织，出版了许多语文教学报刊，研究有组织，发表有阵地，大大改善了教学研究的条件。

四是教学研究十分活跃，全国性和各地的活动纷纷举行。这段时间教学研究的特点有二：（一）贯彻了双百方针，各种流派的意见得到充分发表。（二）实行开放。既总结自己的传统经验，又吸收国外的先进教育思想和语文教育经验。研究成果丰富多彩，出版了许多专著。

五是许多地方进行了语文教学改革的实验，涌现了若干位著名的语义教师、语文教育专家。我主编的一本《全国著名特级教师教学思想录（中学语文卷）》，收入了13位特级教师的文章；13家各有特色，都达到较高的水平。还提倡全国语文教师学习和运用“三老”的语文教学思想。教学研究的蓬勃发展，不仅是新中国成立以来所没有的，在全世界华语地区里也是居于前列的。

效果如何呢？归根到底要看教学效果，这里举出三本书：

第一本书。1979年在吕叔湘先生指导下，人民教育出版社中语室同志到全国许多地方调查研究，写出了若干份调查报告，结集成一本书《现状与设想》。书中反映的初中学生语文水平是很差的，因为刚刚粉碎“四人帮”，还看不出语文教学明显的成绩。

第二本书。华东师大1987年对全国初中三年级语文教学进行较大规模的、系统的调查研究，科研报告结集为《调查与分析》。这本书反映出，与八年前那次调查相比，初中学生运用语文的能力已有“很大进步”。

第三本书。《语文能力测试与比较》，成书于1995年。香港的施仲谋先生，将大陆、台湾、香港、澳门四个地区初中学生的语文水平进行了比较，得出的结论是大陆最好，台湾与大陆相差不多。调查是认真的，方法是先进的。

20年辛苦不寻常，这些成绩的取得，来之不易，值得倍加珍惜。个别人说我们“误尽苍生”“祸国殃民”，以上事实，足以驳倒这种不负责任的谬论。对这种以偏概全、无限上纲的大字报式的语言，我们坚决予以反驳，不能接受。

错综复杂的问题

当然，语文教学仍存在不少问题，有些问题令人担忧。但这是前进中的问题，是支流，不是主流；而且跟语文教学的复杂性有关。叶圣陶先生曾说，国文教学的问题“60年来没有什么改变”，可见是很复杂的。再加上受到应试教育的干扰，有的问题发展到很严重的程度。问题不少，集中到一点，就是20年前吕叔湘先生指出的语文教学“少慢差费”的问题，至今没有完全解决。

当前语文教学的问题表现在哪些方面呢？第一，脱离学生的思想和生活，把语文课变成了纯技术的训练。第二，教学程式化、刻板化，枯燥乏味。第三，题海战术，学生苦不堪言。结果是，学生对学习语文失掉兴趣，负担沉重，教学效率低下，往往导致高分低能。

应该指出，如此严重的问题在很大程度上是受到应试教育的干扰。如题海战术，回答问题的作业与提高语文能力很少关系，费九牛二虎之力得到的不过是除应试外百无一用的“敲门砖”。特别是不允许学生独立思考，要求死背固定语句的答案，一个标点也不能有差。那语句大多抄自供教师备课的参考书。这种做法有百害而无一利，为什么知其有害而为之？为了应试。应该指出，教师这样做，是违心的，不得已而为之的。可是应试的干扰不是源自教学本身，虽为害甚巨，但为了明白清楚地说明教学本身的问题，却不得不把它分离出去，抛开这难啃的酸果，留待另作论述。

撇开应试因素不谈，专谈语文教学本身。20 年来，为了克服少慢差费，我们做了不懈的努力。举其大者，如为了减少语文教学的模糊性，把应取得的效益落到实处，许多同志研究并制定了明确具体的教学要求，对于应授予的知识做了合理的规定，对于能力的训练做了合理的分解并安排了便于教学的序列。再如努力研究并发展课堂教学的艺术，“向 45 分钟要效益”，一些著名教师的课堂教学形成多种风格，达到很高的水平，收到很好的效果。所有这些努力都是十分宝贵的，都在不同程度上抵消着应试的干扰，提高了教学质量。但也有些同志从另一个角度考虑：我们付出了这么大的努力，少慢差费的问题为什么还不能有效地消除？是不是不仅争效益于课内，还要争效益于课外？这个考虑，简直可以比作发现了语文教学的“新大陆”。不仅如此设想，也作了相应的改革实验。如上海搞的第二课堂，搞得有声有色。张孝纯老师提出的大语文教育是富有远见的。他把语文教学分成三个层次，第一层次是课堂，第二层次是校园和家庭，第三层次是社会，跟宜昌是英雄所见略同。可惜张先生辞世了，他所在的邢台八中仍在继续实验。但像宜昌这样坚持实验达五年之久，实验面遍及城乡，是我所仅见的。特别是老少边穷库（长阳、秭归等）地区也搞实验，搞得很好，就更有意义。语文改革大都在条件较好的地方进行。山区，贫困地区，少数民族地区搞实验，说明这项实验适合中国的国情，取得的经验更便于广泛地采用。

我一向认为，语文教学一旦与生活相联系，必将面目一新。宜昌搞的课内外衔接实验，本质就是语文教学同生活相联系。语文教学要联系生活，只靠课内是不行的，还必须把脚伸到课外去。宜昌的实验使我的论断得到证实。

展开双翼才能腾飞

在宜昌半个月，看到的是一片兴旺的景象，只就我看到的谈一点观感。

首先谈谈课堂教学。目前，程式化、刻板化困扰着许多地方的课堂教学。解词、分段、概括段意和中心思想，这些仅仅为着理清文章思路，只宜结合少数课文进行的训练，却变成讲解大多数课文的程式。宜昌实验班的课堂教学可以说开始走出这个误区。这里讲读课文，施行培养读写能力与课外相衔接，与生活相结合。我见到的，有三种方式：1. 内引。把学生已有的生活经验引进到阅读中来；2. 外联。把学得的成果延伸到生活中去；3. 通过与生活的对比，使学生加深对课文的理解。

先说内引。六中黎胜老师讲的《月迹》，就是个很好的例子，她开头要学生谈谈看月亮的经验，有的说在海南看月亮，有的说有一次看到红色的月亮，由此引入课文，让学生联系切身经验理解课文对月亮的描写，理解词语运用的妙处。最后，还运用了外联，要学生说一说、写一写生活中印象最深的事。

再说外联。以三中郭峰老师讲《从宜宾到重庆》（录像）为例。他讲解课文之后，要学生补写关于宜昌的解说词。宜昌也是江滨城市，又是学生的家乡，可谓妙于取材。胡兆芬老师讲《观察》，引导学生观察和描写自己的校园。救师口中学陈五岳老师讲《小麻雀》，讲课文之后，给每张课桌上发个玻璃罐子，罐子里盛着小螃蟹，要学生观察描写。生长在江边的学生非常熟悉小螃蟹，写起来很有兴致。

再说说对比。以六中向华莉老师讲《陌上桑》为例。这一课的训练重点是侧面描写。讲课文之后，她发给学生一篇写现代少女（种果树能手）的短文《新媳妇》与课文对比。这篇短文也是采用侧面描写的手法（主人公未出场）。把这篇古代的名著拉近学生的身边。

阅读教学与生活相联系，与课外衔接，目的在于引导学生运用自己的生活经验更好地理解课文，体会词语的运用，并且运用学习所得写自己的生活。这样做，不仅可以引发学生的兴趣，而且能学到运用语文的真正本领。自然，并非要求讲每篇课文都必须联系。与课外的衔接，要自然，要扣紧语文训练，要讲求实效。

还有些课我也很感兴趣，如红花套中学来玉老师上的广告课，适应市场经济发展的需要，很精彩。既要学生欣赏好的广告，又要学生改正广告中的错别字，然后指导学生给本地的商品创作广告。孩子们为花城水泥写的广告“花城水泥，顶天立地”，写得很不错，要盖楼房，它不顶天立地吗?！这既是语文训练，又跟生活密切结合，又训练了学生的实际本领。不妨真正参加企业的广告招标活动，如果孩子们创作的广告被采用，那是不小的鼓励。还有六中常红燕老师的《图书馆》课（录像），也很精彩。教会学生使用图书馆，就是给他请了一位终生跟在身边的博学的老师，是十分重要的。

课内仍是教学的主要阵地。如何与课外衔接，与生活联系，如何使一篇精选的课文发挥最大的教育作用，如何使教学更加生动、精要、有效，是个长期探讨的问题。它必须吸收已有的许多成功的教学经验，又必须加以改革，使之能完美地体现实验的指导思想。

再谈谈课外活动。这里的课外活动百花齐放，丰富多彩，“乱花渐欲迷人眼”，令人目不暇接。约言之，有四个方面是至关重要的，可以称作“四大支柱”。

一、阅读课。阅读课的开展，这里已十分普遍，并能持之以恒。一般是每周分出一课时上阅读课。有的学校还提倡学生利用课余时间读书。我参观了几堂阅读课，学生一排排坐在阅览室里，自由地读书。学生的摘抄本很多很多，看也看不过来，有摘抄的话也有自己的话。字迹工整，还有插图，大多是彩色的。有个摘抄本，页面上画满了大大小小飞舞的蝴蝶，在蝴蝶的缝隙里写字，美极了。我们提倡多读，每本课本二十几篇文章，加上课外读本，也只有四五十篇文章，多乎哉？不多也。开阅读课，学生的阅读量大大增加。有个统计数字，许多学生每学年阅读多达一百五十多万字，而且边读边动笔，写的量也大大增加，读写都得到较充分的训练，效益是不言而喻的。

二、收视课。这是我从未见过的一门新课。长阳，是“老少边穷库”区，但教室里配有电视机，并且相当普遍。这是要花一大笔钱的，说明当地党政、教育领导很有远见，做了一件很有意义的事情。不但长阳有，其他县镇也有。到这里才知道，山区最需要这门课，也最能上好这门课。一些山区只能看到七八天前的《人民日报》，国家和世界发生的大事不能及时得知，这样闭塞，怎么谈得到素质教育呢？有了电视，当天就能知道国家和世界的大事，海湾战争是怎样的，香港回归是怎样的，他们都及时看到了，虽在长阳的高山之上，已经不仅是长阳的人，不仅是宜昌的人，也不仅是中国的人，而是世界的人。这该多好！我和山里的学生谈话，他们知识面广，举止大方，完全不像穷乡僻壤的孩子，这是一。其二，语文教学不仅联系了本地的生活，而且联系了大千世界的生活。首先，结合形象欣赏受到听的训练。电视播音员说的是标准的普通话，是好老师。其次，许多学校组织低年级学生写收视笔记，高年级开展评论和辩论，发表意见，如搞"焦点再谈"等，又进行了写和说的训练。学生常看的节目有《新闻联播》《焦点访谈》《科技博览》《第二起跑线》等。几个大的电视剧《三国演义》《水浒传》等也都看。如《水浒传》看了以后，有的学生记下了故事情节，有的写了评论。对宋江很不满意，太窝囊了，看得憋气。孩子们的分析能力不可低估。这是语文课很有活力的一个新阵地。电视台曾报道，北京大学学生寝室里配了电视机，是件了不起的事。据我看，贫困山区的每个教室配了电视机更是了不起。

三、社团活动。这里各校文学社的活动相当普遍，生气勃勃。在社团的名义下搞了多种活动：阅读、写作、办报、办广播，参与社会活动等。把举办活动的主动权交给学生，教师只给予指导，可以培养学生从事社会活动的能力。社团活动显出巨大的生命力。当阳的语文教研员说，当阳把抓社团活动当作课内外衔接的纽带，主要开展阅读、写作和其他活动。那里的学生写作水平大大提高，学生作文在多次考试中名列前茅。华东师大调查时很看重他们学校，将他们的情况写入报告。社团也是语文课的一个重要阵地，那效益不只在语文，还能培养人才。

四、社会调查。把课外活动延伸到社会上去，不是一件简单的事，牵涉到很多方面，所以活动不可能搞很多，看准机遇去搞。枝城中学杨邦俊老师组织学生搞社会调查，搜集民间故事、对联等，效果很好。还可以扩大些，写一个企业、一个商店的发展史。根据当地的情况搞一点社会调查，用文字表现出来，很有意义。

在课外的天地里，学生得到语文训练的机会很多很多，是课内所不能比的。生动活泼，给学生以“实战”的快乐，也是课内所不能比的。衔接是广义的。如宜昌所提，课内得法，课外练功；课内长骨，课外长肉，就是衔接。课外活动不要受课内过于严格的约束。但也要适当考虑，课外运用课内获得的知识和能力，同课堂教学相呼应。

搞这项衔接实验，要有一个必不可少的条件，就是考试改革，否则考试就会成为实验的绳索，绊手绊脚。宜昌的同志看准了这一点，大胆地改革考试：突出能力，着重运用，联系生活，取材课外。由于“指挥棒”指的对头，考试促进了实验。他们的经验值得参考。

我到这里来，总的感受是：1. 增进了兴趣，师生普遍反映乐教乐学；2. 学生的语文能力普遍有了长进；3. 减轻了负担，学生学得轻松愉快；4. 培养了学生作为现代文明公民的素质，这一项的收益是难估算的。有数字表明，试验学校的中考成绩总是名列前茅。六中常红燕老师实验班与普通班的对比调查显示，在语文成绩、兴趣和负担三个方面实验班都明显优于普通班。长阳土家族自治县的统计更饶有兴味。1994 至 1997 这四年间学生发表的和获奖的文章总共约有 350 多篇，教师发表的教研文章有 220 多篇，从中不难看出“衔接”收到的巨大效益。一位校长对我讲，他们学校学生最愿意学的，负担也最轻的是语文课。使我最受感动的是那些小记者，有的仅初中一年级，身高才及我的腰部。我一进校门就被小记者包围了。他们问我：“老师，可以采访您吗?”记者采访是不能拒绝的。他们问了一些相当重要的问题，有些问题我答不出，比如：“你看了宜昌的语文教学情况，你又了解北京的情况，你认为两地的情况有什么不同?”这个问题我没能答出来。他们态度大方，很有礼貌，谈吐得体，提问明确，说的是普通话。有的小记者肩上挂着照相机，抓拍照片。仅两三个小时，“采访快讯”和照片就一起刊出了。他们是文学社的，不是一两个尖子，而是十几个乃至几十个。小记者身上闪耀着教学改革的风采。

以上是我的观感，只是走马看花，可能挂一漏万。语文教学与生活相结合，课内外相衔接，迅速改变了教学的面貌，为什么呢？语言天然是与生活相联系的，它产生于生活，服务于生活。它作为一种工具，用来反映人们在生活中获得的知识、印象、思想、感情等。语文的实际运用，不能脱离生活，脱离了，就会黯然失色，“江郎才尽”。语文的学习，也不可脱离生活，脱离了，就会枯燥乏味，劳而寡效；只有与生活相联系，才能生动活泼，学得又快又好。语文有其自身的规律，语文的运用有种种方法。这些都要认真学习。学习这些主要在课内。课内也要联系生活，但毕竟以学习书本为主，而且受到课堂的制约，联系是有限的。要想学得好，还必须到课堂以外广阔的生活空间里去学习。一是课内，主要从书本里学习语文的规律和运用的方法，一是课外，带着课堂上学习所得到生活中去学习语文的实际运用，两者相辅相成，同样重要。只要课内不要课外，或者重视课内忽视课外，语文教学都是不完整的，都是跛脚的，不可能走得快走得远。特别是失掉课外这一头，就失掉语文教学与生活相联系的重要契机。长期以来，我们对课外有所忽视，一手硬一手软，不能不说是未能有效地消除少慢差费的一个重要原因。打个比方，课内和课外，是语文教学的双翼。只张开一翼，自然飞行无力，只有双翼并举，才能自由飞翔，才能如大鹏那样，“其翼若垂天之云”，“抟扶摇羊角而上者九万里”。宜昌的实验给我们提供了重要的启示，透露了令人鼓舞的消息。

宜昌的实验虽已搞了五年之久，应该说还只是开端，任重而道远。这项工程浩大，牵涉到语文教学的全局，很可能给语文教学带来巨大的变化，是不可能一蹴而就的。这个实验的成功看什么呢？学生乐学，教师乐教，轻负高效，提高素质。看这 16 个字做得怎样。要高标准，严要求，边实验，边总结，边巩固。稳扎稳打。眼光要放远一点，坚持改革不动摇，前面有万丈深渊也义无反顾，何况前面没有万丈深渊，倒有一条万里长江。

我相信，只要沿着这条已开辟的路走下去，使之不断完善，宜昌的实验必将对全国的语文教学产生很大的影响，成为语文教学深化改革的一个意义重大的举措。今天播下的种子会在下个世纪开花结果，使子孙受惠无穷。

1998 年 4 月

作文及其他

读诗答问

问：关于中学生要不要读诗，有不同的看法。一些同志认为，中学语文教学的任务在于培养学生一般的听、说、读、写的能力，因此，不要读诗。另一些同志认为，读诗不仅可以发展学生的语言，还可以发展他们的想象力和审美能力，因此，应该读一些。请说说你的看法。

答：我认为应该读一些。要中学生读诗，读的是诗，学的是语言，并非要培养他们成为诗人。诗是运用优美凝练的语言写成的，对于发展学生的语言是有好处的。孔夫子说："不学《诗》，无以言。"几千年前的教育家已经认识到学诗同发展语言的关系，《诗》也曾是一种必读的教科书。不过，在课内，仍然要以读散文为主，读少量的诗就可以了。在课外，可以多读一些。课外阅读，既要有教师引导，又要给学生以自由。不爱读诗的不要勉强去读，爱读诗的可以读，个别爱诗成癖的则可以大读特读。前边说语文教学不是培养诗人的，这里要补充几句。个别学生于诗有非凡的才能，应该得到帮助和鼓励。古今一些大诗人，往往小时候就崭露头角了。我们应该允许个别天才学生的不同寻常的发展。

问：目前有些学校在课外指导学生读旧体诗词，每学期多至四五十首，你认为这种做法怎么样？

答：我赞成做这样的试验。我看了一些材料，都说这样做学生很感兴趣，收到了很好的效果。既然收到好的效果，我们就没有理由反对它。但在继续试验中，我提出三点意见，供参考。一是要寻求一个恰当的数量，不要加重学生的负担。中学生，特别是初中生，大部分课外时间应该用于体育锻炼和文娱活动。前几天报上说，青少年的近视眼增多了。我是高度近视，深知此中之苦，希望我们下一代眼睛都亮晶晶的，足以于百步之外察秋毫之末。这是语文教师要十分注意的。

问：这一点，我想广大教师同你一样关切。你的第二点意见是什么呢？

答：我的第二点意见是，内容过深或感情过于隔膜、学生完全不能理解的，不要选。我国古代的大量诗歌遗产中，为儿童写的诗很少，大都是写给成年人看的，表现的大都是惜老怜贫、感逝伤别的愁苦之情。因此，给学生读的诗，有一个选择的问题，以浅显、清新、健康的为好。让学生读旧诗，固然不能要求他们都理解，却也不能像旧时私塾中读蒙书那样，完全不要求理解。如杜甫的《春夜喜雨》很好，《戏为六绝句》（“王杨卢骆当时体”）学生就很难理解。杜牧的《清明》很好；《秋夕》（“银烛秋光冷画屏”）曲折地表现孤独少女的情思，学生就很难理解。朱熹不是诗人，他的诗可以不选，但因为一种通俗的选本选了他的《观书有感》（“半亩方塘一鉴开”），现在也很有一些学校让学生读这首诗，其实这首诗至少是很难理解的。

问：选诗这件事不能完全由老师来做，你们出版界应该出一些供青少年阅读的诗词选本。你这第三点意见，一定要谈到读新诗的问题了，因为你是喜欢新诗的。

答：不对，我喜欢新诗也喜欢旧诗，我是“不薄新诗爱旧诗”，是并无偏爱的。但我主张学生读旧诗也读新诗，不要只读旧诗不读新诗。有人说，学生只喜欢旧诗不喜欢新诗，我看不见得。据文学杂志《鸭绿江》向352人调查的结果，喜欢读旧体诗词的只占百分之几，喜欢读新诗的是大多数。学生想来也不例外。有人说，新诗选不出好的来，不值得吟味，我看也不见得。这种看法可能受了某种影响。不能低估新诗的成绩。半个世纪以来，新诗的创作中是有许多优秀作品的，从中选出一部分供青少年阅读是不难的。语言是现代语，内容反映的是现代人的思想感情，选材的领域比旧诗宽得多。我手头有一本臧克家同志编选的《中国新诗选》（1919—1949），其中就有许多好诗，其他的选本中也有许多好诗。

1981年2月

源头活水待疏通

目前，许多家长反映小学生的负担过重。我有一点切身体验。我有个小外孙女，去年进了小学，经常做作业到夜里 10 点，星期天还有作业。最近有这么件事。一天晚上做完作业，眼看快 10 点了，妈妈催她睡觉。她叫嚷说：“不行，有道题还得抄 100 遍呢！因为这道题我没说清楚，老师说回家抄 100 遍就记住了。”孩子抄着抄着趴在那儿睡着了。妈妈劝她明天再接着抄，她说：“明天不交，就要抄 200 遍！”据说凡是回答不确切的、结结巴巴不熟练的都要抄 100 遍，考试不及格的也要把答错的地方抄 100 遍。这怎么得了！

老师这样做，是出于好心，严格要求也是对的。但是一定年龄的学生，他们的学习负荷量是有限度的，超过了负荷的限度，就会产生相反的效果。严重的，会搞垮身体，滞塞聪明，影响孩子一生的发展，是不可等闲视之的。那么，要学生掌握的东西很多，怎么办呢？要从改进教学方法上打主意，不能只是一味地“填”和“压”。

就拿“抄 100 遍”来说，加重学生负担即使略而不谈，效果究竟怎么样也值得考虑。从一位同志的文章中看到这样一个实例。学生总把“虐”字写错，老师就要学生写 20 遍交来，都写对了；可是过些日子，又写错了。这个字为什么总错呢？他不是又要学生写几十遍甚至百遍，却从自己的教学方法上找原因。他发现原因主要在于还没把“虐”字讲清楚。于是，他参考了许慎的《说文解字》，给学生讲“虐”字的上半部“虍”是“虎”的形象，下面的“⺕”是“爪”的形象，篆书在爪右边还有个“人”字，所谓“虐”就是虎用爪抓人的意思。做这样形象的解说，讲一遍，胜过抄百遍。算术我不懂，但我手头的一本《北京教育》上就刊载两位老师讲解包含除法应用题的教案，他们的共同点是抓住难点，用生动形象的比喻，反复举例后进行归纳。可见还是有很多办法可想的。

从儿童心理看，这种“抄 100 遍”的做法也是不能收到好的效果的。注意可分为无意注意和有意注意。无意注意，无目的，不需要意志努力。有意注意，有明确目的，要付出意志努力。小学低年级学生的特点是无意注意占主导地位；有意注意才开始发展，不能持久。新鲜生动的形象的东西容易引起小学生的注意。有经验的老师总是充分利用学生的无意注意，又不断发展他们的有意注意。如果忽略儿童的这个特点，让他们听单调的长时间的讲话，或者多次反复地做同一样式的练习，必然收不到好效果。请看这 100 遍抄写的情况吧：开始认真地抄，过 20 遍就坐不住了，站着抄，跪着抄，抄抄玩玩，数数抄抄，一心盼着快点熬出来。这样抄，不但事倍功半，而且孩子感到厌烦，受到压力。使刚踏进知识百花园中的孩子，却尝到了难以下咽的苦果，损伤了学习兴趣，后果是不堪设想的。

有个民间故事是这样说的。古时候有个人遇见了仙人吕洞宾。吕洞宾对他说：“我能点石成金，待我点成一块黄金给你吧。”那个人摇头表示不要。吕洞宾诧异地说：“你不要黄金要什么呢?”那个人说：“我要你点金的指头。”这个故事对于教育者是很有启发的。

我们的老师，不仅要给孩子们“黄金”，更重要的是给他们“点金的指头”。“问渠那得清如许？为有源头活水来。”疏通了源头的活水，不难汇成满地的绿波。

1981 年 2 月

“米”在哪里*

——作文杂谈

“巧妇难为无米之炊。”炊，一要米（材料），二要巧（技术），有了这两样才能做出好吃的饭来。写文章也是这样。一要内容，二要有技巧，解决了写什么和怎么写的问题，才能写出好文章来。

学生的作文也是这样吗？也是。作文是在教师指导下进行的一种书面语言的训练，跟一般写文章不完全一样，可这一点没有什么不同。学生拿起笔来，同样要解决写什么和怎么写的问题。

这里着重谈谈写什么——学生作文内容是从哪里来的。

常常听老师说：“学生作文内容贫乏。”常常听学生说：“作文无话可说。”怎样使学生作文的内容丰富起来，使他们有话可说呢？这里有一个帮助学生找“米”的问题。“米”是有的，而且很不少，只要帮助学生找到“米仓”，他们就不难自己去取。那就让我们来研究一下学生的“米仓”。

学生作文在内容方面的来源，大约有三个方面。

一是生活，青少年自己的生活。比起成人来，青少年的生活是贫乏一些，但他们有自己的一个天真烂漫的生活世界，其中可写的东西是很多的。学生从小学到中学许多年间，在家庭，在学校，在社会上已经历不少事情，同父母和老师，同兄弟姐妹和同学，同社会上许多人发生这样那样的联系，许多事曾引起他们惊奇或赞叹，高兴或欢乐，失望或生气，悲哀或哭泣，有

---

* 原载《扬州师院学报（社会科学版）》1981 年第 4 期。

时甚至开心得忘了自己或伤心得似乎失去一切。要引导学生善于从中拾取值得笔之于文的东西。一次比赛，一次游览，一次会面，一次分手，一次谈心，一次争辩，一个亲人，一个朋友，一个陌生人……只要对己印象深刻，对人会有补益的，都是作文的好材料。要使学生懂得，作文并不是另搞一套高深莫测的东西，并不是要堆砌许多华丽词语，而是用明白如话的语言，把自己熟悉的事情清楚地写出来，用来唤起别人的共鸣。怎么想就怎么说，怎么说就怎么写，心口如一，口手如一，此外是一点奥妙也没有的。然而，要学会从自己的生活中选取有意义的材料，是不容易的。要引导学生逐步学会观察生活和体验生活。切忌让孩子说大人话，写他们不理解、不熟悉的东西，那样，学生自然会感到无话可说，勉强说，也只能说套话，空话，假话。

二是资料，这也是一个来源。资料所反映的是他人或前人的生活或研究所得。事实上，学生毕业后，不论升学还是就业，除了从事文学工作以外，写生活的机会是很少的，倒是根据资料写东西的机会比较多。在校的作文训练也应该重视凭资料作文的训练，越是高年级越应该这样。可是现在，大家对于这方面的训练注意较少。

什么是凭资料作文呢？比如，给一篇文章，要求写读书笔记；给一些书面材料或指导学生在调查中取得材料，要求写通讯报道或评论；给一些介绍材料，要求写某些科学性的说明；给一些历史资料，要求叙述或评价某个历史事件；给一些文言资料，要求改写或翻译。类似的还有很多。凭资料作文，要求学生能够敏锐地抓住资料的要点，善于从比较、分析中提出问题和解决问题，并且选择出有用的材料。这实际上牵涉到读的能力。有的同志主张读写结合，凭资料作文，既训练读，也训练写，读和写的训练真是紧密地结合在一起了。

三是幻想。幻想是以生活和资料为基础的，但幻想有其自己的特点，它是虚构的东西。作文，要求学生写实实在在的人和事、实实在在的思想感情呢，还是允许学生虚构呢？有不同的看法。我认为，两者都允许，但应以前者为主。不能笼统地说一律不能虚构，也不能笼统地说一律可以虚构，要紧的是教育学生把两者严格地区别开来。有一类作文是不允许虚构的，比如写自己的生活，写自己的家庭或学校，写好人好事，写新闻消息等。这一类，事实怎么样就只能怎么说。另一类作文则是允许虚构的，比如写故事、童话、寓言、科幻小说等，这一类文学性的东西，显然是可以展开想象的。这一类作文也可以搞一点。

搞一点写幻想的作文有什么好处呢？青少年的思想正处于生长和发展时期。发展他们的思想，有两个方面：一个是进行逻辑的思维训练，使他们的思想清晰、严密；一个是进行想象的训练，使他们的思想生动活泼。青少年是富于幻想的，正好因势利导，引导他们张开幻想的翅膀，金鱼变姑娘，小狗能讲话，孩子能高飞，这样海阔天空地翱翔一番。这对于提高他们的写作能力是有很大好处的，对于他们今后从事文学和科学的研究也是有很大好处的。

认识到学生作文的内容有这样三个来源，还拿“米”来比喻，就是有这三个“米仓”，我们就可以引导学生到这三个“米仓”里去找“米”，学生作文感到无话可说的问题是可以逐步解决的。目前，有的老师指导学生写观察日记，有的老师指导学生写读后感，有的老师指导学生看图画、看电影作文，帮助学生找“米”，正在不断积累可贵的经验。从这三个方面，还可以更广泛地开源，多想些办法。

1981 年 10 月

要注意合乎事理

在作文评改中，除了在作文的立意遣词布局谋篇几个方面要加以指点外，对于是否合乎事理也要加以指点。学生的作文往往有不合乎事理的地方，这是由学生的知识和经验不够丰富，对客观事物的观察不够准确造成的。加以指点，可以促进他们寻求知识的兴趣，提高他们的观察能力。

举一篇作文《一幅诗画》为例。

这篇作文，写景生动，文字优美，是一篇佳作。它记叙的是一幅画面上的情景，画的是《枫桥夜泊》诗意。作文说，“诗画紧密结合”，可见这画完美地表现了诗意，没有同诗意相违背的地方。文呢，记叙的是画，自然也应该同诗“紧密结合”。但是仔细推敲，作文里所写却有一些地方不合乎诗意，还有一些地方不合乎日常的事理。

“夜空中一轮圆月高挂，发出了迷蒙清冷的光，南归的大雁在飞翔。”诗里写的是“月落”，这里写的是月亮在空中“高挂”，诗里写的是“乌啼”，这里写的是大雁南飞，两者不相符合。大雁在夜间飞翔是不常见的，因此中国画画夜景，一般不画飞雁。何况诗有乌无雁，画中却有雁无乌。似乎不会是这样的。

“远处芦苇丛中有一座石桥，桥身模糊，只可看得出大致的轮廓。桥下流水，在月光下闪着粼粼微光，秋风吹过，形成一片涟漪。”点明在“远处”，连石桥也只隐约可见，不可能看到远处的水的“涟漪”。中国画的画法是“远水无波，远人无目”。画远水，也不可能画波纹。

“江面上，一叶扁舟在漂荡；船上的灯火与渔家的灯火遥相呼应。船首有人在湖光夜色中安然入睡，但他却正望着渔家的灯火，心中充满乡愁，在愁闷中不能睡去。”诗写的是“夜泊”，这里说一叶扁舟在江面上“飘荡”，两者不相符合。船上的人“安然入睡”，却又“正在望着渔家的灯火”，“在愁闷中不能睡去”，两种相反的情态是不能同时并存的。同时，桥已在“远处”，船则浮在“江面上”，想来比桥更远。船上人的情态是难以画出来，自然也是难以看清楚的。

“忽然间，一阵悠远的钟声从古寺中响起，声音在夜中回荡、回荡。这阵钟声打破了画面的沉寂，冲破黑暗，飞向远方，似乎在报告有客船到港的消息。”画是不会有声音的。画家如何以无声的笔墨表现夜半的钟声，作文没有告诉读者，却直接写听到了钟声，让人难以理解。如果是写想象，应该说明是写想象，加上“好像”“仿佛”一类的词就好了。最后一句，仍然讲客船尚未到港，同诗不相符合。

凡此种种，出现在中学生的作文中，是不足为奇，也不能算作什么大的缺点的。但，教师在评改作文时如果给以指出，对于学生会有很大助益。这会使他们懂得，作文不仅要有好的中心思想和充实的内容，不仅要求语言文字的恰当运用，还有一个重要的方面，就是要合乎事理，合乎生活的逻辑。要写好作文，除了要下苦功学好语言之外，还要提高对事理、对生活的观察和理解能力。这后一方面十分重要，却是往往被忽略的。

1982 年 4 月

附：

一幅诗画

诗是写出来的“画”，画是绘出来的“诗”。中国画的画家们往往在画面上题诗写字，图文并茂，使图画和诗文相得益彰，诗情图意水乳交融。

我曾经见过为唐人张继的诗《枫桥夜泊》所作的画。把诗抄录于下：

月落乌啼霜满天，
江枫渔火对愁眠。

姑苏城外寒山寺，

夜半钟声到客船。

这是一幅中国画。夜空中一轮圆月高挂，发出了迷蒙清冷的光，南归的大雁在飞翔。已是深秋的季节，萧瑟的秋风中，江边的枫树落叶飒飒。远处芦苇丛中有一座石拱桥，桥身模糊，只可看得出大致的轮廓。桥下流水，在月光下闪现着粼粼微光，秋风吹过，形成一片涟漪。寒霜遍布。

江岸的山岗上，树丛中显露出几处渔家的村落，窗口射出了微弱而温暖的光，稍稍驱散了一点秋夜的寒气。江面上，一叶扁舟在漂荡；船上的灯火，与渔家的灯火遥相呼应。船首有人在湖光夜色中安然入睡，但他却正望着渔家的灯火，心中充满乡愁，在愁闷中不能睡去。清凉的月，萧瑟的风，飘零的叶，更现出一片凄凉。此情此景，用文字是写不尽的。

画的右下角是一座古寺——寒山寺，寺院的门紧关着。整个寺院建在一座山上，周围簇拥着墨绿色的松柏。风一吹过，好像可听得松涛阵阵作响。青山绿树萧寺清风，一切景物都处在深深的静寂中。

忽然间，一阵悠远的钟声从古寺中响起，声音在夜空中回荡、回荡。这阵钟声打破了画面的沉寂，冲破黑暗，飞向远方，似乎在报告有客船到港的消息。

这幅画，诗画紧密结合，互相补充，诗情画意，给人以很高的美的享受。

作文问答*

几位朋友来到我家聊天儿。晴日当窗，盆栽凝绿，谈兴很高。大家对《语文学习》上关于作文命题的讨论很感兴趣，你一言我一语地议论起来。一位朋友对我说："请你把今天所谈整理成文，参加讨论，岂不是一件美事!"我说："怕是没有把握。咱们的议论，有的意见很不成熟，有的方面没有谈到，凑不成一篇系统的文字。"这位朋友说："怕什么？又不是要你做结论，不过是表示咱们的一隅之见，有不妥当的地方，大家自会分辨。况且可以采用问答体，便于藏拙。以问答为文，中外都是古已有之的，并非我们标新立异。"我笑一笑说："那么，试试看吧!"

问：中学语文教学要培养学生怎样的写作能力？

答：这一问，问得好。培养写作能力，确是要进一步探讨。原来，写作能力也有种种不同。叶圣陶同志说："作文就是用笔来说话，要说实在的话，说自己的话，不要说假话，说空话，说套话。"这些金玉良言，应该成为语文教学的座右铭。我们要求于学生的，应该就是这样的写作能力，而不是别样的写作能力。"用笔来说话"，说的是口和手要一致，怎么说就怎么写。写出来的文字要明白如话，读起来上口，听起来悦耳。"要说实在的话，说自己的话"，说的是作文的内容要实实在在，如实地反映客观事实；要真真切切，恰当地抒写自己的真情实感。"不要说假话，说空话，说套话"，又从反面指出作文的内容要力戒这些毛病。这里讲的是语言形式和思想内容两个方面。作文是形式和内容的统一，作文指导要兼顾形式和内容两个方面。文章

---

* 原载《语文学习》1983 年第 4 期。

是有法的，写作教学也要遵循一定的教学法则，教给学生一定的文章做法。但是安排这方面的教学内容和教学活动，必须时时想到要有利于培养如叶老所说的那样的写作能力。

为什么要培养那样的写作能力呢？因为学生将来在生活、学习和工作中需要。

问：好，先来个溯本求源。人们在生活、学习和工作中的实际写作情况是怎样的呢？

答：实际的写作，约言之，有以下几点：一、为解决一定的问题而写作。作者自己或者工作单位，为了解决某个问题，或介绍知识，或交流经验，或传达指示，或处理事条，或宣传教育，或批评表扬，认为有必要采取书面的方式讲话，就动笔写作。二、为写作积累资料。确定写作目的时，作者已经掌握了一定的资料，但这时掌握的资料往往感到不足，需要进一步搜集和积累资料（阅读书面材料，体验生活，调查研究等），以便在动笔之前，对问题进行正确的分析，得出恰当的看法。三、写成初稿，在内容和语言两方面认真推敲，反复修改，有时还要征求意见，直到满意为止。实际写作的情况有种种不同，比如搞文学创作和写实用的文字就很不一样。写实用的文字也有种种不同，比如写一篇学术论文和写一篇工作总结也很不相同。上述三点只是一个大体的概括。在实际写作中，不管辞藻如何华丽，文理如何通顺，说假话、空话、套话是被人厌恶的，是很有害的。

问：那么，在学校里作文的情况又是怎样的呢？

答：也可以大体上说三点。一、为提高写作能力而写作。作文，往往也要解决一定的问题，但这类问题一般是模拟性的，不是实际需要解决的，写出来一般也不发表，不必让它发挥实际的作用。作文是一种语文训练，目的在于提高学生的写作能力，它的安排是由语文训练的需要规定的。二、运用有限的知识和资料。作文，或者由教师命题或者由学生自己命题，学生对于所写的题目往往缺乏充分的准备，有时甚至没有准备，而作文时间有限，又往往不允许学生去较多地搜集有关资料，学生也缺乏搜集的能力，所以学生动笔时，只能运用已知的有限的知识和资料。三、起草后，只有不多的推敲和修改的时间。修改，往往由教师来做。

一个是实用，一个是训练，两者不相同。但是既要看到它们的区别，又要看到它们的联系。

问：那么，应该怎样正确处理两者之间的关系呢？

答：作文是课堂上的写作训练，有它的特点，要求作文同实际写作一模一样是忽略了课堂教学的特点，是办不到的。但是，训练的目的是为了将来能够实用，训练和实用又要尽可能取得一致。过分强调课堂教学的特殊性，不考虑和实用尽可能取得一致，也收不到好的效果。

问：那么，作文的命题和指导，要注意些什么呢？就请你具体地谈一谈。

答：好。具体地说，要注意以下几点。

一、指导学生写作，要引导学生注意取材于自己生活和学习的实际。实际的写作都是同生活、学习和工作密切结合的，脱离了，就会言之无物。在学校里作文，也要力求言之有物，不能只管语言文字通不通，不管说了些什么。其实，学生虽然年纪轻，生活内容不算丰富，可以写的却还不少。学生的家庭生活、学校生活和社会生活，很有一些可以取材的东西。除取材于生活中的直接体验，还有一个广阔的天地，那就是取材于书面资料，取材于间接的知识，通过阅读一定的读物，加以分析研究，从中引出自己的见解，笔之于文。联系实际的问题，关系到写什么的问题，不论由教师命题，还是由教师指定作文范围让学生自己命题，都应该注意。

二、指导学生写作，要培养学生正确的写作态度。实际的写作，除了写某些文学作品，允许在真人真事的基础上进行艺术的概括，人物和故事可以虚构以外（有些文学作品也是不允许虚构或者全部虚构的），其他非文学性的文字，都要求如实地反映真人真事真思想真感情，丝毫不能虚构，虚构了就是说假话，就会引起不良的后果，有时还要闹出乱子来。作文也应是这样，写非文学性的作文，一定要求学生说真话，不允许虚构，虚构了也是说假话。有的同志认为，对学生的作文，只看文字写得好坏就够了，至于内容是真的还是编的，无关紧要。不对，不对。如果允许学生任何作文都可以虚构，那么从小就给他们养成一种非常不正确的写作态度，认为作文无须准确地反映客观实际，只求文辞漂亮就行了，这是非常有害的。

三、写作指导要注意活跃学生的思想，发展他们的智力。实际的习作，不管写什么，都要求作者思想活跃，有入微的观察力和敏锐的分析力，文思活泼流畅，时有神来之笔。思想迟滞，思路狭窄，动起笔来只是照固有的格式填写，是写不出好文章来的。作文，要求学生说自己的话，不说套话，要以思想活跃为前提。作文的过程，应该是使学生的思想越来越活跃的过程。思想活跃起来，作文才能写得好；作文写好了，又进一步促使思想的活跃。作文，教师是应该给予适当的指导的。有些同志谈作文要有一定的程式，照我的理解，这程式包括两个方面：一方面指一定的训练序列，一方面指一定的文章做法。作文既然是一种教学活动，这些都是需要的。但考虑和安排程式要有利于活跃学生的思想，给学生留有驰骋思想的余地，不要限制过多过死，以免闭塞学生的思路。简言之，要把写作方法教活。这个“活”字十分重要。

四、写作指导要培养学生良好的写作习惯。实际的写作，作者总是要反复推敲修改，一丝不苟。可是作文，学生写完交卷就了事，批改由老师来做。有些作文，似乎应该在教师指导下，由学生自己修改。这个问题就不多说了。

问：你说了半天，都是泛论。对于大家讨论的那个作文题和指导方法，你到底有什么看法呢？不要忘了，人家是一个考试题目，对于出考试的作文题，你有什么看法呢？

答：我认为，在我上面的一番话里已经表明了对大家讨论的那个作文题和指导方法的看法，用不着赘述了。考试出作文题，对写作教学有引导作用，一方面要考虑便于评分，另一方面也要体现上述的精神。

1983 年 4 月

生活和资料

在作文指导中，不仅要注意学生怎么写的问题，还要注意学生写什么的问题。形式和内容这两方面，老师都要给以指导。

要是内容是空洞贫乏的，虽然有时候也能勉强说出一些话来，那也只能说一些空话，说一些假话，说一些套话，这是很不足取的。学生面临作文，往往感到无话可说，这是因为他们找不到或者是还没有能力找到适合的内容。可以写的东西，可能就在他们身边，他们不知道怎么去寻找，所以语文老师要指导学生做一点开源的工作，指导学生去寻找、去捕捉写作材料，给他们一些方法。我们说“为有源头活水来”，那么学生作文的源头活水在什么地方呢？一个来于学生生活，就是直接的知识；再一个来于资料，这是间接的知识。有的同志说，学生的生活是贫乏的，好像没有多少东西可写。其实呢，仔细分析一下，也不一定是这个样子。学生自有学生的生活，青少年自有青少年的生活天地。我们假如引导学生去走进他们自己的天地，在他们自己的天地中，寻找写作文的原料，那么，这个天地可以说也是相当广阔的。我曾经看了一些学生的作文，其中很大一部分是写学生自己的生活的，有的写得很成功。有的回忆童年时在农村的生活，跟小朋友怎样一起做游戏，怎样去捕鱼；有的回忆他的过去的老师或者同学，或者家庭成员，也写得栩栩如生。所以孩子们的生活并不是那么贫乏的。问题在哪里呢？问题在学生还没有认识到，这些就是可以写进作文的，总以为作文应该另搞一套高深的东西，搞一套莫名其妙的东西。身边的东西，生活中的东西，好像是不值得写入作文的。我们要引导学生把他的作文跟自己的生活结合起来。谈到学生写自己的生活，有的同志就认为，是不是让学生写一些没有什么意义的身边琐事呢？也不是。学生生活中有意义的东西还是很多的，我们首先还得引导学生写他生活中有意义的东西、健康的东西。要指导学生学会从生活中选取材料的方法。比如有的同志培养学生观察生活的能力，指导学生写观察日记，这些做法是很有效的。总之，开源的工作，其中一个重要的方面，就是要帮助学生从自己的生活中去寻找写作的原料，从他们自己直接的经验中去寻找写作的原料。

再一个方面就是资料，就是指导学生能够运用书面的材料。这方面，谈的同志不多，所以我想多说几句。学生到了中学阶段，具备了一定的阅读能力，他就已经有可能凭借阅读书面的材料来获得许多间接的知识、间接的经验，这些东西到他的手里，就变成他自己的东西了。一个人假如仅仅写自己直接的经验，直接获得的知识，总是有限的。他还有另外一个更广阔的天地，就是凭借书面材料，间接地去了解广大范围内的他人的或者前人的知识成果。这个范围可以说比他个人直接的经验要广泛得多了，真是上下数千年、纵横八万里啊！这也应该是学生写作材料的一个重要的来源。还可以说一下，就是学生将来走出校门以后，到实际工作中，写自己直接生活体验的文字机会比较少；而凭资料写东西，写作的机会倒是多的。凭自己的生活体验写东西，我们可以想一想，大体上是文学家的事情；或者说写别人的生活，是报纸杂志记者的事情，除此以外就不多了。但是，凭间接的材料、凭资料写东西可以说各种岗位都是需要的。写总结、报告、意见书，写各种产品的说明等，这都是凭资料来写的。所以这方面的用场倒是十分广泛的。它是值得我们重视的。

教会学生运用资料作文，要训练哪些项目呢？第一，要教给学生一些关于资料的常识，让他们初步知道，了解和研究某个问题，到哪里去找资料。记忆和运用资料，要讲究科学方法，没有这样的方法，往往阅读了很多的东西，到使用时忘记了，或者查不到，落得个熊瞎子掰棒子。我自己就是。手懒，很少做记录、笔记、卡片。有时候想运用一些材料，却记不清楚，只是模模糊糊地有个印象。这个材料出于哪本书，出于哪部书的哪一卷，都记不清楚了，这样的阅读事倍功半。所以我们要从中学阶段培养学生这方面的能力。比如，重要的资料要背诵，我们课堂教学里不是有背诵一项吗？叫学生记忆一些精彩的语句，精彩的片段，这样对他提高写作能力，是很有帮助的。这仅仅是背诵的一方面的意义，它还有一方面的意义，就是能够使学生积累一些资料，积累一些知识。再如做笔记，做卡片，是积累资料的很好的方法，把一些精彩的或者重要的东西，在卡片上抄录下来，注明出于什么书，多少卷多少页。这样长期积累下去就会很多，运用起来就很方便了。运用时资料的整理也是应该训练的，整理资料也不是一个很简单的事情。一大堆资料在那里，怎样选择，怎样分析，怎样去伪存真，从中得出正确的结论，这一些都是要训练的。

总之，生活和资料这两个方面，是学生作文材料的来源。我们既要引导学生注意观察生活，又要引导学生注意运用资料。观察生活这件事，许多同志比较注意了。运用资料这件事，还没有引起普遍的注意，希望引起注意。

1983 年

谈谈作文教学问题

中学语文教学要培养学生理解和运用祖国语言的能力，具体地说是听、说、读、写的能力。写在语言能力之中占有重要的地位。我想首先应该问一问，是培养什么样的写作能力？这个问题是十分重要的。叶老说过，作文就是用笔来说话，要说实在的话，说自己的话，不要说假话，说空话，说套话。这句话是叶老近几年讲的，他在早期也曾经讲过同样的话。他说：我们作文要写出诚实的自己的话。这句话见于叶老的《作文论》。可见叶老对在中学语文教学中要培养学生具有什么样的写作能力这个问题，早有明确的见解，而且多年来是一贯的。我认为这句话应该是我们写作教学的一个座右铭，这句话把学生应该具备的写作能力，给了一个明确的定义，区别于其他种类的写作能力。

“用笔来说话”，这句话说的就是口和手要一致，口头表达和笔头表达要一致，怎么说就怎么写，写出来的文字要明白如话，读起来要上口，听起来要入耳，这也是叶老的一贯主张，就是口耳一致，口耳跟写要一致，所以作文就是用笔来说话。要说实在的话，说自己的话，说的是作文的内容要实实在在，如实地反映客观的情况，要真真切切恰当地书写自己的真情实感，一句话，就是要言之有物，要有实实在在的物，不要说假话、空话、套话。这里对写作能力的要求是从两个方面来谈的，一方面是语言的形式，另一方面是思想内容，作文就是形式和内容的统一，作文指导应该兼顾形式和内容两个方面。作文当然是应该有法的，写作教学也应该遵循着一定的教学法，教给学生一定的文章作法。但是，安排这些方面的教学内容和教学活动，必须想到要有利于培养学生上述的写作能力，而不是其他的写作能力。

除了叶老提倡的这种写作能力以外，还有什么样的写作能力呢？比如，写起来不是用笔来说话，而是用笔来堆砌辞藻，搞另外一种书面语言，口跟手不一致。比如它的内容是空空洞洞的，或者不是说的真话，而是说的假话；或者不是说的自己的话，而是说大家常说的那种套话。这样，学生写出作文来也往往可以做到四平八稳，也往往可以做到挑不出多少语法方面的毛病来。但是这种作文，不是我们所要求的。简单地说，叶老所主张的这种写作能力，可以称之为生动活泼的写作能力；与此相反的一种写作能力，可以说是一种八股式的写作能力。我们要求于学生的，是前一种写作能力，而不是后一种写作能力。这是第一个问题。

第二个问题是从第一个问题生发而来的，叫作训练和实用。既然要培养学生具有生动活泼的写作能力，那么首先要考虑的一个问题，就是训练过程与实用过程。我们在学校里训练学生写作文，这是一个教学过程，也是一个写作训练的过程。人们在社会生活中需要用文字说明情况，表达思想，那是一个实用的过程。这两个过程有什么不同呢？简单地说，实用过程有以下几个特点：第一，实用的文字，在工作、学习、生活中，是为了解决一定的问题而写作的。作者自己或者工作单位，为了解决一定的问题，要介绍知识，或者交流经验，或者传达指示，或者处理事务，或者宣传教育，或者批评表扬，等等，认为做这些方面的工作，有必要采取书面的方式，来向更多的人讲话，这个时候就需要动笔来写作了。这是实用的过程的第一个特点。第二个特点，为写作而积累资料。确定了写作目的以后，作者（有时候是单位指定的一位同志来写，就是执笔者）已经具备了关于这方面的一定的知识，掌握了一定的资料。但是接受写作任务之后，还有必要进一步地搜集、整理一些资料，比如说阅读一些书面材料，体验生活，进行调查研究等。这样一边看材料一边酝酿，以便在动笔之前，对问题能够进行正确的了解和分析，能够得出恰当的结论。这是第二个特点。第三个特点，就是反复修改。作者写成初稿之后，往往要经过多次修改，或者自己进行修改，或者由别人帮助进行修改，直到把文章修改得满意了才算完。自然，实际应用的文字是多种多样的，因此实际写作的情况，也有许多不同。比如搞文学创作，和在工作岗位上写一篇实用的文字，就很不一样。写实用的文字，也有许多不同，比如写一篇学术论文和写一篇工作总结也很不相同。在实际写作里，不管辞藻怎么华丽，文理怎么通顺，如果是说假话，说空话，说套话，那是会使人很讨厌的，甚至是很有害的。

训练的过程，教学的过程，又是怎样的呢？这方面也可以大体上讲三个特点。第一个特点，学校里的作文，是为提高写作能力而写作，就是说作文的目的，不是为了使用而是为了训练。作文往往也要解决一定的问题，但这类问题可以说是模拟式的，不是实际需要解决的，写出来一般也不一定去发表，让它在实际中起作用。比如要学生给某人写一封信，这样一个题目，往往是模拟式的，是进行写信的训练。从教学上来看，作文的目的是为了训练。作文就是一种语文训练，目的就在于提高学生的写作能力，它的安排是由语文训练的需要来规定的，这一点跟实用的文字是有所不同的。第二个特点，学生写作文只能运用有限的知识和资料。作文，或者由教师命题，或者由学生自己命题，学生对于所写的题目，往往缺乏充分的准备，有时甚至很少准备。而作文的时间又很有限，不允许像在实际工作中间那样，写上几天，十几天甚至几十天。学生在下笔的时候，还没有掌握很充分的有关的资料，何况学生一般也缺乏搜集资料的能力。第三个特点，就是起草后不可能反复地修改。学生写一篇作文，写好了自己改它一两遍就不错了，然后誊清交给老师，修改的任务往往是由老师来做，也有时候要学生自己来做。总之，不可能反复修改，达到完善为止。这是训练的过程跟实用的过程区别的三个特点。这三个特点也说明了这两种过程是有很多不同的地方的。一个是实用的过程，一个是训练的过程，两者有很多差别。但是，我们不能够仅看到它的差别，还要看到它的联系。那么应该怎么样正确处理这两者之间的关系呢？一方面，训练的过程有它的特点，要求课堂作文跟实际写作完全一模一样，这是忽略了课堂教学的特点。但是另一方面，我们必须看到，我们训练的目的，是为了培养学生那种生动活泼的写作能力，是为了将来学生能够在实际的工作、学习跟生活中去运用。所以，训练跟实用，又要尽可能取得一致，过分强调课堂教学的特殊性，不考虑跟实用尽可能取得一致，这样也收不到好的效果。

下面谈第三个问题，生活和资料。作文教学要培养学生具有生动活泼的写作能力，那么在作文指导中，就不仅要注意学生怎么写的问题，还要注意学生写什么的问题。形式和内容这两方面，老师都要给以指导。作文要有内容，有内容就有话可说了。

要是内容是空洞贫乏的，虽然有时候也能勉强说出一些话来，那也只能说一些空话，说一些假话，说一些套话，这是很不足取的。学生面临着作文，往往感到无话可说，这是因为他们找不到或者是还没有能力找到适合的内容。可以写的东西，可能就在他们身边，他们不知道怎么去寻找，所以语文老师要指导学生做一点开源的工作，指导学生去寻找、去捕捉写作材料的一些方法。我们说“为有源头活水来”，那么学生作文的源头活水在什么地方呢？一个来源于学生生活，就是直接的知识；再一个来源于资料，这是间接的知识。有的同志说，学生的生活是贫乏的，好像没有多少东西可写。其实呢，仔细分析一下，也不一定是这个样子。学生自有学生的生活，青少年自有青少年的生活天地。我们假如引导学生去走进他们自己的天地，在他们自己的天地中，寻找写作文的原料，那么，这个天地可以说也是相当广阔的。我曾经看了一些学生的作文，其中很大一部分是写学生自己的生活的，有的写得很成功。有的回忆童年时在农村的生活，跟小朋友怎样一起作游戏，怎样去捕鱼；有的回忆他的过去的老师或者同学，或者家庭成员，也写得栩栩如生。所以孩子们的生活并不是那么贫乏的。问题在哪里呢？问题在学生还没有认识到，这些就是可以写进作文的，总以为作文应该另搞一套高深的东西，搞一套莫名其妙的东西。身边的东西，生活中的东西，好像是不值得写入作文的。我们要引导学生把他的作文跟自己的生活结合起来。谈到学生写自己的生活，有的同志就认为，是不是让学生写一些没有什么意义的身边琐事呢？也不是。学生生活中有意义的东西还是很多的，我们首先还得引导学生写他生活中有意义的东西、健康的东西。要指导学生学会从生活中选取材料的方法。比如有的同志培养学生观察生活的能力，指导学生写观察日记，这些做法是很有效的。总之，开源的工作，其中一个重要的方面，就是要帮助学生从自己的生活中去寻找写作的原料，从他们自己直接的经验中去寻找写作的原料。

再一个方面就是资料，就是指导学生能够运用书面的材料。这方面，谈的同志不多，所以我想多说几句。学生到了中学阶段，具备了一定的阅读能力，他就已经有可能凭借阅读书面的材料来获得许多间接的知识、间接的经验，这些东西到他的手里，就变成他自己的东西了。一个人假如仅仅写自己直接的经验，直接获得的知识，总是有限的。他还有另外一个更广阔的天地，就是凭借书面材料，间接地去了解广大范围内的他人的或者前人的知识成果。这个范围可以说比他个人直接的经验要广泛得多了，真是上下数千年、纵横八万里啊！这也应该是学生写作材料的一个重要的来源。还可以说一下，就是学生将来走出校门以后，到实际工作中，写自己直接生活体验的文字机会比较少；而凭资料写东西，写作的机会倒是多的。凭自己的生活体验写东西，我们可以想一想，大体上是文学家的事情；或者说写别人的生活，是报纸杂志记者的事情，除此以外就不多了。但是，凭间接的材料、凭资料写东西可以说各种岗位都是需要的。写总结、报告、意见书，写各种产品的说明，这都是凭资料来写的。所以这方面的用场倒是十分广泛的。它是值得我们重视的。

教会学生运用资料作文，要训练一些什么样的项目呢？第一，要教给学生一些关于资料的常识，让他们初步知道，要了解和研究某个问题，到哪里去找资料。记忆和运用资料，要讲究一些科学的方法，没有这样的方法，往往阅读了很多的东西，但是自己记忆的不多，又没有作适当的记录，查找也困难，所以阅读了半天，就是熊瞎子掰棒子。很多同志由于不讲究阅读的方法，吃了这样的苦头，我自己就是，东一本西一本，翻翻这个，翻翻那个，手也懒，作记录作笔记作卡片很少，所以就吃了一些亏。有时候自己要运用一些材料，认真地想一下，又想不清楚，只是模模糊糊地有个印象，这个材料出于哪本书，出于哪部书的哪一卷，都记不清楚了，这样的阅读就是事倍功半。所以我们要从中学阶段培养学生这方面的能力。比如，重要的资料要背诵，我们课堂教学里不是有背诵一项吗？叫学生记忆一些精彩的语句，精彩的片段，这样对他提高写作能力，是很有帮助的。这仅仅是背诵的一方面的意义，它还有一方面的意义，就是能够使学生积累一些资料，积累一些知识，比如做笔记，做卡片，就是积累资料的很好的方法，把一些自己认为精彩的或者重要的东西，在卡片上抄录下来，注明出于什么书，多少卷多少页。这样长期积累下去就会很多，我们掌握知识就很方便了。再比如，资料的整理，这也是应该训练的，整理资料也不是一个很简单的事情，一大堆资料在那里，怎样选择，怎样分析，怎样去伪存真，从中得出正确的结论，这一些都是要训练的。

总之，自己的生活和资料这两个方面，是学生作文材料的来源。我们既要引导学生注意观察生活，又要引导学生注意运用资料。观察生活这件事，许多同志比较注意了。运用资料这件事，还没有引起普遍地注意，希望同志们试一试。前面我讲过，运用资料作文是非常重要的一个方面，因为这也是跟实用的过程相结合的，在实际运用中，凭积累分析资料得出结论，在这个基础上写成文章，这种需要倒是比较广泛的。

下面讲第四个问题，知识和能力。很多同志有这么一个看法，认为语文教学应该以使学生获得语文知识为主；也有很多同志认为语文教学要以培养学生能力为主。那么知识和能力的关系是什么呢？我们说语文课有很强的工具性，要做到熟练地运用语言文字，并不是一件很容易的事情，必须经过像铁杵磨针那样的勤学苦练，必须多读多写。语文知识的作用，只能够在语文训练的过程中才能发挥出来。也就是说，只有跟语文训练结合起来，才能发挥作用。离开了语文训练，语文知识起的作用是极有限的。所以我的看法是要以训练为主，以知识为辅助的手段。古今中外许多有成就的作家、文学家，谈他们自己学习语文经验的文字是很多的，许多人都谈到重视训练、强调训练的话，比如“读书破万卷，下笔如有神”“旧书不厌百回读”“勤读书而多为之”等，总之都强调多读多写。对于前人这个经验，我们应该采取什么态度呢？我们能不能说它是不科学的呢？能不能全盘否定呢？我看不可以这样。运用这种方法，既然造就出了许多语言大师，这就足以证明它是行之有效的，它是包含着科学道理的，它是我们研究语文教学规律的一个宝贵的借鉴，我们不应该全盘否定它，而应该继承它。那么能不能全盘肯定呢？这样也不可以。古今变化很大，人们的物质条件和精神条件也变化了。古人认为完善的东西，今天看来往往不那么完善了；古人达到的境地，今天看来还大有向前开拓的可能和必要。许多事情都是这样，语文的教学也是这样。我们继承多读多写这种方法，绝不是要照搬古人，而是吸取它的合理的精神，至于读跟写的方法，则应该吸取现代的理论和经验给以改进，这样，比起古人来我们可以收到事半功倍的效果。在这个情况下，我想谈一谈学习语文知识的必要性。有的同志说，语文知识是不是可以不学了，好像没有什么用处，主要是多读多写就行了。我看这也是不妥当的。语文知识，如果内容安排得恰当，教学的方法恰当，那么它会对提高学生运用语言的能力起到促进的作用。借助语文知识这个手段，学生运用语言能力的提高可以快一些，好一些。总起来说，提高学生的写作能力，要以训练为主，要以培养能力为主，要提倡勤学苦练，这一点应该是坚定不移的。即便有许多的方法，我们是可以借鉴的，可以采用的，采用之后，可以使学生学得快、学得好，但是有个基本的东西，就是勤学苦练，是不能改变的。要告诉学生，学习语文没有捷径可走，只有经过勤学苦练、付出非凡的劳动，才能收到比较好的效果。再有就是在勤学苦练的前提下，我们又要尽可能地运用一切有效的手段，使学生学得快一些，好一些。我们要讲求教学方法，讲求学习方法。这两方面的结合，才能使学生的写作能力有效地提高。我们不能抛弃前人的经验，不能全盘否定前人的经验，我们是在前人经验的基础上向前走，这就是我们对待多读多写所应该采取的态度。

第五个问题是写实和虚构。这也是关系到培养生动活泼的写作能力的一个重要问题。学生作文到底是要求写实有的东西呢，还是允许编造故事呢？对这个问题是有不同看法的。有的同志主张要写实有的东西，认为这是个写作态度问题；有的同志就主张允许编造，主要是看文字写得好坏，至于内容是编造的还是实有的，这个不必去过问。这问题怎么解决呢？解决的办法，就在于区别清楚两类不同性质的作文。一类作文必须是写实有的人物、事件、思想感情的，各种实用性的文字都属于这一类，比如写新闻报道、书信、总结、日记、传记、生活回忆、小评论等，这一类非文学作品，实用性的文字，必须要求学生写实有的事情，要说真话，一定要严格要求，不允许编造。我们要培养学生从小说真话的严肃态度。比如有的学校的学生写作文，题目是“记一件有意义的事情”，结果全班有 2/3 的同学都写了拾钱包交给警察叔叔的事，显然有很多是假的，我们要教育学生不要这样做。语言是交际的工具，所谓交际就是互相传达互相交流一些实际的情况，如果所传达的内容所交流的内容不是真实的，那么语言的作用就很成问题了。但是，还有一类作文，是文艺性的作文，是允许虚构的，像寓言、童话、小小说、小剧本、小曲艺之类。文学的功能不在于介绍真人真事，介绍实有的东西，在于运用生动的原料进行艺术加工，使它更为典型地反映生活本质，使读者从里边得到启发。文学作品中有一类也是不能虚构的，比如传记性的文学作品，虚构的成分就有限了。比如个人的生活抒情诗，也不允许虚构。那么，把作文分成两类，一类是写实用的文字，一类是写文学作品，以哪个为主呢？照我看来，应该以写实用的文字为主，要训练学生记叙、说明、议论这三种表达能力。记叙一些生活中间的所见所闻；说明一些实有的事物；议论，要学生表达自己的一些观点、一些看法。对于文学作品，学生也可以写一点，但是不要多。要学生驰骋他的想象力，这对发展学生的想象力很有好处。这样，就可以把两类作文区别开来了，有的是允许学生凭想象来虚构的，有的就不能虚构，要严格地写真人真事。这样有利于培养学生正确的写作态度，同时也有利于提高他的语言表达能力、发展他的想象能力。

第六个问题，要求和放手。这讲的是关于作文指导的问题。对学生的作文，教师应该给以指导，这种指导应该有利于活跃学生的思想，而不应该限制他们的思想。比如列出许多词或者句式，要学生用到作文里去，这样，学生就只好挖空心思，以文思来迁就那一大串要他运用的东西，这是本末倒置了，对活跃学生的思想是很不利的。

指导可采取多种多样的形式，一个学期几次作文，有的作文就可以严格要求，有的作文又可以放手。就是说有的作文，教师可以提出严格的要求来要求它怎么个写法，要求它在多长的时间内完成。但是有的作文，就可以有意放一放野马，时间也放宽些，让学生写一写“放胆文”。当然，还是以教师提出要求这一种形式为主，写“放胆文”不宜太多。为什么要提倡写一点“放胆文”呢？我前面讲过，有两个过程，一个过程是实用的过程，一个过程是训练的过程，也可以说是教学的过程。这两个过程有很多不同，但是要尽量地取得一致，因为教学的过程，训练学生的写作能力，归根到底，还是要他们到实际中去运用。写“放胆文”是更接近于实用过程的。首先是命题，由教师来命题，这是一种训练写作的方式，是可以采用的，但是这种方式往往距离实用的过程比较远。另外一种方式，是由教师指定范围，由学生自己命题，这一种做法比较接近实用的过程，写“放胆文”就宜于采取这种方式。

至于在实际写作中间怎么写的问题，是由作者自己来考虑的，不是由别人给规定的，要由作者根据他的表达的需要来考虑。那么在教学过程中间，学生怎么写往往是由老师给设计的，老师向学生提出要求，这篇文章要怎么开头，怎么结尾，要模仿哪一篇文章，等等。这种做法是一种训练的方法，也是距离实际写作比较远的。要学生写“放胆文”，学生就不妨自己多考虑一些问题，教师的指导，就不妨原则一些，给学生指出一些启发性的意见，要学生自己根据文章内容的表达的需要，自己来确定怎么去写。这样，就跟实际写作比较接近。其次，还可以说说时间限制。一般的作文，总是限制在一个小时或者两个小时之内写完，这种限时作文的办法，可以训练学生的敏捷，从教育的要求来看是合理的。但是这种限时作文，又距离实际写作比较远，虽然有时候由于任务比较紧急，也要求在比较短的时间内写出东西来，但是在通常情况下，限制的时间是比较宽裕的，或者是几天甚至是更长的时间。我们指导学生写“放胆文”，就可以把时间放得宽裕些，多给他一点时间来考虑写什么和怎样写的问题，这样又跟实际写作比较接近。

还有一个修改的问题。一般作文，都是由学生写完以后，交给老师，由老师修改一下，再进行一次讲评就可以了。实际写作是要作者自己去反复修改，还要求作者去征求意见，参照意见去进行修改，最后达到满意为止。我们指导学生写“放胆文”也不妨要求学生自己去修改，甚至不只改一次。当然这种改是在老师的指导和启发下进行的，要求学生自己反复地改，把文章提高一步，这样又是跟实际写作比较接近的。所以要训练学生写点“放胆文”，我体会就是可以使我们的教学过程更接近于实用的过程，这样搞一搞是会有好处的。

以上我讲了几个方面的问题，这几个方面的问题归结起来无非是一个意思，就是把写作教学搞活。所谓搞活，就是要把写作训练跟丰富学生的生活、增长学生的知识、开发学生的智力联系起来，就是要从实际出发，采取灵活多样的教学方法，就是要使训练的过程跟实用的过程尽可能接近。搞活的目的就在于培养学生生动活泼的写作能力，而不培养学生八股式的写作能力。这就是我今天表达的意见的中心点。

1983 年

也谈“教师下水”*

看了《人民教育》上讨论作文教学的文章，很感兴趣，也来发表一点意见。有几篇文章谈到“教师下水”的问题，《语文教师要注重练笔》还就这个问题专门做了论述。我想就这个问题再发挥一下。作文教学有待探讨的问题很多，这只是其中的一个，但我认为是非常重要的一个。

“教师下水”，指的是在作文教学中，教师出了题目，不光让学生作，自己也作，自己亲自尝尝“梨子”的滋味，便于指导学生。这个词组的含义也可理解得宽一些，泛指教师应该经常练笔，提高写作水平，积累写作的实践经验。我在这里所谈的，取的是宽的含义。

为什么要提倡“教师下水”呢？人们常说，你要给学生“一杯水”，自己要有“一桶水”。你要教会学生写文章，自己要先乐于和善于写文章，教起来才能左右逢源。犹如游泳教员自己要专于游泳，钢琴教师自己要精于弹琴，道理是很简单的。

不错，教学方法是很重要的，怎样确定教学的目的任务，怎样确定一定阶段的教学序列，怎样出题目，怎样做课前指导，怎样批改，怎样评讲，怎样评分，怎样指导课外写作，等等，都需要讲求方法。方法对头事半功倍，方法不对头适得其反。这方面大家谈了许多经验，是很可贵的。但是探讨、研究、运用、驾驭这些方法，要有个前提，就是教师自身要有相当的写作水平，要亲尝写作的甘苦，深谙写作的底蕴。有了这个前提，运用教学方法才会得心应手，切中肯綮，要不是这样，方法再好，也容易用歪，或者流于形

---

* 原载《人民教育》1984 年第 6 期。

式，或者教不到点子上，收不到应有的效果。

那么，对于教师的写作水平都有哪些具体要求呢？依我看，做一个语文教师，对于写作要有浓厚的兴趣，要有良好的习惯。具体地说，至少有以下几方面：一、写一手好字，正确，端正，美观。二、熟练地运用写作一般文体的各种款式。三、准确地使用标点符号和拼音字母。四、会写各类一般性的文章，写得通顺畅达，语言和体式比较合乎规范，也就是要求做到孔夫子所说的“辞达”。

用这个要求来衡量，许多老师是合格的，甚至是超过的。这样的老师不要因此裹足不前，要百尺竿头更进一步。也有一些老师还不能样样都合格，那就要努力进修，尽快赶上去。当前在教师中间，存在着重知识轻能力的问题。教师的优劣，主要看他讲得怎么样，不大注意他写得怎么样。在教师的培训中，例如在师范院校中也存在着这个问题，注重灌输各类知识，不注重训练写作能力，“君子动口不动手”，这个问题需要切实加以解决。

教师负担很重，工作很忙，还要去练习写作（不只是练写，为了提高写作水平还要大量地阅读），哪里有时间？关于教师的业务进修，领导方面固然应该给各种方便条件，但是我认为，时间主要向自己要。今年第三期《中学语文教学》上面有个例子，不妨谈谈。河南省西平县杨庄高中的宋河清老师，他认识到“当教师为四化培养人才，必须有丰富的知识，过硬的本领”。他一边教书一边自学，背诵、通读、抄读、浏览了大量的书籍和文章，例如选背的就有《论语》《孟子》《诗经》《楚辞》《汉乐府诗选》《文心雕龙》《唐诗三百首》《宋词选》《元曲选》《古文观止》《毛主席诗词》等，通读的还有《毛泽东选集》《鲁迅全集》《叶圣陶语文教育论集》《中国通史简编》《中国文学史》《古代汉语》《现代汉语》《修辞学发凡》等。他自订八种杂志，每周还翻阅几十种杂志。他甚至把《现代汉语词典》，共 1 540 页，273 万字，一页一页、一条一条、一字一字地通读一遍。他更是认真练习写作，勤于“下水”，越是难度大的作文越自己先“下水”。他每星期六翻阅资料，是他的“阅读日”，每星期六晚上打腹稿，是他的“构思夜”，每星期日写文章，是他的“练文日”，每周一练，坚持不懈。

宋老师这样大量的阅读和写作，时间从哪里来？且看他自己关于背诵的自述："我利用早晨辅导学生时背诵课文，学生有问则答，无问则背。回家饭没有做好时，我就背一两首小诗，晚饭后散步时，我默诵一两段古文。晚上睡觉前背诵二三百字，早晨起来先背诵几句诗。在开会前，放电影前，在坐火车、汽车的时候都可以默诵。'默而识之'，这是我从孔夫子那里学来的方法。背诵成了我的一种嗜好，也是娱乐的一种方式，朝夕而诵之，乐在其中矣。"原来他种的都是"十边地"，用的都是"边脚料"，集腋成裘，抓紧星星点点的时间竟能做出这么多成绩，难道不够发人深省吗？这里，一个"嗜"字，一个"乐"字十分重要，嗜之乐之，才能非但不感到负担沉重，反而感到"不可一日无此君"。

总之，为了有效地提高学生的写作水平，有许多事情要研究，要办理，其中提高教师的写作水平是十分紧要的。前面讲到对于教师的写作水平，提的是起码要求，其实，水平是越高越好，但看我们的老一辈语文教育家，无一不是文章能手，他们的教学艺术和文章艺术是相辅相成、水乳交融的。如果在不久的将来，从我们语文教师的队伍中涌现出一大批文章能手，很值得我们为此开一个庆祝会，因为这正是提高作文教学质量，乃至提高整个语文教学质量的一项基本建设。

论季节，我们语文教育界也跟其他各界一样，正是大好的艳阳天，论我们的队伍，其中正不乏有志有识之士，只要大家共同努力，这个庆祝会是指日可待的。

1984 年 6 月

答《中国校园文学》编辑部问

一、近年我国许多大、中学校都成立了文学社团。您对校园文学社团活动、对文学青年们有些什么希望？

中学成立文学社团是一件好事，社团是与课内学习相辅的课外学习的一个组织。这里的活动是由学生自己办理的，没有课内学习由教师设计的那些要求，不仅可以培养学生的办事能力，而且可以随心所欲，增进学生的学习兴趣。我希望学校方面给以支持和指导，我希望同学们自觉地接受学校的指导，开展多式多样的文学活动。课内课外，为鸟之双翼，不可偏废。自然，学生办的社团，不应只是文学的，还应有科技的、美术的、音乐的等。学生参加或不参加，是完全自由的。

二、请忆述您学生时代的课业学习和课外活动等情况。您认为立志文学创作的学生应注意哪些方面的积累和提高？

我在学生时代的学习道路是坎坷曲折的，可以说凭的是机遇。我爱好文学，在中学阶段遇到一位好老师。这位老师教美术，是著名画家，诗文、书法、篆刻都有很深造诣。他以教为乐，课余授徒，不取分文。我从他受业整整八年，先学画画，后学诗文。画没学成，文学却打下了较厚的底子。——有人说，学新文学不必学旧文学；甚至说，学了旧文学会锢闭思路，有碍学习新文学，这是不对的。证以五四以来大作家，都并非如此，证以己身的经验，也非如此。

有志于文学创作的青年应该像海绵一样善于吸收，古今中外的营养兼收并蓄。也许一时难见显效，却终身受用不尽。我希望你们今后成长为作家，应是学者型的。且看有些作家，并非没有才华，但因文化积累不多，止于昙花一现，十分可惜。你们万勿自满，万勿由于只写一两篇受到师友称赞甚至获奖的作品就傲视一切，自满会使海绵变成石头，什么也吸收不进去。要珍惜有限的学习时间和宝贵的学习条件，要立鸿鹄之志。

三、您初期的文学活动中，语文老师对您有哪些教导、帮助？您得益最多最大的是哪些人和事？

我学习新文学，参加文学活动并发表诗作，是1946年以后进入大学开始的。我上的是北大西语系，课外参加了“新诗社”。这个文学社团是在西南联大，在闻一多先生的指导下办起来的，胜利后随着北大一起迁回北平。新诗社的主要活动是，读诗，论诗，写诗，举行朗诵会，办诗壁报，并向外投稿（主要刊载于进步诗刊《诗号角》）。时值解放战争，革命大潮风起云涌，小小的“新诗社”成了真正的战斗号角。我的踏上革命道路，我的接受革命的文艺理论和对文艺发生浓厚的兴趣，我的第一批处女作，都受到这个社团的决定性的影响。你不难了解，我为什么举双手赞成学生自办文学社团。

我听过一些名教授的课，但回想起来，对我的影响不大。倒是中外一些大诗人的著作对我起了启蒙和培育作用。这一时期，我不再读古书了，转而读新书。外国的，如马雅可夫斯基、涅克拉索夫、柏洛克、拜伦、彭斯，特别是惠特曼。本国的，如艾青、田间、李季、胡风、马凡陀，特别是臧克家，他们的诗作都是我最好的老师。

四、有些教师反对学生课余读写文学作品，认为读写水平要提高只有学好语文课，多做语文题。您对这个问题怎么看？

我是不赞成这个看法的。我主张课内外并举，相辅相成。学好语文课自然重要，搞好课外文学活动也不可忽视。各科之中，语文这一门要更多地依靠自学，依靠自己钻研的积极性。

五、一些校领导认为教师热心写作是不务正业，有人则认为这大有益处。请谈谈这两种认识的是与非。

我赞成“大有益处”的看法。教师的正业是什么？是教好语文。教好语文要具备哪些条件？我看，至少有下列几项：有渊博的文学和语言知识，有切实的教育学的修养，写一手好文章，写一笔好字。其中，教师自己会写文章十分重要。道理很浅显。游泳教练如不善甚至不会游泳，打球教练如不善甚至不会打球，是决然教不好游泳和打球的。原因是他不曾亲尝其中的甘苦，也就不能真知其中的奥妙，指导起来只能隔靴搔痒。老师热心写作，对提高教学质量是大有益处的。老实说，不娴写作，是目前语文教师的一个普遍存在的弱点。叶老提倡“教师下水”，我想其用意正在于此。叶老自己以及许多老前辈，都是一面教学一面从事写作的。自然，热心写作也要热心教学，把两者统一起来，不能热彼而冷此。

六、本刊师生来稿量很大，但题材面却很窄，稿子大都缺乏新意，开掘不深，或仓促成篇，很少精细之作。请以您的创作实践谈谈这些问题如何解决。

直至现在，六十多岁了，我写诗还通常是三遍定稿。第一遍，放开手写，不细推敲。第二遍，字斟句酌，绳以规矩，俾趋定型。二遍之后，丢在一边，进行“冷处理”，十几天过去，已有些淡忘，再改第三遍，算是定稿。经过“冷处理”，十分必要。我往往发现，原来的得意之笔，不过平平；原来的蠢话，却颇有光华。我写文章，也通常写两遍。文章要做到“毫发无遗憾”是很难的。一挥而就，文不加点，出不了佳作。“匠气”不好，“匠心独运”却非常好。

七、目前初三高三学生正在紧张地准备应考，语文（包括作文）这门课大家普遍感到心中没底。您是语文教学研究方面的权威人士，请谈谈这门课的复习考试问题。

在学术问题面前，我赞成人人平等，以真理定是非，不以权威定是非。何况我不是什么“权威”，在考试问题上我更是所知甚少。但看到这个问题，我想起“点石成金”的故事。为着应考，要黄金还是要点金的指头？哪个更有利些？我以为要点金的指头更有利些。这指头就是语文基本功。考试尽管千变万化，但万变不离其宗，不离语文基本功。掌握了这个指头，就可以高屋建瓴，左右逢源。否则，舍本逐末，劳而寡效。

1991 年 1 月

要规范化，不要绝对化

几十年间，我一方面从事中学语文课本的编写工作，一方面从事文学创作。选入课本的文章（大部分是文学作品）叫“范文”，要足为学生学习的典范，对语言的要求很严格，大都经过文字加工，有的改动很大。我自己写作，推敲文字，自问也不马虎。讨论文学语言与规范化问题，照理，我应该很有些话要说的，其实不然。我这大半生“一日三摩挲”的虽然都是文学语言，可从没有想到“规范化”这个概念，只是寻求说出来明白晓畅，富有表现力和吸引力。这也许离着“规范化”不远吧。

这个问题的提出，我想是因为眼下有许多文学作品语言别具一格——女人的新潮发型有一种叫乱妆，这种新潮语言也许可称之为“乱格”吧——不点标点，不注意词语搭配，不遵守语法，只是无序无章的一堆词。“欲读诧如箝在口”，至于那里边的意思，只有天知道，也许天也不知道。于是不少人摇头叹气，文学作品用语要不要讲究规范化，成了文坛上大家关注的问题。

我的看法是，文学用语应该讲究规范化，抛弃了规范化，就大大减弱了乃至取消了作品的可读性，是完全不足取的。那理由，听我慢慢道来。

查“乱格”的出现，大约有两个原因。一是作者语言功力不足，写出来时有不当，本人并不反对规范化，只是做不到。秉笔在手，如挟泰山以超北海，不能也，非不为也。这用不着讨论，只要作者勤于练笔，是不难解决的。再有一种则比较麻烦。作者驱遣语言有一定功力，写出来完全可以做到清通流畅，但是偏不这么写，偏写得云山雾罩，让人看不懂。这么做是根据一种时髦的理论，那理论也很难懂。不懂加不懂，犹如遇到“鬼打墙”，想说几句不赞成的话，先就因不懂那理论而自惭形秽，惭得一句也说不出了。

语言是为了表情达意而形成和存在的。但是据说语言的表达一旦形成一种规范，就翻转来变成表情达意的镣铐，所以要想真正做到表情达意，就非打破规范不可。果真如此吗？语言同它所摹写的对象之间总是存在着某种程度的差异，就是在大家的笔下也难免。但必须承认，语言的摹写能够达到相当真实的程度，否则，语言的功能即化为乌有，语言即失去存在的价值。而一堆杂乱无章的词语，不能摹写任何东西。只有经过选择的词语，按照约定俗成的法则组织起来，连缀成句、段、章、篇，才能实现它的功能，做接近真实的摹写，才能将一己之所见所思传达给大家乃至后世。

这些浅显的道理是很容易理解的。这些约定俗成的法则就是规范。规范不是表情达意的镣铐，相反，抛弃了它，表情达意就成为不可能。比如“我真高兴”这句话虽然粗浅，毕竟还能够让人了解你的情绪。如果说成“高我兴真”，就变成不知所云的梦呓了。有些作家认为自己内心世界非常深邃和奥妙，非语言所能形容。语言尚不能形容，抛弃了语言及其表达的规范，不是更难以形容了吗？要想形容，归根到底，还要戴着“镣铐”跳舞。应该说，这样的舞，古今中外的许多语言大师是跳得很成功的。规范并没有绊住他们的笔之骏马，他们的无拘无束的思想仍可以跨上骏马升天入地到处腾骧，他们的独特的个性和多彩的风格仍可以如千里烟花那样充分展示出来。这难道不能说明一点问题吗？试想，那些大师如果都抛弃语言的规范，写的都是一部部天书般的作品，那该是什么样子呢？

话得说回来，对规范化如果理解得不恰当，对文学创作也难免产生消极影响。

第一，规范化是一个宽的概念。它不是一个狭窄的、划一的模子，规定所有的文学用语都要往里套。例如，它虽然不主张用方言写作，却可以容纳一些生动有趣的、异地也能懂的方言土语；它虽然拒绝用古汉语写作，却可以容纳一些运用恰当的、富有表现力的文言词语；它还可以容纳外来语和简洁俏皮的时语（指现实生活中产生的新语词）。至于语言的丰富多样的表现方法，规范化更为之广开大门，绝对不会使之受到丝毫的限制。一句话，只要写出来不违背语言的基本规律，使具有一定文化水平的人能读懂，我想就算是合乎规范了。

说到这里，也许仍然有人要发脾气，说是写文章随笔写下去就是了，要什么基本规律？别急，听我说。语言的基本规律即基本规范，并不像语法修辞的大学讲义那么复杂，是简单易行的。掌握它，也不要经过专门培训，明白晓畅的普通话都是合乎基本规律的（也可以说，基本规律正是从普通话里抽出来的）。如同走路要遵守交通规则，违反它就寸步难行，甚至被罚款；跳舞要遵守舞曲显示的节奏，违反它就不免踩在舞伴的脚上；唱戏要遵守板眼，违反它就会遭喝倒彩。写文章违反语言的基本规律，就会弄得词不达意，不知所云，又怎么能获得“随笔写下去”的自由呢？

第二，规范化是一个动的概念，不是静的概念。事物的发展变化日新月异，语言的变化虽然较缓慢，但从一个较长时期看，也非无迹可寻。取三四十年代的作品与五六十年代的作品相比照，取五六十年代的作品与八九十年代的作品相比照，不难看出文学语言的明显变化。比如过去用“伊”表女性第三人称，后来不用了；过去说“绍介”，后来说“介绍”。哪个算是合乎规范呢？彼一时此一时，都算是合乎规范。即使现代作家为了行文俏皮用一下“伊”“绍介”，也不必指为违反规范。而且，对作家运用语言时的创新，如自造新的词语、活用语法等，只要创得好也在开绿灯之列。鲁迅主张不要生造除了自己谁也不懂的词语，而他的作品中就有些名词是他首次使用的。由于新鲜，如吃带血的烧牛肉，反而别有滋味。规范化并不为语言设立一成不变的法规，既允许除旧，也允许创新。它顺应语言的变化而变化，只要公众能读懂，读者喜欢，就予以承认。

最后我想说，社会关心文学语言规范化的问题并加以研讨，是很应该的。至于作家，只要不持“反规范”的观点，力求写出来的东西让大家能读懂，不仅可读，而且便读、耐读，都算是关心规范化了。作家的着力点在于下苦功磨炼自己的语言，下决心向文学巨匠看齐。这条路是艰苦的、漫长的，终生求索犹恐不及，比起“规范化”来，不啻乔松之于寸草。运用语言的水平不高，赞成规范化也不能真正做到规范化。语言艺术到了炉火纯青的火候，就会“从心所欲不逾矩”，甚至“一言而为天下法”，规范化就不在话下了。老实说，当前我们文坛的弱项之一即在于对磨炼语言缺乏艰苦卓绝的努力。希望在讨论规范化的同时，提倡一下作家下苦功夫学习语言。

1992 年 8 月

写作教学管窥*

写作能力是多种因素的综合表现。具体地说，有以下几个因素：语文能力，思想修养，生活体验，知识积累，文化素养，写作习惯。语文教学培养学生的语文能力和写作习惯是理所当然的，也要注意进行其他几方面的教育。只着眼于培养语文能力，不兼顾其他，语文能力也不可能有效地提高。几种因素是相互影响、相辅相成的。本文根据这个观点，探讨写作教学的几个问题，以期使写作教学既扎扎实实，又生动活泼，收到较好的效果。

开源和导流

写什么和怎么写是写作的两个主要问题，写什么是起决定作用的，怎么写是顺应写什么而来的。可是写作教学往往把注意力集中在怎么写上，对于写什么注意不够。即是说，只着眼于导流，忽略了开源，无源之水自然难以充沛。难怪许多学生上作文课苦于搜索枯肠，教师指导作文，苦于老一套。作文本来是充满兴趣的课，却成了苦恼课。

“青少年的生活如同一张白纸，思想也简单，没多少东西可写”。事实上，中学生，十二三到十七八岁的孩子已经阅历很多，懂得很多。大至世界和社会，小至学校和家庭，其中发生的许多事情，都会叩击他们的心弦，引起他们的关注和兴奋。他们有强烈的求知欲和辨别是非的要求，他们有他们的喜怒哀乐、爱好、追求和理想；他们有一个时而变幻色彩、时而涌起波澜的、天真烂漫的生活领域，其中有很多可以取作写作材料。宝库就在身边，

---

* 原载《课程·教材·教法》1992年第9期。

他们却视而不见，这是因为他们误认为面包和盐既然不是精金美玉，就不值得拾取和宝藏的缘故。一旦换一个角度看周围的一切，他们会如同骑在神鸟的背上降落在神奇的山谷，忽然发现身边有数不清的宝贝。写作教学的一个重要任务就是引导学生打开身边宝库的大门，让他们骑上神鸟，飞进那神奇的山谷。

在写作教学中，要让学生懂得，作文不是要堆砌华丽的辞藻，也不是要搜求或编造重大的或离奇的事件；作文不过是用笔来说话，用明白晓畅的语言写自己熟悉的事情和真实的思想感情。这一点很重要，认识变了，看问题就会换一个角度。还要培养学生观察生活、理清观感的能力和习惯。这样的写作教学，要求教师不仅同语言文字打交道，还要了解学生，了解生活在他们天真的心灵中激起的波澜和皱起的涟漪，有些跳动的闪光稍纵即逝却很有价值，要善于捕捉，引导学生笔之于文。

从开源到导流，进行写作的全面指导，会大大提高写作训练的效果。有些学校的写作教学进行了这样的试验，证实了这一点。

阅读和吸收

阅读是写作的基础之一，是学生获得写作范例的唯一途径。中学生的阅读，指阅读选入课本的课文和指定或自选的课外读物。这些是前人或他人写作的优秀成果，也是多种因素的综合表现。

在教师的指导下，学生通过阅读可以受到多方面的教育：可以学到运用语文的艺术技巧；可以受到思想感情的熏陶；可以扩大生活视野，加深对生活的理解；可以增加知识积累和提高文化素养，如此等等。不仅获得语文技巧是与写作有关的，上述诸方面都是与写作密切相连的。指导学生阅读，要从写作训练的角度多一层考虑，使诸多因素和谐地统一起来。

“名家名作品位过高，不适合学生仿写，还是让他们多读些报章上习见的简易短文”。阅读，主要应是阅读名家名作。阅读相当数量的、古今中外的名家名作，这件事本身就是重要的知识积累，就是具有文化素养的一个标志。历代大家留下的名篇，是政治史、文学史、思想史、文化史上的瑰宝，中学生对此毫无所知或所知甚少，不能不算是很大的缺憾。名家名作中凝结着运用语文的高超艺术，诚然，不都是便于仿写的。初学写作搞仿写易见成效。可是换个角度考虑，取法乎上始得乎中，让学生登高丘而望远海，开开眼界，大有好处。对于写作的影响虽不能立竿见影，却见无形的、深刻的、长远的效果，往往终身受用不尽。不要因为难以立马见效就低估这种影响。

课文，要求篇幅短小，切近学生的生活，适合学生的程度，课内阅读自然应以这样的课文为主，但不妨加入一点异味。阅读少量长课文，以培养阅读长文的能力；阅读少量远离学生生活的课文（如南方的学生让他们读一些描写雪的课文，内陆的学生让他们读一些描写海的课文），以扩大学生的生活视野；阅读少量偏深偏难的课文，以培养解难和存疑的能力。根据不同的课文，教学要求和教学方法要有所改变。阅读量要多一些，但受到课时的限制，课内阅读是有限的。要开展课外阅读加以补充。课外阅读的内容要杂一些，可以读选本也可以读整部头的书，可以读文史，也可以读科技。课外阅读可以分为两类，一类是统一指定、跟课内阅读相配合的；另一类是由学生自由选读、不要求跟课内配合的。指导要加以区别。

这样，阅读内容丰富了，量增加了，便于学生从丰富的读物中，多角度多层次地吸取写作营养。

要求和放手

写作训练可分为三个层次。课内作文有两个层次，一是绳以法则，使学生的写作合乎规范，指导学生写“规矩文”；再是给以自由，使他们的笔墨得以无拘无束地驰骋，指导他们写“放胆文”。还有一个层次是课外练笔，比课内写“放胆文”更加自由。只严格要求不大胆放手，写作训练会流于呆板枯燥，甚至闭锁学生的思想；反之，则又流于杂乱无章。两者不可偏废。

在写作训练中，指导学生写“规矩文”是必要的。教师按照已定的教学目的和程序命题，提出训练的重点和要求，限定字数和时间，完卷后由教师精加批改。这样的训练可以使学生的写作逐步做到准确，敏捷，合乎规范。但是也有不足之处：学生必须按照教师规定的曲调跳舞，不便结合自身的生活和思想。

写“放胆文”可以补救上述这个不足。怎样指导学生写“放胆文”？要学生放胆，教师必须放手。教师只指示一个较宽的写作范围，由学生自己选材、命意和命题，写自己感兴趣的事，说自己想说的话；不限定体裁和运用怎样的表现方法，让学生海阔天空地想，自由自在地写，并且给以较宽裕的时间，让他们起草后自行修改，满意了再交卷。这种放胆文，也许不怎么合乎写作的规范，但是有利于多种因素的综合表现，有利于活跃思想和发展个性，往往爆出才华的火花。学生从中会更多地尝到写作的甜头。

课外练笔是课外的写作活动，比课内的放胆文更加无拘无束。要求学生随时写下所见所闻所思所感，不规定天天写，却必须常常写。每天课余想一想，有一点写一点，有两点写两点，长可千言，短可几句，激情来了就写诗，感情来了就发点议论，完全从生活实际出发，写自己的心思。许多学校开展了这项活动，取得很好的效果。学生对他们的课外练笔十分珍爱，编辑成册，自命书名，工整抄写，还大都配有插图。而学生对于作文册的珍爱，远不及此。

写作教学要求学生获得熟练技巧和写作习惯。要熟练，要养成习惯，就要坚持不懈地多次磨炼，一曝十寒是不可能达到目的的。但写作训练宜多，而教师批改作文宜少，多了，不堪重负。这多与少的矛盾长期得不到解决。有了课外练笔，这个矛盾就可以缓解了。课外练笔的优点之一是有利于培养学生的写作习惯，常常写，逐渐增长了自觉的写作要求，这对于学习写作至为重要。课外练笔不要求教师逐篇批改，在一段时间内，只抽样看看，做一次讲评就可以了。在学生方面，由于写起来有很大的随意性，并且带有浓厚的兴趣，也不会加重负担。

起草和修改

写作一挥而就，文不加点，是稀有的事。偶然如此，也是下笔之前打好腹稿的缘故。历代大家有不少修改文章的美谈。好文章，一半在起草，一半在修改。起草是须培养的一种能力，修改也是须培养的一种能力，两者不可偏废。可是在写作教学中，往往重起草轻修改，甚至认为起草是学生的事，修改是教师的事，这种观念应该改变。教师固然要批改作文，没有教师的批改难以提高水平，但不可忽视培养学生自改作文的能力和习惯。

训练学生写作，不仅求敏捷，还要求完美。要教育学生懂得：写作是一件严肃的事情，话说给公众听，让大家听得明白、真切、悦耳、动听，才算尽到了写作的责任。而要做到这一点，就是文章老手也很少能一次完成，初学者自然更是这样。作文起草后必须认真修改，自己满意了再拿出来。

学生学会自改作文，有一个过程。开头，他们很难发现自己作文里的毛病，需要教师加以引导。一是先由教师阅卷，在须修改处画符号，再退给学生自改。再是组成学生小组互阅作文，评议后再由起草者自改。三是由教师作修改评讲，剖析学生自改的得失。经过这样的训练，学生会逐渐增强推敲词句的敏感，增强对正确与错误、得体与失当、通顺与阻塞、笨拙与巧妙等的辨析能力，会逐渐获得自改的能力和习惯。

自改的习惯是个很好的习惯，养成这个习惯，将来实际运用语文，即使水平不高也不至于有明显的错漏，至少不会闹笑话。事实上，青年人写作中的差误，有很大一部分是因粗枝大叶造成的。多想一想，多改一改，完全可以避免。养成这个习惯，动笔则求疵，见疵则思改，出手的东西必求毫发无憾而后已，这种严肃谨慎的好文风，会使学生毕生获益。

训练和实用

学生的作文，不论是实用性的还是非实用性的，其目的都是为着训练，并不付诸实用。比如练习写信，往往虚设情景，写罢也并不寄出去。可是，训练的目的是为着将来实用。应该在训练中就同实用适当地联系起来，越是高年级越可以这样做。

学生的写作见诸实用，产生社会效果，会起很大的积极作用。首先，会使他们真正感到语文的实用价值，从而真正认识学习写作的重要性。原来，自己写的东西不只躺在作文本里，还能跑出来发生实际影响，这一感受会大大增进写作兴趣。一篇习作在报刊上发表，决定一生的命运，大作家中是不乏其例的。其次，课堂上设计的情景与生活中的实际情景很不相同，前者虚设，如置身舞台；后者真实，如走上十字街头。两种写作也很不相同，比如磨刀，前者只是为着训练磨刀的技术，后者则是为着上战场。因此，为实用而写作，会使学生具有临阵感和责任感。成败得失在毫厘之间，一字之差也许误了大事，这种情况会驱动他们自觉地揣摩推敲，不敢也不愿草率从事。

写作的实用有两个范围，一个是家庭和学校，在身边；一个是社会，广及世界。家庭和学校需要使用文字的地方，应尽可能指导学生去写，如家属和朋友间的通信，学校的通知，图书馆的新书介绍等，还可以组织学生办报，办广播，办文学社团。社会更加广阔，可以鼓励并组织学生向报刊投稿，参加作文比赛、说普通话比赛、讲演比赛或读书比赛。还可以帮助学生同作家、编辑家、记者建立联系，取得他们的指导。这方面打开思路，会发现许多机会，要及时安排，加以运用。

写作能力是诸多能力的综合。写作教学不仅要着重提高语文能力，还要兼顾其他诸因素，特别要重视与生活的联系。这是一个基本的认识。以这个认识为指导，写作教学就不会陷于枯燥乏味的单纯的技术训练，就会有血有肉，丰富多彩，以其彩虹般的进程和探险般的趣味吸引学生，使他们应接不暇，欲罢不能。上文讲到的几点只是举隅，从这个基本认识出发，可以探索出许多柳暗花明的通道来，通向一个写作训练的新天地。

中学生的写作能力不能满足升学和就业的需要，这是个长期未能解决的问题。许多朋友都为此献计献策，我也凑来献芹。路子肯定不只一条，而且有的路子可能远胜于我所指引的路子。可是，凭近半个世纪的体察，我把多次讲过的话做一番整理，写成这篇较完整的意见。我自信是靠得住的。虽然无香无色，却可能结出无花果。偏爱者，不妨一试。

1992 年 9 月

谈作文*

跟南京的老师见面很高兴。我是编课本的，编了很多年，也教过书。我今天讲话不一定受课本的限制。我昨天参观了南师附中，那里有巴老的一座塑像，巴老写了四个字："掏出心来。"有人请他改为"捧出心来"，巴老说："不，还得'掏'。"巴老的精神是很可贵的。所以，我也得"掏出心来"，讲一讲青少年的写作问题。

中学语文，写作占有极重要的地位。因为学生上学以后，开始学习书面语言，从小学到中学十几年的光景学语言，书面语言训练是个重点。可以说，作文是检验语文成绩的极为重要的标志。作文是综合的表现，粗粗算一下，第一是语言，第二是思想感情，第三是生活，第四是要有文化，第五要有写作的习惯，第六要有写作的触发点。限于时间我想挑几点来讲一讲。

语文表达跟语文知识的关系

这包括在要有文化这一项里。我们搞语文教学的多年来有一个困惑：语文知识，包括语法、修辞、逻辑、文章作法等，这些知识对提高学生写作能力，到底占什么地位？起什么作用？长期以来，对这个问题的研究一直在徘徊，没有取得一致的意见，所以教材编起来就很难。大体上有两种意见：一种意见是说要以知识为基础，有了知识才能更好地进行训练，所以在作文训

---

* 本文是作者1995年4月10日在江苏省写作学会《现代写作报》主办的中学语文学术报告会上的讲话。许祖云整理。

练中把知识放在十分重要的地位，要系统的学习掌握语文知识；另一种看法是说学生获得语文能力主要途径是通过语文实践、反复的练习，语文知识是辅助手段，起辅助作用。谁说的真理性多一点呢？现在还很难下结论。我只能说说我自己的看法。我们来看看几种现象。一个现象：一个人出生以后是怎么学习语言的？三岁左右一般的话都可以说了，五岁就可以用语言应付简单的生活了。他怎么获得这种能力的呢？主要的途径是口口相授，妈妈是他最主要的老师，亲戚、朋友也是他重要的老师，是这样学来的。一个人学习语言，不是从知识到能力，是从口头的传授，即一种技能的传授而获得的。到后来，就学习书面语言，慢慢就学些语文知识。再看文学发展，也有一个很奇怪的现象：唐代的诗歌达到了高峰，但是唐代几乎没有诗论；诗话，也就是古代的诗论，什么时候多起来的呢？宋代。但是宋代的诗歌没有超过唐代。开始没有诗歌理论兴起的创作，后来有了理论创作是不是更兴旺了呢？也不然。宋代以后的诗歌还不如唐代有特色。同理，词也是这样，宋代的词达到了高峰，但宋代的词论很可怜，数量很少，论得也不怎么高明。李易安是个大词人，她的词论在我看就很别扭。小说也是这样，明清时期小说空前发展，到了《红楼梦》形成了高峰，但那时还没有小说论，小说论是从西方传过来的。那么，传过来以后是不是会产生比《红楼梦》更高的作品呢？当然，有许多大作品，但还没有超过《红楼梦》的作品。就是这么一个轨迹。我们可以研究理论与创作的（这里就是讲知识与作文）关系到底是什么？我不是否定理论的作用，它是很有用的。特别在学校里初学阶段，启蒙阶段，理论是很有用的。知道什么是主语、谓语，什么是单句、复句，是很有用的。但我觉得听读说写能力的提高的主要途径是在阅读中学习阅读，在写作中学习写作，在听说中学习听说，就是张志公先生讲的以实践为主体。知识起什么作用呢？在主体下面掌握一些知识，可以学得更快一些，更规范一些。假如写错了，能够知道错在哪里。但不能说学了句子他才会说话。“爸爸爱我，妈妈爱我，姐姐更爱我。”他用不着学语法就会说的。要给学生一些语言知识，但以听读说写训练为主、为基本途径。还有一个原因，语言是很复杂、很活的东西，汉语更加如此，现有的语法、修辞知识概括不了它的运用。

写作与生活的关系

这是我竭力提倡的。但现在看来，并没有被更多的同志所理解。肯定是我说得不到家，或者没说好。我坚信写作若离开生活，是无法训练好的，无法获得真正的写作能力的。充其量，只能写写八股文。迄今为止，好多项的训练，包括高考，八股文的气息是很浓厚的。就是说，它不问生活，不管思想，就问你语言技巧是不是合适。这不是我们所需要的训练。我看过一篇彩色复印的八股文，第一惊讶是字写得太漂亮了。第二惊讶是认真，一份卷子后面签名的就有若干名，盖许多印。第三惊讶是我看不懂，连题目都看不懂。作为语文技巧训练是很到家的了，但是它脱离生活，完全脱离生活、脱离思想。它是要以朱熹的注解为思想，要代圣人立言，不能说自己的话。按道理，作文是写生活的，写自己的思想感情的，学生认为很枯燥，就是因为写作脱离了生活。咱们这《现代写作报》上连载了许祖云老师的文章《加速作文教学社会化的进程》，他提倡写作社会化，我想是很有道理的。写作本来是极富有感情的，极富有思辨的，极有兴趣的。但是，到了我们作文训练上来了，就变成很枯燥的东西，为什么？就因脱离了学生的生活、脱离了学生的思想实际。

也常常有人这样说，学生的生活是没有多少好写的，是比较枯燥的，所以学起来就没有兴趣。其实，生活是广义的，包括家庭生活、学校生活、社会生活，在这个范围内收集写作的材料，不论写记叙文、说明文，还是议论文，都应该是很丰富的。要求老师在指导学生写作时，眼睛向下，要看到学生周围这一块极肥沃的写作土壤。在青少年学生中，常有一些思想的波浪、生活的波浪。好几年前，我到武汉，看到一位语文老师穿着笔挺的西装进入课堂，引起学生的议论，有学生说老师崇洋媚外，有学生说那不能这样认为，长袍马褂也不是汉族的，讨论了二十分钟，这时老师就说，请同学们就这件事写一篇议论文。这个题目出得够漂亮的，比我们挖空心思想一个题目要好得多。写作与生活结合，生气就来了，就活泼了，就牵动了学生的心。老师要善于抓住学生生活中的热点，抓住了热点，教学就事半功倍。叶圣陶先生与夏丏尊先生合写了一本书叫《文心》，可以说是教育小说。有一段是写“九·一八”事变，日本侵华，当局退让，民情激昂，学生酝酿着发一个宣言，向社会表明爱国的态度。王老师就参加到学生里面去，先给学生讲宣言这种文体的特点，应该怎么写，指定一个学生去起草，然后让大家去修改。这就是一次很好的作文呀，这种作文就立体化了。咱们许老师讲社会化，这就社会化了。这种作文对学生影响极深。

我们要有一个观念：写作是反映生活的。离开生活，写作就没了灵魂，没有血肉。在学习期间就要注意这个问题，并不是等到当了作家才去注意。咱们南师附中有个同学叫陈粤秀，她有一篇小文章《自我介绍》，写她自己，写得很生动，我们后来把它选到语文课本里去了。它为什么生动呢？她写她自己，再加上她的聪明，就写得非常漂亮。有的学生写生活也不一定能写好，怎么办呢。据我看，虽然他还不能写好，但与生活有了联系，就有了写好的基础。不联系生活，那他连这个基础也没有了。

作文训练方法种种

先讲一讲作文分哪几种。一种是有严格要求的作文，第二种是放手让学生写——景山学校叫“放胆文”。现在是老师给许多许多限制和要求的作文多，放胆、放手让学生写的作文少。这样的写作指导是吃了一点亏。应该把这两种作文配合起来。有时候，可以让学生放胆写，时间给得长一点，想怎么写就怎么写，不要给什么限制，但是可以大略给一个字数，可以写得长一点。等写好了，再讲一讲哪里写得好，哪里写得不够好，再规范一下。有时候，由老师来命题，来规定字数，来限定时间，甚至限制一下怎么写。这种训练也是完全必要的，因为学生毕竟是在学习写作的阶段。这种作文有利于学生学习写作的规矩。放手写作有利于学生驰骋思想。单有规矩文，学生的思想是会僵化的。完全放手写也不行，学生的思想还比较稚弱。这两种配合起来，就既实又活。

作文最大的忌讳是禁锢学生的思想。你一定要怎么写，千篇一律地作这样的训练，学生灵感、想象就一起飞到九霄云外去了。当然，这样训练出来的作文在高考的时候不一定分数很低，因为它合乎规矩，挑不出什么毛病，但是应用起来就不行了。所以，规矩文与放胆文应该配合起来。

作文还有一点要注意的，就是课内作文与课外作文配合起来。课内作文，无非是写规矩文，写放胆文。课外，就是练笔。我非常赞成课外练笔。南京的课外练笔也搞得很多吧。武汉有一个孩子写了一篇《假若我是武汉市长》的小文章，被当时的武汉市长看到了，还给学校写封信，感谢老师培养出这么好的孩子。我专门到武汉去了一次，看到了这个小孩子，还有许多小孩子的练笔，看了真高兴呀！我到上海，也看了于漪老师班上学生写的练笔。这种练笔的好处是完全自由式：写长写短是随便的，记事发议论也是随便的，写诗歌写散文也是随便的，总之，心里怎么想就怎么写；每天写一篇可以，两三天写一篇也可以。这种训练，学生是很感兴趣的。怎么见得感兴趣呢？我看到孩子们课外练笔的笔记本，干干净净，打开以后，字写得工工整整，而且有插图，甚至给练笔本命了名，叫《脚印集》什么的，可见他爱！因为说的是心里话，就是把心掏出来了，所以他就爱。老师出的作文题，他也喜欢，但是说的不能百分之百的都是他的心里话，或者不是百分之百的都是他愿意说的话。练笔会不会增加学生负担呢？完全不会。

还有一个更大范围的事，就是鼓励学生在学校里办报，到校外的报刊上投稿。这是对学生有很大意义的事情。我到美国访问，有两件事对我触动很大：一件事是学生办图书馆，一件事是学生办报。这个跟他的生活、思想、文化知识相结合不必说了，这不是一般的演习，而是实战。学生熟悉了图书馆，养成了上图书馆的习惯，学生一生就拥有了一个取之不尽、用之不竭的知识的泉源。马克思写《资本论》，不是在大英图书馆的桌底下都踩出脚印了吗？我们社里的王泗原先生学富五车，古文功底很深，叶老对他十分佩服。但王先生藏书很少，一生很清寒，到图书馆查书是经常性的事。咱们老师要教会学生利用图书馆，才是最好的自学能力。另外使我触动的就是学生办报，和我们学生办报不同，他是打到社会上去的，是铅印的，很漂亮，有很多画。我问他办报的经济来源，他们的报上照样有广告。这是锻炼学生的自学能力，自己去编报，自己去写文章，自己去采访，自己去排版，自己去卖报，这就是很好的语文课啊！